U0634638

先秦儒道本体论研究

王先亮 著

儒道释博士论文丛书

巴蜀书社

《儒道释博士论文丛书》编委会

丛书创办人：卿希泰

编委会主席：陈耀庭　詹石窗

主　编：吉宏忠（执行）　袁志鸿（执行）

　　　　盖建民（执行）　罗中枢

副主编：唐大潮　李　刚　潘显一

编　委（以姓氏笔画为序）：

马建勋　田旭东　吉宏忠　刘巧林　刘冬生

李　刚　李　纪　巫金明　杨伯明　余孝恒

陈　兵　陈耀庭　张　钦　张泽洪　林　建

罗中枢　周　旭　周　冶　周田青　段玉明

袁　征　郭　武　唐大潮　黄小石　盖建民

詹石窗　潘显一

《儒道释博士论文丛书》由上海城隍庙和北京东岳庙资助出版

《儒道释博士论文丛书》缘起

国家"985 工程"四川大学宗教、哲学与

社会研究创新基地首席科学家

《儒道释博士论文丛书》

编委会主编　卿希泰

　　儒道释是中华民族传统文化的三大支柱，源远流长，内容丰富，影响深远，它对中华民族的共同心理、共同感情和强大凝聚力的形成与发展，均起了极其重要的作用，是我们几千年来战胜一切困难、经过无数险阻、始终立于不败之地的精神武器，在今天仍然显示着它的强大生命力，并在新的世纪里，焕发出更加灿烂的光彩。

　　自从 1978 年中国共产党第十一届三中全会确立改革开放路线以来，我国对儒道释传统文化的研究工作，也有了很大的发展，在全国各地设立了许多博士点，使年轻的研究人才的培养工作走上了有计划有组织地进行的轨道，一批又一批的博士毕业生正在茁壮成长，他们是我国传统文化研究方面的一支强大的新生

力量，是有关各学科未来的学术带头人。他们的博士学位论文有一部分在出版之后，已在国内外的同行学者中受到了关注，产生了很好的影响。但因种种原因，学术著作的出版甚难，尤其是中青年学者的学术著作出版更难。因此还有相当多的博士学位论文难以及时发表。不及时解决这一难题，不仅对中青年学者的成长不利，且对弘扬中华优秀传统文化，促进学术交流也不利。我们有志于解决此一难题久矣，始终均以各种原因未能如愿。直到1999 年，经与香港圆玄学院商议，喜得该院慨然允诺捐资赞助出版《儒道释博士论文丛书》，当年即出版了第一批共 5 本博士学位论文。此后的 10 余年间，在圆玄学院的鼎力支持及丛书编委会同仁的共同努力下，一批又一批优秀的博士学位论文通过这个平台展现在世人面前，到 2013 年，已出版了 15 批共 130 部；这些论著的作者，有很多已经成长为教授、博士生导师。2014年，圆玄学院因自身经济方面的原因，停止资助本丛书，我们深感遗憾，同时也对该院过往的付出与支持致以敬意和感谢！

令人欣慰的是，当陈耀庭教授得知本丛书陷入困境的消息后，即与上海城隍庙商议，上海城隍庙决定慷慨施以援手。2015年，慈氏文教基金有限公司董事长王联章先生也发心资助本丛书。学术薪火代代相传，施善之士前赴后继。在党中央弘扬中华民族优秀传统文化的英明决策指引下，本丛书必然会越办越好，产生它的深远影响。

本丛书面向全国（包括港澳台地区）征稿。凡是以研究儒、道、释为内容的博士学位论文，皆属本丛书的出版范围，均可向本丛书的编委会提出出版申请。

本丛书的编委会是由各有关专家组成，负责审定申请者的博士学位论文的入选工作。我们掌握的入选条件是：（1）对有关学科带前沿性的重大问题做出创造性研究的；（2）在前人研究的基础上有新的重大突破、得出新的科学结论从而推动了本学科向前发展的；（3）开拓了新的研究领域、对学科建设具有较大贡献的。凡具备其中的任何一条，均可入选。但我们对入选论文还有一个最基本的共同要求，这就是文章观点的取得和论证，都须有科学的依据，应在充分占有第一手原始资料的基础上进行，并详细注明这些资料的来源和出处，做到持之有故、言之成理，避免夸夸其谈、华而不实。我们提出这个最基本的共同要求，其目的乃是期望通过本丛书的出版工作，在年轻学者中倡导一种实事求是地、一步一个脚印地进行学术研究的严谨学风。

　　由于编委会学识水平有限和经验与人力的不足，难免会有这样或那样的失误，恳切希望能够得到全国各有关博士点和博士导师以及博士研究生们的大力支持和帮助，对我们的工作提出批评和建议，加强联系和合作，给我们推荐和投寄好的书稿，让我们一道为搞好《儒道释博士论文丛书》的出版工作、为繁荣祖国的学术文化事业而共同努力。

2015 年 10 月 1 日于四川大学宗教、哲学

与社会研究创新基地，道教与宗教文化研究所

　　编委会按：2017 年，慈氏文教基金有限公司因自身原因中止资助，其资助金额由北京东岳庙管委会慷慨承担，谨此致谢。

目　录

绪　论

一　研究契机

从古人仰观天文、俯察地理的思想活动开始，对现象背后存在深处一系列问题的主动追问逐渐成为人类理性意识中隐含的内在自觉。人类的理性思维一直不断地朝着系统化、纵深化的方向完善着，并历史地沉淀为一系列成熟的理论学说。一门学问总是在循序渐进地向终极问题延伸的过程中愈发散发出巨大的吸引力，任思想触角伸展，根本无法自已。

早前的学士、硕士学习阶段笔者就已经对先秦时期的儒家、道家哲学产生了浓厚的兴趣，只是那一阶段的学习基本上停留在孤立思考、零星探索的状态，许多实质性的问题都尚未形成系统的、内在的意识自觉。尤其对所学儒道哲学的把握多停留在问题表面，对一些思想根源性的问题尚未深入触及。博士阶段开始学习专业开设的主题为"先秦儒道哲学比较研究"的相关课程，课程主要围绕宇宙论、本体论、认识论、人性论、同异论、义利观、生死观等一系列哲学基本问题展开。经过学习讨论，笔者对先秦儒道哲学研究的问题逐渐开始了由浅入深、由点过渡到面的审视。随着学习过程的深入笔者逐渐意识到，先秦儒道哲学研究作为一个相对宏观的哲学大问题，横亘的时间跨度比较大，涉及的问题涵盖面比较广，牵扯到的理论基点比较多，而且有些问题仍未说全面、说透彻。所以，先秦儒道哲学的系统研究虽由来已久，但仍有继续深入探究的余地。只是囿于学力学识的限制，自身尚未达到能够对先秦儒道哲学的基本问题进行全面把握的高度，只能合理选取某一特殊的理论基点来展开论述。其中，考虑到本体论在先秦儒道哲学中占据的特殊理论地位以及作为哲学基础理论研究所需的思维框架，且此前学界关于先秦儒道本体论全面系统的研究尚不为多见，因此最终选择了本体论部分作为先秦儒道哲学研究的切入点。

事实上，以本体论的视角去审视先秦儒道哲学客观上存在着某些学理上的风险。毕竟本体论作为一个基本概念词汇首先产生于西方哲学的思想背景之下，本体论与先秦儒道哲学乃至中国哲学是否存在着"兼容"或者在多大程度上能够"兼容"都是在先秦儒道本体论研究开展之前所必须进行的理论准备。在相当长的一段时期内，西方哲学界对于中国哲学一直存在着质疑和争论。他们不仅质疑中国哲学是否存在真正意义的本体论，甚至对中国有无哲学产生怀疑。从某种意义上说，这种不合理的偏见实质上是西方哲学在长期霸占哲学话语权基础上对以中国哲学为代表的非西方哲学所进行的凌视。以西方哲学对孔子的典型看法为例，德国哲学家谢林称孔子"著作的内容既不是佛教的宇宙进化论，也不是老子意义上的形而上学，而只是关于生活和国家的实践智慧。"① 黑格尔更是认定"孔子和他的弟子们的谈话，里面所讲的是一种常识道德……这是毫无出色之点的东西。"② 抛开东西方文化的差异，西方哲学与中国哲学都离不开人的存在这一思想主题。东西方人类生存环境与思维方式的不同决定了东西方哲学不同的表达方式。但就内涵来说，并不能因为中国哲学的思维方式、表达方式不同于西方而否认中国哲学有属于自身特色的哲学与本体论。牟宗三先生曾经说过："中国学术思想既鲜与西方相合，自不能以西方哲学为标准来定取舍。若以逻辑与知识论的观点看中国哲学，那么中国哲学根本没有这些，至少可以说贫乏极了……中国有没有哲学，这问题甚易澄清。什么是哲学？凡是对人性的活动所及，以理智及观念加以反省说明的，便是哲学。"③ 而冯友兰先生"所说的哲学，就是对于人生的有系统的反思的思想"④。落实到中国哲学的本体论又何尝不是如此。中国哲学始终不离人的存在，中国哲学的本体论也充满了生命色彩。无论谢林所称的"实践智慧"还是黑格尔所称的"常识道德"都是出于对孔子思想的偏见。而事实上，孔子的哲学确实到处充满着生活的智慧。"实践智慧"正是对人行为活动所总结的知识进行升华的产物，体现出孔子知行哲学的高度凝练。"道德"作为对日用伦常的抽象又何尝能脱离经验生活的"常识"。两千多年来，中国哲学之所以能不断地影响中国人的思维方式和

---

① ［德］夏瑞春编，陈爱政等译：《德国思想家论中国》，南京：江苏人民出版社，1989年版，第167页。

② ［德］黑格尔著，贺麟、王太庆译：《哲学史讲演录》第一卷，北京：商务印书馆，1981年版，第119页。

③ 牟宗三：《中国哲学的特质》，上海：上海古籍出版社，2007年版，第3页。

④ 冯友兰：《中国哲学简史》，北京：北京大学出版社，1996年版，第1页。

民族性格，其"实践智慧"与"常识道德"的背后必然存在着本体论意义上的价值支撑而成为牢固的哲学思想体系。"形而上""天命""仁""道""器""体""用"等一系列内含终极意义的概念透露出中国哲学早已经开始了本体论意义上探究的努力。因此，中国哲学自始根本就不缺乏关于本体论的思想智慧。

先秦时期的儒家与道家思想尚未完全进入并主导官方意识形态领域，在某一时期内其影响力甚至并不较当时流行的其他学派如墨家、法家等为盛。事实却是，在其后两千多年的时间里儒道两家作为中华文明中最为重要持久的两派，其思想内容以及两家思想的互动纠葛已经完全融入从官方到民间意识形态的血液里。即使在人类早已经进入现代文明的今天，生活在中华文化圈的我们依然不时能从周遭人群的生存方式甚至从自己的生活世界里捕捉到儒道精神的影子。儒道两家思想的产生有着复杂的历史原因，但可以肯定的是两家诞生之初并不是以一方作为另一方的互补对立面应运而生的。中华文明史上儒道长时期互补互动的思想史事实逻辑地隐设了一系列关于儒道哲学的基本问题，其中相对重要的问题包括儒道各自究竟什么样的精神特质使得两派思想保持了长时间的时而疏离又时而互动的离合关系？先秦儒道哲学的基本精神内涵是什么？先秦儒道哲学的哪些基本命题作为根本性问题奠定了儒道哲学精神的基调？先秦儒道哲学视野下万物产生、存在、发展的根本原因和根本依据是什么？先秦儒道哲学关于人的存在方式、存在理由以及存在的本质的看法到底如何？如此等等，几乎都涉及儒道哲学思想的内在根本而可以纳入本体论研究的范畴。一般来说，本体论是专门探究万有本源与本性的哲学理论。儒家与道家作为先秦时期两个思想较为成熟的哲学流派，都有着体现各自思想特色的哲学本体论。具体来说，儒道两家在关于宇宙万物（尤其是人）的起源、存在方式、存在依据及其本质问题上有着自己的看法。先秦儒道本体论比较研究，不仅要揭示先秦儒道哲学本体论的思想内涵，即分析先秦儒道哲学在宇宙起源、宇宙存在尤其是人的起源、人的存在方式以及存在依据等一系列问题上的主要思想，并深入探究儒道本体论形成的思想根源。在这个基础上对先秦儒道本体论进行系统的研究，以彰显先秦儒道本体论的思想特征及其特定历史时期下的内在关联，并进一步分析先秦儒道本体论形成的思想根源和理论价值。

二　研究现状综述

哲学意义上的"本体"原本是西方哲学视野下的一个基本概念，本体论（Ontology）作为"第一哲学"一直是西方哲学的核心理论之一。长久以来中国哲学虽无"本体"以及"本体论"的概念词汇，但作为一种成熟的哲学形态，中国哲学并不缺乏具有自身特色的本体思想以及本体论内涵。而且从中国哲学的源头——先秦哲学就已经源源不断地生发出本体论思想的萌芽。与之相应，学术界关于中国哲学尤其是先秦儒道哲学本体论的研究越来越丰富。

（一）概念是认知活动最基本的构成单位，概念的确证是理论体系建构的起点。先秦儒道本体论研究展开的第一步首先需要对本体以及本体论概念进行澄清。俞宣梦《本体论研究》（上海人民出版社2012年版）对本体论的源起、定义、基本特征、语言做了系统梳理，并专有"本体论与中国哲学的道"章节，借助不同形态哲学间的比较凸显东西方本体论的不同。尤其是对以"道"为核心的中国传统哲学一体性特征的概括对本文具有相当的启发意义。谢维营《本体论的"本义"与"转义"》[《烟台大学学报》（哲学社会科学版）2008 年第 4 期] 指出本体论一经翻译成中文之后，已经由原来的"是论"或"存在论"（Ontology）发生了"转义"。中国文化背景下的本体论内涵包括对一切最高、最根本、最普遍事物的追求，对经验以及超验范畴的把握运用，在"超越有限、指向无限"基础上实现人生的终极关怀。肖建华《本体论的哲学意义》（《江汉论坛》2003 年第 2 期）强调本体论相对于哲学理论框架建构的重要意义，指出本体论与人类终极关怀和超越本性相关联，构筑起人类的意义世界。本书第一章第一节在借鉴上述研究基础上对本体以及本体论概念的内涵重新进行了梳理。

（二）随着中西哲学的深入融合会通，关于本体以及本体论的研究一直不断涌现，而以中国哲学为背景的本体论研究亦多见于学界。方光华《中国古代本体思想史稿》（中国社会科学出版社 2005 年版）是目前学界出现的较为系统论述中国哲学本体论的专著，作者对从春秋到明清哲学中出现的本体概念以及本体论思想做了系统梳理，其中以"道本体论""道德本体论""易道本体论"为题对老庄道家和儒家思孟学派、《易传》的本体论做了分析总结。冯达文先生《中国哲学的本源——本体论》（广东人民出版社 2001 年版）通过"中国哲学的本源论""中国哲学的本体论和儒学的三种本体论取向""道家哲学的本源——本体论"三个章节对中国哲学的本体论进行了剖析，并分别对儒道哲学的本体论进行了总结研究。向世陵《中国哲学的"本体"

概念与"本体论"》(《哲学研究》2010 年第 9 期)对"本体"
概念在不同思想发展时期的历史演变做了梳理,详细论述了
"本体"如何由一个普通的汉语双音词发展为中国哲学理论体系
中不可或缺的范畴。并指出本体的蕴涵总是涉及基础的、本来
的、潜藏的、根本的和不变的一方。宋志明《中国哲学的本体
论思路》(《船山学刊》2004 年第 1 期)将中国古代哲学关于本
体论的研究概括为先秦、魏晋以及唐宋元明清大致三个阶段,并
细致总结了各时期本体论研究的主要特征。李祥俊《本体论与
中国传统哲学的终极探求》(《阴山学刊》2006 年第 6 期)在认
定本体论是关于终极存在的学说的基础上肯定了中国传统哲学中
有着丰富的本体论思想。将中国传统哲学的本体论学说大致划分
为本源论、外在超越论、追求永恒实体与追求永恒规律等四种思
路。上述研究对本书第一章中国早期哲学背景下本体论的梳理具
有启发意义。

　　(三)客观来说,先秦儒道哲学本体论的展开属于哲学研究
领域的宏大叙事,学界的研究一般以儒道哲学的某一人物、文本
或概念作为切入点来进行。苗润田《论语的形上学研究》(《齐
鲁学刊》2004 年第 6 期)针对学界争论尤其是历史上西方哲学
界关于孔子及《论语》没有形上学的偏见,对《论语》所承载
的形上学思想进行了必要的研究和梳理,并对《论语》做形上
学的研究和探索。总结之处孔子所论及的形上问题主要有:1.
性与天道。天命、天道属于形而上、超验的实体。2. 下学而上
达。通过对形而下之人事学习、体会而上达天命。3. 仁。孔子
的仁具有形而上的超越性内涵。杨国荣先生《善的历程——儒
家价值体系研究》(上海人民出版社 2006 年版)第一章第七节

"超越有限：存在的意义及其他"指出，正是对存在意义的自觉关注，使儒家价值观提升到了终极关怀这一形而上的层面。正是在文化的承前启后中个体进一步超越自身的偶然性与有限性，使自身价值得到更为深刻的体现。第四章"价值本体的建构及其内化"详述了《易传》价值本体的构建。由强调天人的历史延续进而建构儒家形而上学是为《易传》的基本逻辑行程。《易传》对宇宙图景的描述处处渗入了人文的关注，天道实质上构成了人道的本体论依据。从《易传》到《中庸》，一方面，道中庸（日用常行）的道德进路逐渐扬弃了价值本体的超验性，强化了日用即道的儒家传统；另一方面，至诚的道德境界（德性）的确定又转换了价值本体的外在性，进一步奠定了儒家心性学的基础。杨建《"道"——先秦儒道哲学本体论研究》[《海南师范学院学报》（社会科学版）2005 年第 3 期]认为"道"（天地万物之本原、本质、本性）是孔老哲学共同的本体论核心范畴，既是物质实体又是精神实体，"混沌""变通""阴阳""虚静"是表述"道"本体特征的几个重要范畴；"道"是中国哲学"天人合一"基元命题的本体论依据。魏义霞：《"有生于无"与中国哲学的本体特征——兼论中西哲学的本体论差异》（《北方论丛》2000 年第 1 期）指出"有生于无"作为道家哲学的重要命题代表了中国古代哲学整体的思维建构和价值取向。中国古代哲学的本体论主要表现为：宇宙观、本体论与知识论的暗合相通；本体哲学与人生哲学混沌合一；认识论与道德修养合二为一。上述本体论研究中对道、天命、天道、善以及有、无等基本概念的使用对本书第四章先秦儒道宇宙本体论与第五章先秦儒道道德本体论的研究具有相当的启发意义。

（四）先秦哲学有着相对较为成熟的宇宙论，其中隐含着丰富的本体论思想，当前对先秦宇宙论思想的研究一直是中国哲学研究的学术热点。冯达文《重评中国古典哲学的宇宙论》（《孔学堂》2015年第4期）指出，宇宙论是老庄对社会与文化进行反省批判的形上学建构最重要的理论基础。《老子》将宇宙的变迁看成是一种往下的坠落，所以要回归到本真就要回归到"无"，即抽离或者剥去现实的各种矛盾冲突回到混沌不分的状态中，由此我们的精神才能得到安顿。文章力求重新探索宇宙论的发生、发展及其评价，特别关注宇宙论作为追踪大自然的变迁节律的一套学问所体现的"类归性"的认知方式所开启的具有"生态文明"意义的政治哲学，及从"赞天地之化育"的大气象中得以证成的价值体系至今仍然有值得借鉴的意义。万里《中国古代道儒二家宇宙论的异同及其意义》（《哲学研究》2011年第12期）认为中国古代宇宙论最初出自注重人与自然关系的先秦道家而不是注重人与人之间社会关系的儒家是因为人们对事物的认识首先是为了生存而认识自然，发展到一定程度后才进而认识自身，包括灵魂、精神、本性等问题。中国古代宇宙论的发展，就经历了一个从自然到社会人文的演变过程，包括宇宙生成论和宇宙时空观。道家的宇宙论包括了时空的统一、空间的无限和时间的无限这三个方面的含义。儒家长期以来缺乏系统的宇宙论，直到宋明理学才补足了这套理论工夫，其突出特点是将道德人性与宇宙自然的关系结合得更加紧密。道家的宇宙论反对人类过分地干预自然、改造自然，认为人类为满足自身的贪欲而对自然过度索取会导致自然生态的失衡和自然资源的枯竭，因此对自然应予以必要的尊重。儒家宇宙论的观照下虽然在多元社会历史文化背景下存在着个体差异，但如能认识到自身是"惟人也得其秀而最灵"，于"天下之公共者为心为性之宇宙道心"上担当责任，唤醒"良知"和集义所生之浩然之气，和谐与共，则人类社会的前途便能够万世开太平。这便是中华传统文化精神在当代的普遍价值之所在。关增建《先秦宇宙生成论探析》（《自然科学史研究》2012 年第 2 期）探讨了先秦时期的宇宙生成论，对《道德经》和《周易》中的相关思想来源进行分析，指出在对宇宙生成模式的构建上儒道两家是一致的。文章还讨论了"和而不同"理念对古代宇宙生成学说的作用，认为先秦时期的宇宙生成论不但规定了后世宇宙论的发展方向，而且影响到了中国传统科学的发展模式。郭沂《老子的宇宙论与规律论新说》（《哲学研究》1994 年第 6 期）认为老子哲学的核心是宇宙论和规律论。四十章和四十二章是考察老子宇宙论的关键。四十章实际上包含三个非常重要的问题：1. 何谓"有""无"？2. "有""无"与"道"之间的关系如何？3. 怎样具体理解从"无"到"有"再到"万物"的创生过程？"有""无"是分别从实在性和自然性两个角度对道的存在状态的描写；另一方面，"有""无"可看作从这两个角度为"道"起的另外的名字。老子的宇宙论深受《易经》影响，"二生三"至于"三生万物"其原理大致与《易经》的八卦生成万物相似。"德"是万物与道之间的桥梁，道之于万物即为"散"，万物之于道即为"德"。循环往复、物极必反实际上是指散德之道的运行规律，而散德之道运行的出发点和归宿点便是玄牝之道。李尚信《帛书〈周易〉卦序与宇宙论》（《中国哲学史》2009 年第 1 期）指出，帛书《周易》六十四卦卦序以上下卦相重，反映了卦的变化的思想，其上卦体现了"分阴分阳"的阴阳分类观念，其下卦则既体现了阴阳交错、阴阳相配的观念，又体现了正位的观念。更重要的是，帛《易》八卦序列与《大戴礼记·易本命》《孔子家语·执辔》等典籍中所暗含的具有独特宇宙论意义的八卦序列具有相关性，由此文章提出一种设想，帛《易》八卦序列很可能反映的也是这种独特宇宙论思想。刘玉建《〈易传〉的宇宙本体论哲学——宋明理学本体论的滥觞》（《周易研究》2010 年第 3 期）指出，为了弥补先秦儒家思想体系在哲学形上学方面的缺失，健全与完善儒家的哲学结构，《易传》立足于儒家学术立场，通过对诸子百家哲学理论成果的承继与开新，创辟了先秦时期最为博大精深的宇宙本体论哲学。这既完成了先秦儒家道德形上学的建构，同时为后世儒家哲学尤其是宋明理学本体论的进一步发展与完善，提供了基本的理论架构与思想源泉，对整个中国哲学及中国文化的演进也产生了广泛而深远的影响。文章从本根论、元气论、易道论、道器论四个方面，阐述了《易传》的宇宙本体论哲学体系。李霞《老庄道论的宇宙论内涵》[《安徽大学学报》（哲学社会科学版）1996 年第 4 期]指出，老庄理论体系中以道论为核心的宇宙论含义学者们均释为宇宙之本，此"本"不仅具有相对于派生物的"本原"之义，而且具有相对于现象的"本质"之义，相对于功用的"本体"之义和相对于运动的"本因"之义。与此相应，老庄道论从宇宙论上说亦包含有道原论、道本论、道体论和道因论四重内涵。上述对先秦哲学宇宙论的研究对本书第三章关于先秦儒道宇宙本体论的比较具有重要的启发意义，对研究中所涉及的宇宙本体论的主要内涵、价值体系以及建构过程有所启发。

（五）先秦儒道哲学道德本体论反映出儒道哲学力图揭示人类存在本质的理论尝试，透显出先秦儒道形而上学的深邃追求。张题《论先秦儒家的道德本体论》（《社会科学家》1992年第2期）认为仁与礼作为先秦儒家道德哲学的两个主要范畴构成其本体论的两个次元（准本体）。先秦儒家是以必然性的原则来说明礼的本质的，认为礼具有普遍有效性，其发生根据是法天地鬼神人事的一种必然规律。与建构礼的形而上本体的必然性原则相反，先秦儒家是以自由为原则来建构仁本体的。仁的神圣性、绝对性不是来自客观普遍的必然性而是来自道德主体的理性自觉。仁的本体论就是人的存在与人的目的性的同一。先秦儒家通过中庸建构的终极本体——仁与礼的统一不仅是其伦理价值观的基础更是他们对人生终极关怀的集中体现。李培超：《简论儒家传统道德本体论的建构》（《船山学刊》1995年第2期）对儒家传统伦理思想进行回溯，指出在先秦至明清的时空跨度中道德本体论的建构是一条贯穿始终的理论主线。从先秦孔、孟、荀对最高道德范畴进行规定开始，到两汉儒家建构神学目的论的道德体系，经魏晋至隋唐儒、道、释兼综互补，最终在宋明道学的理论体系中道德本体卓然而立。在道德最高范畴的规定上孔子尚"仁"，孟子"仁""义"并举，荀子重"礼"，他们以这些最高的道德范畴统领人伦其他德目，各自建立了逻辑严密的理论体系，表达了对道德进行更高层次的抽象思维的理论祈求。涂可国《儒家道德本体论与人的道德发展》（《第一届世界儒学大会学术论文集》，文化艺术出版社，2009年版）认为古典儒学中的道德本体论大致表现出以下特点：一是伦理本体论占据儒家本体论的核心位置——虽然不能将儒家本体论完全归结为道德本体论；二是古代儒家所使用的"本""体"以及"本体"一般是指"根本""主体";三是同整个儒学本体论一样儒家的道德本体论也是强调体用无间、体用一源、知行合一。儒家道德本体论大致包含天命说、心性说和人为说三种基本观点。文章致力于分别深入挖掘儒家道德本体论丰富的内容,透视其主要特质,充分认识和把握其在当代中国人道德建设和发展中的作用和意义。姚曼波:《试论庄子精神本体论与孔子道德本体论的内在联系》(《哲学研究》2010年第7期)认为庄子与孔子不仅有着崇高的人格精神上的同声相应,而且在学术宗旨、理论基础和天道观、理论范畴、基本命题等方面有着内在的联系。孔子的道德本体论对庄子理论体系的构建具有直接的启迪作用。庄子学说虽以追求精神为最高标的,在基本范畴"道德"观上扬弃了儒家的人伦性,吸取了老子的自然性,但在宇宙观和精神本体论的基本构建上却借鉴了孔子的理论。庄子与孔子都以"性命"作为联系"天"与"人"的纽带,作为达到天人合一之境的桥梁。庄子一方面继承了孔子"贬天子,退诸侯,讨大夫"的现实批判精神,另一方面从道德的批判转为批判的道德。庄子还继承了孔子以精神为本位的人文主义思想,同样从人类精神生存出发拯救人心,特别是拯救"士"之精神生命。从宗旨上说,孔子与庄子的理论出发点都是以人为核心的人本主义,其关注的焦点都是人的灵魂问题,其终点都是"成人",只是孔子成就的是儒家的道德性人格,而庄子成就的是道家的精神性人格。上述研究对本书第五章关于先秦道德本体论的比较具有重要的启发意义,对研究中所涉及的儒道道德本体论的主要范畴、建构过程等有所启发。

三　研究思路与方法

本体论是关于本体的理论和学说，其思想主旨在发掘宇宙的本原与基质，探究一切实在的终极本性。作为研究对象，无论本原还是基质都是隐藏在一切可感事物及现象背后超越有形世界的存在。在中国哲学的视域下，它只属于"形而上"的领域。作为一种基础性理论，本体论在特定学派的理论体系内常常是被置于体系内一般理论学说背后，具有更深层、更牢固的思想内涵。毫无例外，先秦儒道本体论在先秦儒道哲学的整体理论框架中相对处于"隐"的思想地位。在这个意义上，对先秦儒道本体论的研究离不开对儒道哲学的整体观照和深层审视，尤其需要实现本体论学说与思想体系内其他学说的抽离。因此，先秦儒道本体论研究需要在对先秦儒家与先秦道家各自的本体论哲学进行宏观把握和清晰思想定位的基础上展开；进一步来说，需要先理清先秦儒道本体论各自的思想内涵、特征和概貌；更进一步来说，需要先明晰中国哲学背景下本体论的主要内涵以及先秦儒道哲学在何种意义上使用并展开了本体论这一哲学基本概念。

（一）"先秦儒道本体论研究"的关键词为本体论，研究的第一步就是对本体以及本体论进行词源学上的意义追溯。"本体论"作为一个哲学概念源起于西方哲学，因此有必要在西方哲学的视野下对本体论进行思想史的梳理。接着明晰中国哲学背景下的本体论，并考察早期中国哲学视野下的本体论概念及其思想萌芽。上述思路通过第一章"早期中西哲学视野下的本体论"展开论述。

（二）先秦儒道本体论作为相对成熟的哲学理论其发生必然具备深刻的社会思想根源以及思想契机，即先秦儒道哲学对现实存在及其变化的如何回应催生出其本体论思想的原始动机。上述问题通过第二章"先秦儒道本体论生发的思想根源与契机"展开论述，可视作为先秦儒道本体论研究所进行的理论准备。

（三）先秦儒道本体论的第一个进路在揭示宇宙万有本质和必然性基础上探究宇宙的终极实在，是为宇宙本体论的主要内容。先秦儒道宇宙本体论是在什么样的思想背景下产生，具有怎样的思想内涵，呈现出什么样的本体论特征，其本体论最终是如何向下落实的。上述问题通过第三章"先秦儒道本体论的本原进路——宇宙本体论"展开论述。

（四）先秦儒道本体论的第二个进路在探究一切实在尤其是人的终极本性，最终落在道德何以可能的主要问题上，即道德的来源、根本依据和实现，是为道德本体论的主要内容。问题包括先秦儒道道德本体论的思想内涵、基本特征以及如何向下落实。上述问题通过第四章"先秦儒道本体论的道德进路——道德本体论"展开论述。

（五）在宇宙一切实在中人处于价值最核心的地位。在先秦儒道宇宙本体论与道德本体论的视域下，人的主体性地位如何得以凸显，人到底获得了怎样的价值和地位，其价值地位又是如何实现的。上述问题通过第五章"先秦儒道本体论视野下'人'的发现"展开论述。

（六）先秦儒道本体论如何实现对时代现实的回应，先秦儒道本体论在儒道哲学体系中占据什么样的思想地位，先秦儒道本体论对于现实人生有何种启示意义，上述问题通过第六章"先秦儒道本体论的整体评价"展开论述。

哲学研究的方法取决于哲学研究的对象和目的。本体论是探究宇宙本源与一切实在终极本性的哲学理论，对先秦儒道本体论的研究必然会涉及对一系列抽象哲学概念的使用以及特定历史时期的特定历史人物的思想。因此，先秦儒道本体论的研究会采用以下几种研究方法：

（一）比较研究的方法。本书以"先秦儒道本体论研究"为题，整体采用的首先是比较研究的方法。比较研究的第一层是中西哲学比较。尽管先秦儒道哲学中有着丰富的本体论思想，但在相当长的历史时期内中国哲学并没有当下哲学意义上的"本体"一词，本体以及本体论作为哲学基本词汇首先是由西语词汇对应汉语翻译引进过来的。所以，研究先秦儒道的本体论，首先需要追溯西方哲学（主要是古希腊哲学）视野下的本体概念以及本体论，了解西方哲学中本体概念的原始内涵以及对本体概念的使用。在此对照基础上发掘中国早期哲学本体论思想萌生的土壤，尤其是作为儒道哲学产生背景的先秦哲学思想的本体论内涵。比较研究的第二层是概念和思想体系的比较。以本体论的基本概念和本体论思想体系为核心，在对先秦儒道本体论展开论述的过程中进行相关比较，从本体内涵、基本特征以及实践路径等几个方面展开论述。

（二）诠释学的方法。诠释学是解释文本的哲学技术或方法。本书认同伽达默尔关于"人文科学不可避免地具有历史相对性与文化差距性"的诠释学观点。对先秦儒道本体论进行诠释学的研究，首先要依托儒道哲学各自的经典文本以及历史流传的对经典文本的经典阐释，围绕与本体论相关的儒道哲学基本概念和思想体系，透过概念的深层语义与基本内涵尝试建构起完善的本体论思想体系。

（三）历史分析的方法。思想是客观存在进入人类思维活动而产生的结果，任何哲学思想作为一种意识形态必然产生于特定的社会历史环境。先秦儒道哲学的本体论正是孕育于先秦时期特殊而复杂的社会背景之下的。对先秦儒道哲学本体论进行研究，首先需要厘清先秦时期的社会状况尤其是先秦人的政治、经济、文化思想状况，对先秦时期的社会思想现实作整体而细致的把握。必要时，还需要对学派代表人物客观具体的生存境况作历史的还原，以寻找哲学思想的历史生发点。

（四）经典文献资料分析的方法。历史遗留下来的经典文本是哲学人物思想的现实载体。我们了解先秦儒道哲学的思想世界绕不开对经典文本的剖析，同时也需要对各种对于经典文本的解释进行选择。本体论作为一个系统的哲学理论其意义空间并非封闭而是开放性的，本体论的建构始于经典文本所载的思想，却存在对于经典不断的理性注脚。因此，先秦儒道本体论研究不仅需要从现存的先秦儒道经典文献中析取相关的思想资料，更需要对各种对于儒道经典的解读资料进行归纳概括。

四　研究主要创新点

理论研究的意义不仅在于继承，更在于创新。本书将尝试在以下几个方面进行新的探究努力：

（一）尝试摆脱西方哲学主导的本体论研究范式，整合具有中国哲学自身特色的先秦儒道本体论。首先回到中国哲学背景中，从汉语词源学上考察本体论概念，对本体论进行中国哲学意义上的概念界定。从学术派别源起到地域文化孕育再到人物思想性格，深入挖掘儒道本体论生发的思想根源。

（二）整体凸显先秦儒道哲学本体论的思想架构。在先秦哲学大背景下，从本体论思想内涵、基本特征到向现实回落的路径，系统构建先秦儒道哲学的宇宙本体论与道德本体论思想体系。

（三）突出先秦儒道本体论视域下人的存在地位。通过主体性的呈现彰显人的本体存在意义，将人从宇宙空间的一般性存在中超拔出来，分别剖析人在宇宙本体论与道德本体论视域下的特殊价值。

（四）揭示本体论哲学在先秦儒道哲学思想体系中的理论基础地位。先秦儒道本体论在儒道哲学思想体系内部具有基础性的思想地位，通过对先秦儒道本体论的梳理进一步揭示出本体论对儒道哲学体系的决定性影响。

第一章　早期中西哲学视野下的本体论

一般来说，动物面对新鲜事物时常会因对事物属性的空缺而陷入某种程度的惊恐，并本能地生出意欲填补该属性的心理，这便是所谓的"惊奇"。与一般动物不同的是，人类因自身思维的特殊性使得这种惊奇保持了继续向理性意识深度延伸的可能。惊奇作为一种原始的心理状态本身就隐含在人类意识涌动的基因中，激发着人类的求知冲动。哲学意义上的惊奇显然并不仅仅是新事物刺激下对人的本能触动，它包含了对一切更深层的未知领域的向往，驱使着人类不断地去寻求隐藏于事物多样性背后的真切意义。古希腊哲学家亚里士多德在其哲学名篇《形而上学》中表达出其对"惊异"的赞美，"古往今来人们开始哲理探索，都应起于对自然万物的惊异"①。他的老师柏拉图更是直接将"惊奇"定义为哲学家生命中蕴涵的一种独特的情绪，并视其为哲学诞生的精神源头。哲学起源于"惊异"已为古希腊哲学诞

---

① ［古希腊］亚里士多德著，吴寿彭译：《形而上学》，北京：商务印书馆，1959 年版，第 6 页。

生的历史事实所证明，而这一发生在古希腊精神世界的思维定律
对整个人类文明几乎同样适用。《尔雅·释言第二》对"哲"字
的解释是："哲，智也。"郭注："哲，大智也。"① 在早期中国
文明背景下，"哲"本身就是人类最高智慧的象征，其概念内涵
中已经预设了人类对宇宙人生一切真理的动态追问。未知领域总
是以待敞开的姿态向人类思维散发着无尽的魅力。哲学作为人类
最高智慧的凝结隐含着探求、揭示一切未知领域的意识冲动，而
且越是深层、越是根本的领域，愈发能引起哲学的关注。问题意
识自始就成为渗透于哲学领域的独特性格，思维中的追问冲动也
成为与哲学家生命始终相伴的心理状态。

　　东西方各路文明齐头并进的漫长历史进程中，我们把时间的
指针定格在公元前 800 年至前 200 年尤其是公元前 600 至前 300
年间这一特定的历史时代。此时，在西方正是古希腊哲学萌芽生
根并焕发勃勃生机的时代，在中国正是先秦诸子百家思想争鸣、
学术繁荣的时代，在印度正是佛教哲学兴起、智慧放光的时代。
三个地区由此分别奠定了独属于自己民族文化范式的特色文明，
20 世纪德国哲学家雅斯贝尔斯将这一人类文明集中性实现重大
突破的时代定名为"轴心时代"②。在这个特殊的时代，由于生
产生活方式的巨大差异尤其是原始交通的不便利，东西方文明还
没有发生明显的交流汇集，因而各自呈现出相对独立的文明发展
模式。但是无论植根于何种生活环境东西方文明都要面对同一个

---

① （晋）郭璞注，（宋）邢昺疏：《尔雅注疏》，见于《十三经注疏》（下），上
海：上海古籍出版社，2001 年版，第 2584 页。

② ［德］卡尔·雅斯贝尔斯著，魏楚雄、俞新天译：《历史的起源与目标》，北
京：华夏出版社，1989 年版，第 7 页。

主题：人类自身的生存。随着人类自我意识的觉醒，肉体生命的延续和精神生命的提升围绕着生存问题自然铺开，并自然逐渐过渡到更高意识级别的"存在"问题。宇宙时空的客观距离无法阻止人类灵魂产生的遥相共鸣。当东西方人类开始着力思考与自身命运密切相关的宇宙时空的始终、生命的起源和形式、存在的本质和依据等等一系列深邃的终极问题，东西方文明在问题意识和思想轮廓上不约而同地实现了相当程度的默契。对研究先秦儒道哲学本体论而言，同时期西方哲学的本体论如同一面思想的镜子，可以对比折射出儒道本体论的思想状貌。所以，对早期西中哲学视野下的本体论进行历史的梳理以对比呈现西中本体论的异同，对于从源头上考察先秦儒道哲学中的本体论思想具有重要的理论意义。

第一节　本体以及本体论的词源学追溯

理性认识的三种形式概念、判断和推理遵循由低级上升到高级的思维演进规律。推理是人类理智由已知判断推出新判断得来，判断是理智由概念去判定事物的性质、趋向和内在联系而得来，概念是理智将感知对象（一切存在）的本质加以概括抽象而得来的理性认识。从哲学视角来看，概念构成思维的基本单位。而概念通常是以词来记录和传递，词或词组构成概念表达的基本语言形式。哲学意义上的本体论是围绕本体建构起的系统理论，作为理性认识加工而成的理论必然汇集了一系列的概念、判断以及推理，因此对本体论系统完整的认识首先开始于对"本体"以及"本体论"两个基础词汇概念的澄清。

一　汉语词源学上的"本体"概念

本体论，顾名思义在最一般的意义上就是关于本体的系统理论或学说。在汉语构词法上属定语加中心词的偏正结构，其核心内涵体现在作为定语的"本体"一词。所以，对本体论的深层理解首先依赖于对"本体"概念的厘清。

从词面上来看，"本体"是"本"和"体"两个词组合而成的汉语复合词，所以可进一步拆解为"本"和"体"两个具有独立语义的汉字。现代汉字形式上的"本"字，由一木一横组成。从字面上来看，至少与木有关。追溯"本"字的来源，离不开对其词源学意义的考察。农耕文明背景下，知识尤其是文字的来源通常最早地来自生产经验中活动对象的直观性印记描摹。据已经确证的历史考察，中国古老的汉字形成之初大多由象形而来，这其中以举世闻名的甲骨文为典型代表。当古汉字从甲骨文发展到金文、篆文，象形的意味渐趋薄弱，与此同时汉字的指事意味渐浓。金文本 和小篆 的"本"字，从字形上看，兼有象形和指事双重含义，上面像一棵生长着的大树，中间部分象征着土壤，树根深深扎在其中。《说文》对于"本"字的解释，进一步印证了这一形象："本，木下曰本。从木，一在其下。[注]徐铉曰：一记其处也，本末朱皆同义，布忖切。 古文。"① 按《说文》解释"本"字最初是指木在土壤以下的部

---

① （汉）许慎撰，（宋）徐铉校定：《说文解字》，北京：中华书局，1963 年版，第 118 页。

分，即草和树木的根茎。此含义在早期文献中比较流行，如
"颠沛之揭，枝叶未有害，本实先拨"① 之 "本"；"木水之有本
原"② 之 "本"；以及 "伐木不自其本，必复生"③ 之 "本"，这
些 "本" 字都是在最初草木根茎的意义上使用的。其后随着意
义的演变，"本" 字义逐渐延伸为根本、根源、基本等含义，并
在中国古典哲学的意义上引申发展为事物的本源或来源，后常与
"末" 相对。体，简体字，单人旁加 "本" 字，从字义上看，至
少与人和本有关。繁体字从骨，从豊。《说文》："体，总十二属
之名也。从骨，豊声，他礼切。"④ 按 《说文》 解，"体" 字本
义为人身上的各种骨节，包括顶、面、颐、肩、脊、臀、肱、
臂、手、股、胫、足共十二属，总括为人的整个身体。如荷蓧丈
人评价孔子时所讲 "四体不勤，五谷不分"⑤。在意义演变中
"体" 字义逐渐延伸为与事物本身有关的形状、依据等，并在哲
学意义上引申为根本或内在的含义，后常与 "用" 相对。从词
义来看，"本" 与 "体" 内涵非常相近，存在部分核心意义重
合，在意义演变中都逐渐趋近并丰富了形上层面的内涵，内容均
囊括了根源、根本等含义。在现存的中国古典文化典籍中，"本
体" 一词最早约略见于 《后汉书·杨李翟应霍爰徐列传》："又
集驳议三十篇，以类相从，凡八十二事。其见 《汉书》 二十五，

---

① 见于 《诗·大雅·荡》。
② 见于 《左传·昭公元年》。
③ 见于 《国语·晋语》。
④ （汉）许慎撰，（宋）徐铉校定：《说文解字》，北京：中华书局，1963 年
版，第 86 页。
⑤ 见于 《论语·微子》。

《汉记》四，皆删叙润色，以全本体。"① 此处之"本体"，大意指事物的原样或自身。此种意义之"本体"还见于《北史·魏彭城王勰传》："帝曰：虽雕琢一字，犹是玉之本体。"② 以及近世邹鲁《中国同盟会》："军事用票发行之后，流通市面，与实银同一使用。然其本体无真价，不过代表实银。"③ 此为本体的第一种意义。本体的第二种意义概指为原来的体制、格局。见于北魏郦道元《水经注·河水四》："余按周处此志……更为失志记之本体，差实录之常经矣。"④ 本体的第三种意义为主体。见于南朝梁刘勰《文心雕龙·诸子》："然繁辞虽积，而本体易总，述道言治，枝条《五经》。"⑤ 概括起来看，"本体"一词在中国语言文化背景中的基本含义主要涉及事物的主体或自身以及事物的来源、根源、原因等方面。在中国哲学语境中，"本""体"和"本体"具有概念内涵的一致性。"在上千年的发展中，本体的蕴涵是丰富多彩的，但万变不离其'宗'，它总是属于基础的、本来的、潜藏的、根本的和不变的一方。"⑥ 需要特别指出的是，在中国哲学语境中，有许多与本体一词意义颇为相近或相关的词语，如本源、本根、本原。所谓本源，照字面解为根本来源，指意事物的起源较为切近；本根，亦即根本，强调事物最初

①　（宋）范晔撰，（唐）李贤等注：《后汉书》（第六册），北京：中华书局，1973 年版，1613 页。

②　（唐）李延寿撰：《北史》，北京：中华书局，1974 年版，第 702 页。

③　邹鲁编著：《中国国民党史稿》，上海：东方出版中心，2011 年版，第 68 页。

④　陈桥驿：《水经注校证》，北京：中华书局，2007 年版，第 107 页。

⑤　（南朝梁）刘勰著，王运熙、周锋译注：《文心雕龙译注》，上海：上海古籍出版社，1998 年版，第 147 页。

⑥　向世陵：《中国哲学的"本体"概念与"本体论"》，《哲学研究》2010 年第 9 期，第 47 页。

由以产生或变化发展的根据；本体概念是可以涵盖本根和本源意义在内的。本原，意义较为复杂。"原"可指事情的原因，也可指事物原来的样子，两种意义都是在终极意义上使用的。在哲学上，本原最主要的是关于事物本来意义的"原问题"。就内涵来说，本原与本体最为接近，本体有时也直指本原性的实体。

在中国哲学语境中，有一个与终极存在意义极其相关的概念词汇——"形而上者"。"形而上"一词最早出现于《易传》①。其中"形而上者谓之道，形而下者谓之器"一语最受后学关注。在中国哲学语境中，以"形"为界，形而上下之别就是"道""器"之别、内外之别、高下之别、体用之别、抽象与具体之别、本体与现象之别。形而上下虽有别，但相互对待，相即不离。"道"作为形而上者，是宇宙中最高的存在，是统摄一切的最高原理。中国哲学的形而上之"道"中已经埋下了本体论思想的种子。

清末民初西学东渐的过程中，有中国学者用"本体"这一汉语词对应翻译早期西方哲学著作中出现的有关追求超越但又能够创造一切存在者或现象的根本实体，从此"本体"一词逐渐成为一个在哲学领域使用的专有名词。因此，"本体"概念的确证还需要回到西方哲学的语境中去实现。

二　西方哲学语境中的本体论概念阐释

西方关于本体论的学问早从古希腊时期就已经开始出现了，

---

① "乾坤成列，而易立乎其中矣。乾坤毁，则无以见易。易不可见，则乾坤或几乎息矣。是故形而上者谓之道，形而下者谓之器。"见于《易传·系辞上》。

但真正哲学意义上的本体论（Ontology）一词却是于17世纪经由德国经院哲学家郭克兰纽（Goclenius，1547—1628）最早提出使用的。英文 Ontology 一词由词根 ont 后置表示"学科""学问"的词缀——ology 构成，简言之 Ontology 就是关于 ont 的学问。ont（ὸντ）是 on（ὸν）的变式，源出于古希腊文，即巴门尼德提出的"是者"（存在）。所以，西方哲学视野下的本体论也可称之为关于"是"的理论，或者直接被称为存在论。20世纪中叶东西文化交流过程中，"本体论"被部分东方学者由 ontology 一词翻译过来，开始出现在中国哲学的语境当中。实际上，最早关于本体论的定义一直到18世纪才由德国哲学家沃尔夫（Christian Wolff，1679—1754）正式提出，其定义如下："本体论，论述各种抽象的、完全普遍的哲学范畴，如'是'以及'是'之成为'一'和'善'，在这个抽象的形而上学中进一步产生出偶性、实体、因果、现象等范畴。"① 显然，沃尔夫关于本体论的定义是在回到巴门尼德"是"的基础上做出的。

我们再进一步看西方两大百科全书关于本体论的经典阐释。《不列颠百科全书》（第15版）"本体论"条载："关于'是'本身，即关于一切实在的基本性质的理论或研究。这个术语直到17世纪时才首次拼造出来，然而本体论同公元前4世纪亚里士多德所界定的'第一哲学'或形而上学是同义的。由于后来形而上学也包括其他的研究（例如，哲学的宇宙论和心理学），本体论就毋宁指对'是'的研究了。"《美国大百科全书》"本体论"条载："（本体论是）形而上学的一个分支，它研究实在本

---

① ［德］黑格尔撰，贺麟、王太庆译：《哲学史讲录》（第四卷），北京：商务印书馆，1978年版，第188页。

身，这种实在既是与经验着它的人相分离的，又是与人对于它的思想观念相分离的。""形而上学"作为哲学意义上的一个学科名词，最早由日本近代哲学家井上哲次郎（1855—1944）提出。他在翻译古希腊哲学家亚里士多德哲学著作中"metaphysical"一词时将其译为"形而上学"，其来源正是《易传·系辞》中"形而上者谓之道，形而下者谓之器"一语。亚里士多德将对"自然"（φυσικά）的讨论汇集成册为《物理学》（Physiká），随后他对内涵、逻辑和实体等抽象知识进行了探讨，并将这些讨论贴上了一个标签 τά μετά τά φυσικά βιβλία（拉丁语 ta meta ta physika biblia），意为"物理学之后"。但这一标签中的"之后"意义被后来的拉丁语注解家们错误地理解为"超越"的意义，于是"物理学之后"也随之转义为"超越物理学之上的科学"，这一科学就是后来为西方学界所公认的"形而上学"，后学也习惯性地以"形而上学"指称亚里士多德在物理学之后所研究的一系列主要问题。这些问题包括：无形本质决定可感事物并在可感事物之内；"形而上学"的研究对象是"是者"，"是者"是对"本质""本原""存在""真理"等相关问题的概括；"形而上学"的最高原则和第一原因是神——不动的推动者，等等。概括来看，亚里士多德"形而上学"主要探讨在终极意义上的与实体、存在相关的问题。因此，西方哲学从亚里士多德开始，本体论至少是包含在"形而上学"的领域之内的。两大百科全书对本体论的定义还同时都提到了沃尔夫关于本体论的代表性定义，并在对沃尔夫的定义基础上做了进一步解释。无论是沃尔夫还是两大百科全书，以及后来本体论研究的一切学者，他们关于本体论的定义无一例外的都是在回溯到古希腊哲学的背景之下做

出的。这种基本精神的回返意味着西方本体论从它的发展源头
——古希腊哲学那里就已经确定了它内在的思想本质。将本体论
历史地置于西方哲学语境中，它清晰地呈现出两大基本特征。第
一个基本特征：本体论的研究对象是"是"，"是"超越经验世
界，具有逻辑上的先在性；第二个基本特征：本体论的研究方法
是而且只能是逻辑方法。"是"本身决定了本体论特殊的研究领
域，"是"的超验性质同时决定了对它的研究只能通过逻辑的方
法。"是"构成西方本体论最为核心的概念。

三　中国哲学语境中的本体论概念阐释

由于早期东西方文化背景存在的巨大差异，在此基础上萌生
出的本体论必然会存在许多的相同与差异。回到中国哲学的语境
与文化背景之下，早期中国哲学的本体论呈现出体现东方文明智
慧的独特面貌。在这样一种前提下，中国哲学语境中关于本体论
的经典阐释有着自己独到的见解，这些阐释大都从精神实质上契
合了中国哲学的概念体系。其中，《辞海》关于"本体论"条目
解释道："本体论……指哲学中研究世界的本原或本性的问题的
部分。"①《哲学大辞典》关于"本体论"条载："大体上说，马
克思以前的哲学所用的本体论有广义狭义之别，广义指一切实在
的最终本性，这种本性需要通过认识论而得到认识，因而研究一
切实在最终本性的为本体论，研究如何认识则为认识论。这是以
本体论与认识论相对称。从狭义说，则在广义的本体论中又有宇

---

① 辞海编辑委员会：《辞海》，上海：上海辞书出版社，1980 年版，第 126 页。

宙的起源与结构的研究和宇宙本性的研究，前者为宇宙论，后者为本体论，这是以本体论与宇宙论相对称。这两种用法在现代西方哲学中仍同时存在。"①《中国大百科全书·哲学卷》指出本体论"在西方哲学史和中国哲学史中分别具有各自的含义。在西方哲学史中，指关于存在及其本质和规律的学说。……在古希腊罗马哲学中，本体论的研究主要是探究世界的本源或基质。……在古代中国哲学中，本体论叫作'本根论'"②。《辞海》的概括相对比较凝练，突出根本原因和特性的探究；《哲学大辞典》区分了本体论的广狭之别，广义本体论突出对实在本性的探究，狭义本体论则除实在外又包含了对宇宙问题的探究；《哲学大辞典》从中西哲学史的不同语境对本体论做出区分。一个横亘古今中外哲学史的庞大的哲学思想体系当然无法从概念阐释中窥得全貌，甚至对其精神实质的把握都只能是一种努力的尝试。对本体论的理解最有效的方式还是要回归到东西方具体的哲学体系中去，从其所赖以生存的思想土壤中剖析出具体的根茎、枝干以及每一片叶的轮廓。概括来说，中国哲学语境中对本体论的理解主要集中在两个方面。一是对世界本源即宇宙本性或构成万物的基质的探讨；二是对世界本原即一切与人存在相关的实在本性或第一原因的探讨。

---

① 冯契主编：《哲学大辞典》，上海：上海辞书出版社，1992年版，第167页。

② 中国大百科全书总编辑委员会《哲学》编辑委员会：《中国大百科全书·哲学卷》（上），北京：中国大百科全书出版社，1987年版，第35页。

四　宇宙本体论与道德本体论

存在本身以及存在如何可能是东西方哲学的本体论需要共同面对的根本问题。康德曾经说过，"有两样东西，我们愈经常愈持久地加以思索，它们就愈使心灵充满日新月异、有加无已的景仰和敬畏：在我之上的星空和居我心中的道德法则。"① 对任何一个作为生命个体的人来说，活动着的宇宙全有和内心的"绝对命令"（道德）就是最本质的存在。两种本质存在正与中国哲学本体论所涉及的两种主要内涵遥相契合。因此，本体论最核心的命题集中在了宇宙的存在与人的存在，并展开为宇宙存在何以可能与人的存在可以可能的基本问题。前者我们尝试通过宇宙本体论来揭示，而后者尝试诉诸道德本体论的路径来阐释。

哲学意义上的宇宙论以人类置身其中的宇宙万物（具体来说是自然界与人类社会）为研究对象，从理论本质来说，它属于自然哲学的研究领域。无论自然界还是人类社会，都是经验世界的存在。所以，宇宙论的研究对象决定了它是可以通过科学实证的研究方法去探究的。而事实上，在科技大爆炸的今天，自然哲学研究领域内的绝大部分问题已经成为自然科学研究的主要问题。但是，如果我们把思想的焦点聚集在人类智慧早期，宇宙论为我们呈现的远不是现在的样子。古希腊文明崛起的重要时期，自然哲学的主题就是致力于探究世界万物的本原——基质（arche），作为构成世界万物最原始的基本成分，基质在古希腊

---

① ［德］康德著，韩水法译：《实践理性批判》，北京：商务印书馆，1999 年版，第 177 页。

语中又具有原理的含义。所以，对决定万物起源的质料与形式的探究构成古希腊哲学宇宙论的主要内容。无论是质料意义上的基质，还是形式意义上的原理，它们的宿命就是被抽象到绝对极致意义层面以解释世界构成与万物起源。二者虽然来源于经验世界，但又超越经验世界。从精神实质上来说，早期宇宙论对万物起源和宇宙原理的探究与本体论对"是"这一最高级、最普遍概念的追问路径是一致的。至少在古希腊哲学那里，尤其是从泰利斯到德谟克利特的历史发展阶段，本体论最先是在宇宙论的意义范围内来使用的，宇宙论甚至撑起了本体论发展初始阶段思想的主体架构，这个时期的本体论我们也可以称之为朴素的本体论，或者直接称之为宇宙本体论。

宇宙构成与万物起源问题对中国早期人类同样散发着迷人的思想魅力，成为他们与外在世界接触过程中必须要打破的思想藩篱。围绕宇宙为何的问题产生了最早的宇宙论，成为中国古代哲学思想体系中最早的理论形态。宇宙论逐渐深入触及宇宙万物产生、存在以及变化、发展的根本原因和依据等本根问题，生发出早期的宇宙本体论。宇宙本体论的主要任务是在揭示宇宙本质及必然性基础上探究宇宙的终极实在。与古希腊哲学早期本体论所呈现的宇宙论特色相类似，中国哲学的本体论在其发展初期也不可避免地与宇宙论纠缠在一起。但是，与西方哲学尤其是古希腊哲学所呈现的知识论进路明显不同，中国哲学的思想着力点更多地落实在现实生命的情境当中。"中国哲学，从他那个通孔所发展出来的主要课题是生命，就是我们所说的生命的学问。它是以生命为它的对象，来运转我们的生命、安顿我们的生命。这就不同于希腊那些自然哲学家，他们的对象是自然，是以自然界作为主要课题。"① 中国哲学在迈进中华思想历程的第一步就饱含着对生命的敬畏与期待，她一直致力于探究宇宙生命如何敞开。即使是面对自然，仍然是一个无处不充满生命的活泼泼的自然。在这样一种思维背景之下，作为中国哲学核心内容的本体论必然相应地呈现出更多的生命色彩，它的本体论进路也必然是一条生命的进路。

本体论对实在本性的探究本质上包括了对实在之所以为实在的最根本理由的确证。与中国哲学宇宙本体论的生命进路相似，中国哲学对存在本原意义上第一原因的追问同样充满着生命色彩。而在宇宙所有生命当中人的生命显然处于价值最为核心的地位，中国哲学语境中的实在首先是人化的实在。在这个意义上，对人的本性或者人之所以为人的充足理由的确证构成中国哲学本体论对一切实在追问的思想内核。事实上，关于人的存在问题首先是一个历史问题，它诞生于宇宙整体演化进程中的某个节点。按照达尔文的进化论以及近代以奥地利植物学家 G. J. 孟德尔为代表的遗传学理论，人类正是遵循由低级到高级的演化规律，在漫长的时间长河中的某一特定历史阶段完成了由物种到人种的质变。自人类诞生以来，随着智识的不断提升进步人类逐渐意识到自身类存在的特殊性，并开始了对这种存在特殊性的理性反思。"人"作为哲学思维的主体同时又成为哲学思考的对象。人在本质上究竟以什么样的方式存在以彰显自身类存在的特殊性成为哲学研究的重要主题。在中国哲学的背景之下，人不仅仅是"二足而无毛"② 的高级动物形象，也不仅仅是生产工具熟练使用者

---

① 牟宗三：《中国哲学十九讲》，上海：上海古籍出版社，1998 年版，第 14 页。
② 见于《荀子·非相》。

的形象。人存在的特殊性正是因为人有人伦，是人伦道德的唯一主体。而就先秦儒道哲学整体而言，道德构成人之所以为人的最为充足的根本依据，人的存在何以可能的问题本质上转换为道德何以可能的问题。对道德问题的终极性探究成为儒道本体论哲学本原探寻的另一个主要使命。综合以上，本书所进行的先秦儒道本体论比较研究中的本体论，主要就是在宇宙本体论与道德本体论两种语境中使用的。

第二节　古希腊哲学视野下的本体论历史考察

考察本体论在西方历史世界的早期发展，我们不能不将目光回溯到西方哲学的主要思想源头——古希腊哲学。事实上作为孕育西方文明尤其是西方哲学思想的一块沃土，古希腊哲学的发展脉络中已经内在地隐含着西方本体论萌生的端倪。古希腊时期著名的伊奥尼亚地区（相当于今土耳其安那托利亚西南海岸地区），地处爱琴海海岸的小亚细亚半岛，古希腊爱奥尼亚人部落后裔最早开始在这里定居繁衍，逐渐形成了相对稳定的民族共同体。作为连接整个希腊与中东地区的交通要冲，东西方文明在漫长的流播过程中最早在这个特殊的地方不期而遇。约公元前6世纪，随着商业贸易往来的频繁和人口流动的加快，爱菲斯、米利都和伊兹密尔等一系列新兴城邦在伊奥尼亚地区逐渐崛起。商业繁荣的同时也带来了政治文化思想的巨大活跃，西方历史上第一批真正意义的哲学家首先在这里诞生。在与以海洋环境为典型特征的自然世界进行生产斗争的过程中，希腊哲学自觉开始了对世界本原和整体宇宙的深入探究。因此，早期希腊哲学首先打上了自然哲学的印记，它的本体论也相应地呈现出浓厚的宇宙论色彩。

一　古希腊哲学对本原的探索——从泰利斯到德谟克利特

泰利斯（θαλήs，Thales，鼎盛年约在公元前 585 年，比同样生于公元前 6 世纪的孔子与老子略早）是米利都学派非常有名的早期智者代表人物，人生早期曾积极从事有关天文、气象、历算等自然科学问题的探究，并在此基础上最早开始了对世界本原问题的深入探讨。泰利斯早年曾到埃及各地进行游学，对灿烂的古埃及文明进行了深入的考察研究。古埃及人曾普遍认为宇宙空间到处都充满了水，人类寄居生活的大地也浮于水上。泰利斯在与埃及文化接触的过程中深受古埃及尚水思想的影响。他通过细致的经验观察也认识到水有滋养万物的特性，而万物的生存发展都离不开水这一宇宙空间普遍却又特殊的存在。在此基础上他提出水是万物的本原。水本原说是泰利斯在现实经验观察基础上进行抽象概括得出的理论，反映出他试图通过哲学思维来解释世界的努力，正是这种最初始的哲学思维使泰利斯成为西方哲学史上公认的第一位有史可载的哲学家。而在遥远的东方世界，中国早期智者们也曾像泰利斯一样关注过水的特性。比泰利斯早大约一百年，《管子》就已明确提出水是万物的本原："水者何也？万物之本原也，诸生之宗室也，美恶贤不肖愚俊之所产也。"[1]

---

① 见于《管子·水地》。

《管子》不仅提出水是万物的本原，更进一步利用水的特性解释人类行为与万物的存在状态。不难看出，东西方文化在探究世界本原的问题意识上早已不约而同地实现了相当程度的遥相契合。

泰利斯之后，古希腊哲学家没有停止对世界本原探究的步伐，相反他们把这一问题继续引向了更深更广阔的思想境域。泰利斯的学生阿那克西曼德（’Αναξίμανδρος，Anaximander，鼎盛年约在公元前 570 年）认识到泰利斯水本原说的局限性，即单一物性无法解释现实世界的多样性。阿那克西曼德把万物的本原指向了新的概念"无定"（apeiron/in‐definete）——没有任何规定性的中性状态。万物由"无定"分化而出，最终又复归于"无定"。围绕着"无定"，万物处于不断生成与消亡的循环往复运动过程之中，始终保持着宇宙的平衡。阿那克西曼德的学生阿那克西美尼（Anaximenes，鼎盛年约在公元前 546 年）又提出气本原说。气是这样一种状态："当它处于最平稳状态时，不为眼光所见，但却呈现于热、冷、潮湿和运动中。它通过浓聚和稀散表现出区别：当它发散而稀疏时，便生成火。另外，风是浓聚的气；通过凝结，气变成云；再凝结则变成水；更高程度的凝结形成大地；当气凝结到最高程度时变成石头。由此可见，冷和热的对立是生成的最有力因素。"① 气本原说综合了水本原说和无定说理论。阿那克西美尼的气一方面继承了"无定"没有形迹的特质，另一方面又吸收了水能够转化的特性。就理性思维的深度而言，这种转化生成的本原观比阿那克西曼德分离生成的本原观更进了一步。随后，赫拉克利特（Ηράκλειτος，Heraclitus，鼎

---

① 苗力田主编：《古希腊哲学》，北京：中国人民大学出版社，1989 年版，第 31 页。

盛年约在公元前 502 年）提出了火本原说。他认为"世界秩序不是任何神或人所创造的，它过去、现在、未来永远是永恒的火，在一定分寸上燃烧，在一定分寸上熄灭"①。火是世界的本原，世界呈现给我们的只是火与万物、万物与火不断相互转化的运动过程。火燃烧的"分寸"顺应火的本性，昭示着这种转化不是杂乱无序的，它遵循同一的原则，维持着世界的均衡，影响并决定着火与万物运动的尺度、方向。这个内在性的根本原则就是赫拉克利特用来指称道理的"逻各斯"（λογοσ，logos），逻各斯与火从内、外两方面共同构成世界的本原。恩培多克勒（'Εμπεδοκλήs，Empedocles，约公元前 495—前 435 年。）不满于世界仅由某一种事物或元素构成，他提出了四根说。他认为，火、土、气、水四种微粒是构成万物的四种根，四根不生不灭，处于永恒的运动之中。四根的聚合决定着万物的生成，四根的分散意味着万物的消亡。恩培多克勒的四根说与中国古代哲学中的五行（金、木、水、火、土）学说有着诸多相似之处，都是试图利用现实生活中 N 种常见元素的聚合分离来解释宇宙万物产生和变化发展的原因。但在揭示变化发展的动力源方面，四根说与五行学说有着明显的不同。恩培多克勒的四根说认为，四根聚合与分散的动力来自四根外部，它们是使四根相互吸引的"爱"产生的合力以及使四根相互争斗的"恨"形成的张力，万物在"爱"与"恨"对四根的作用与反作用力下生成和消亡。人的肉体感官同样由四根构成，并受爱恨力量的支配。正因为人与外物一样有着相同的本原，当构成人感官的根与构成外物的根接触

①　北京大学西方哲学教研室编译：《西方哲学原著选读》（上），北京：商务印书馆，1981 年版，第 21 页。

时，人的感觉会随之产生。"眼睛中间是火，周围是土和气，这气很稀薄，所以火能通过。水与火的孔道相互交错：通过火的孔道，我们看到明亮；通过水的孔道，我们看到黑暗。"① 按照描述，视觉的产生是外在的气与眼睛里的气交接的结果，恩培多克勒把同类本原的接触相通叫作"流射"。流射说与《易传·文言》中"同声相应，同气相求"的理论存有诸多相似，同类相感的理论在早期东西方文化中的进步中不约而同地被提炼出来。到阿那克萨戈拉（Anaxagoras，约公元前 500—前 428 年）那里，构成万物的本原成为种子———一种细小的微粒。木的种子构成树枝，石的种子构成山，肉的种子构成人的身体。种子与万物存在对应的关系，世界有多少种事物，相应地就会有多少种构成事物的种子。种子具有数量上无限多、体积上极其细微的特征。阿那克萨戈拉的种子说继承了恩培多克勒四根说的理论，他在种子之外又提出了表示独立精神的概念———心灵，心灵作为能动力量从外部作用于事物，影响着事物的生成变化。留基波（Λεύκιππος，Leucippus，生卒年不详）和德谟克利特（Δημόκριτος，Democritus，鼎盛年约在公元前 435 年）提出原子论。他们认为，世界的本原是原子，一种不可分割的微粒。虚空与充实是原子论者提出用以解释原子构成事物的一对概念，充实在虚空中不停地运动分割，而原子是不可再分割的充实。无数的原子在旋转中盲碰触，同类的原子相互吸引，异类的原子则相互排斥，最终原子的聚合与分离决定万物的生灭。

　　与上述哲学家把世界的本原归结为自然界中的某一物不同，

---

　　① 北京大学西方哲学教研室编译：《西方哲学原著选读》（上），北京：商务印书馆，1981 年版，第 44—45 页。

毕达哥拉斯（Πυθαγόρας，Pythagoras，鼎盛年约在公元前 532
年）提出了数本原说。与伊奥尼亚学派认为本原是单一、可变
的观点正相反，毕达哥拉斯认为万物的本原是众多的、不变的
——数，因为数的规定性与物质形态的物理属性相比更具有普遍
意义。"在数目中可以发现许多与存在事物以及自然过程中所产
生的事物相似的特点，比在火、土或水中找到的更多。"① 因此，
只能是更具抽象性的数而不是具有某种物理属性的水、气、火才
能涵括各种可能的规定性而成为世界的本原。其后，巴门尼德
（Παρμενίδης，Parmenides，鼎盛年约在公元前 500 年）更加提
炼指出，世界本原的意义只能依循真理之路通过理性思辨来把
握，"存在"（being）就是具有这样意义的概念。"存在"是真
理的对象，只能靠理智去把握。巴门尼德将其形容为时空中滚圆
的球体，具有不生不灭、连续性和完满性的特质。巴门尼德之
后，"存在"概念逐渐突破了自然哲学的意义，成为西方形而上
学的核心范畴。

二　古希腊哲学本体论的转向——从苏格拉底到亚里士多德

古希腊哲学发展到苏格拉底（Σωκράτης，Socrates，公元
前 469—前 399 年）开始对早期自然哲学进行批判总结。苏格拉
底批评他们缺乏对人间的关注。苏格拉底原本赞赏阿那克萨戈拉
关于心灵构成事物变化原因的理论，但最终他"发现这位哲学
家完全不用心灵，也不把他当成安排事物的原则，而是求助于

---

① 北京大学西方哲学教研室编译：《西方哲学原著选读》（上），北京：商务印
书馆，1981 年版，第 18—19 页。

气、以太、水和其他稀奇古怪的东西"①。苏格拉底认为他依然没有走出早期自然哲学的窠臼。苏格拉底反对通过自然研究自然的路径，主张经由直接观照人的心灵去探究外在自然，因为心灵本身就内在地蕴含着与世界本原相一致的原则。我们研究的路径只能是找寻并确认心灵的原则，然后再利用它来解读外在自然。苏格拉底进一步指出，这个内含于心灵深处的根本原则就是德性——行善避恶的艺术。"凡是知道并且实行美好的事情，懂得什么是丑恶的事情并且加以谨慎防范的人，都是既智慧而又明智的人。"② 求德性就是求知识。至此，求真的理论已不再单一地集中于对自然中某一物或某类物的关注，而是反求诸人自身的灵魂，融合进求善的意图，西方哲学本体论发展到苏格拉底，已经开始发生根本性的转向。

苏格拉底的学生柏拉图（Πλάτων，Plato，公元前427—前347 年）提出著名的理念论。柏拉图认为，在可感事物之外还存在一个唯有理智才可知的领域，而且这个领域是最为真实的。理智的对象不是可感事物而是理念。"一件事物之所以能开始存在，无非是由于它分沾了它所固有的那个实体（即'是者'，指'相'）……两个之所以存在的原因是分沾'二'……一个事物必定分沾'一'。"③ 理念只是可感事物的本质，万物通过分有与之相应的理念型相得以不断生成，从理念世界到现象世界意味着

①　北京大学西方哲学教研室编译：《西方哲学原著选读》（上），北京：商务印书馆，1981 年版，第 63 页。

②　[古希腊] 色诺芬撰，吴永泉译：《回忆苏格拉底》第三卷，北京：商务印书馆，1986 年版，第九章第 4 节。

③　[古希腊] 柏拉图著，王太庆译：《柏拉图对话集》，北京：商务印书馆，2004 年版，第 266 页。

从可知领域过渡到可感领域。柏拉图认为可感领域最伟大的事物是太阳，而可知领域最崇高的是善，所以柏拉图把善喻为太阳。如同太阳为可感事物提供生命之光，善为真理和知识的生成提供源泉。柏拉图的本体论已经不囿于宇宙论层面，开始关注存在与本质，理论深度已经触及知识论、道德论领域。理念论的提出象征着西方哲学历史上相对成熟的本体论理论形态开始浮现。

而柏拉图的学生亚里士多德（Αριστοτέλης，Aristotle，公元前 384—前 322 年）在对柏拉图理念论批判的基础上建立了他的形而上学。他认为，本质不可能是与可感事物相分离的理念型相，它只能在可感事物之内。亚里士多德对学科进行了分类，其中哲学就是《形而上学》，是"寻求最高原因的基本原理"，或称"第一哲学"①。他提出了"是者"的概念，作为形而上学的研究对象。"有一门学术，它研究'是者之所以为是者'，以及'是者'由于本性所应有的性质。"②"是者"是由系词"是"加后缀构成的词语，在西方哲学语境中意谓泛指一切，"实体"是"是者"在哲学上的另一个称谓。"我们可以在很多意义上说一件东西是，但一切是者都与一个中心点有关，这个中心点是确定的东西，它毫无歧义地被说成为实体。"③"是"是连接主词和谓词之间的系词，主词对应的是实体，谓词对应的是属性。亚里士多德认为，属性依赖于实体，因实体而有意义，属性只是实体的属性。

---

① ［古希腊］亚里士多德撰，Ross 英译，吴寿彭译：《形而上学》，北京：商务印书馆，1981 年版，第 1004a3。
② 同上，第 1003a20。
③ 同上，第 1003a33—b10。

亚里士多德探讨总结了事物运动的四种原因，即组成事物的质料构成质料因，事物运动的形式构成形式因，事物运动的推动力构成动力因，事物运动的目标构成目的因，而动力因和目的因又可以统一于形式因，所以事物运动的原因最终可归结为两种：质料因和形式因。就实体与四因的关系而言，实体就是形式，质料和形式结合构成经验世界的具体实体。亚里士多德在《形而上学》中区分了三类实体：可朽的运动实体——地面上的物体、永恒的运动实体——天体、永恒且不动的实体——神。物体与天体属于由质料与形式构成的具体实体，是感觉经验的对象。神超越经验，是不含质料的纯粹形式，亚里士多德将其设定为不动的推动者——具体运动实体的第一推动力。

以古希腊文明为代表，西方早期的哲学研究主要建立在天文、地理、数学等自然科学基础之上，从泰利斯到德谟克利特的本体论哲学主要致力于对世界本原问题的探究，他们放眼外在自然孜孜以求本原的实体承载，本体论研究始终囿于自然哲学的领域，整体呈现出宇宙论的思想特色。一直到苏格拉底—柏拉图—亚里士多德一系，本体论才逐渐开始跳出宇宙论的藩篱，走向更加宽阔的知识论、道德论的领地，知识与道德何以可能的一系列问题逐渐支撑起本体论的架构。由此开始，本体论在西方哲学史上的核心地位得以确立，并最终影响了西方哲学的思维方式和研究方法。但是，无论东西方人类的生活环境抑或东西方人类特征如何迥异，他们都需要面对共同的人生主题：生存。他们会不约而同地思索肉体生命的延续以及精神生命的提升之道，并理性升级为关于"存在"的基本问题，意识领域逐渐衍生出深层的本体论诉求。如果说海洋文明造就出古希腊文明以及带有自身特色的古希腊哲学，那么属于我们自己的农耕文明同样孕育出具有东方文明特色的本体论哲学。

第三节　诸子前哲学视野下的本体思想萌芽

由于幅员辽阔、土地纵深的客观地理环境，华夏先民历史地选择了依傍土地、沿河生殖的生活生产方式。所以，与以古希腊文明为代表的西方早期海洋文明明显不同，中国早期文明呈现出典型的农耕文明特色。农耕文明下诞生的文化特色较少精神迷狂与思辨，相对呈现出更多经验观察基础上的冷观特征。我们祖先的思想活动几乎很少像古希腊城邦内那样在随处都会发生的结伙辩论中碰撞出思想的火花，他们更习惯于在劳作、生活、战争等与人类自身生存密切相关的复杂但又朴素的活动过程中冷静观察并分析宇宙人生的终极奥义。生命的诞生与延续一直都是宇宙间最令人惊奇的自然现象之一，也是横亘人类文明成千上万年的历史难题。生命的起源和归宿、生命的本质和意义、生命中的同一性与差异性、生命中的成长变化与死亡现象等等围绕着生命存在展开的一系列问题连锁引发早期中国哲学最深层的思考活动，极大地拓展了思想的界域。生命问题的思考已经拉伸了人类思维的延伸极限，不断地勾起思想世界对宇宙空间一切事物作本体追寻努力的最原始的冲动。

一　上古传说时代的万物起源观

遥远的上古时代，长期处于幼年时期的人类囿于思维水平和外在探究手段的限制，习惯于通过天马行空的自由想象对宇宙自然变化、人与万物起源等问题进行懵懂的解释，不断倾诉着对天地人间稚昧独特的理解与情怀。创世神话就是脱胎于早期人类幻想智慧的一种关于万物起源的独特解释途径。事实上，包括古中国文明、古印度文明、古埃及文明、古希腊文明和古巴比伦文明几大文明在内都曾诞生过丰富生动的创世神话，创世神话一开始成为东西方文化中共有的原始观念的朴素表达方式。

在以农耕文明为典型特色的华夏文明中，早期人类生产耕作中获得的生活体验在幻想中逐步升华到理性意识的边界，创世的观念通过一系列史诗般的神话描述一代一代流传下来。"俗说：天地开辟，未有人民，女娲抟黄土做人。务剧力不暇供，乃引绳于泥中，举以为人。故富贵者黄土人，贫贱凡庸者絙人也。"[①]《风俗通义》为我们图画般地描述了一个对后世影响深远的创世神话故事，故事的主角就是女娲。作为中国历史上一位耳熟能详的上古神话人物，女娲传说早已出现在《楚辞》《礼记》《山海经》《淮南子》《列子》等古代典籍当中。其中，关于女娲抟土造人的传说为后人津津乐道。这个脱胎于母系氏族公社时期女性崇拜意识下的形象典型，用一种在今人看来近乎幼稚的方式，在那个原始形象塑成期的远古时代最为合理地解决了关于人类起源

---

① （汉）应劭撰，王利器校注：《风俗通义校注》，北京：中华书局，1981年版，第601页。

的难题。"抟土"的行为显然来自原始农业生产过程中的经验总结。在科技极其不发达的客观条件下，这种观察背后始终都离不开信仰观念的支撑。亚里士多德在解释事物产生与运动问题时曾提出其中不可或缺的质料因与形式因，"抟土造人"的行为过程同样绕不开这样两种预设性的前提：一是造人不可或缺的基质——泥土；二是造人所遵循的形式——人的形象。这种在最原始意义上对人类与万物起源的探索，折射出人类对自身思维局限的不断突破和向理性升进的努力。我们"不要错误地认为，在知识演进史中，神话和科学是两个阶段或时期，因为两种方法都是同样正当的"①。放眼远古荒蛮时代，看似幼稚的幻想实际上一直在源源不断地激发智慧的萌动。以女娲抟土造人的传说为代表，远古创世神话已经播下了中国哲学本体论思想的智慧种子。

从中国古史三皇（燧人氏、伏羲氏、神农氏）时代开始，部落联盟时期的华夏民众开始有了真正属于自己的精神领袖。相传，伏羲氏（又称包牺氏、太昊）盘坐天水卦台山，究极宇宙奥妙，而后画成八卦，豁然打开了中国文化源头。"古者包牺氏之王天下也，仰则观象于天，俯则观法于地，观鸟兽之文，与地之宜。近取诸身，远取诸物，于是始作八卦，以通神明之德，以类万物之情。"② 魏王弼注："圣人之作《易》，无大不极，无微不究。大则取象天地，细则观鸟兽之文，与地之宜也。"③ 对天地之象的"观"取代了单纯对神秘自然的"听"，自然法则与道

---

① ［法］克洛德·列维·斯特劳斯撰，李幼蒸译：《野性的思维》，北京：商务印书馆，1987 年版，第 29 页。
② 见于《易传·系辞下》。
③ （魏）王弼等注，（唐）孔颖达等正义：《周易正义》，见于《十三经注疏》（上），上海：上海古籍出版社，2001 年版，第 86 页。

德法则逐渐呈现于人类思想的境域。原始理性意识对未知领域的主动寻求已经超越原始劳作基础上粗浅的经验观察，本原、规律一系列深层法则向古圣先贤的灵明知觉发出了召唤，等待其思想内核的破茧而出。伏羲画八卦的形象象征着早期人类对宇宙本原和起始探寻以及合理解释当下存在的迫切诉求。伴随着历史江河的云诡波谲许多传说已无法考证，但这些精神领袖的形象却集合了部落联盟时代群体性的精神信念，它的背后埋藏着早期人类力图突破精神藩篱进入未知世界的原始冲动。

二　原始宗教视野下的"帝""天""德"观念

氏族社会后期，随着生产力的提高和人类理性的膨胀，契约精神渐渐失去原有的效力，原始民主集中制已经难以维系部落内部生活延续和部落间的和谐。强力意志逐渐浮现于人类视野，民众意识中已经普遍有了"主宰"义。"帝"的形象源自"三皇""五帝"的观念流传，随着原始宗教信仰的形成，在殷人那里跃升到至上神的地位，"帝"的崇拜开始在殷商兴起。作为至上神，"帝"拥有支配天上人间的最高权力，执赏罚，赐福祸，断吉凶。但殷人的"帝"已没有了创世神的形象，更多的执行着祖先崇拜的功能，以证实并赋予自己部族现实存在、延续的合理性。从现存资料来看，殷人重要的活动几乎都是通过巫师辨识灼烤过的龟甲或牛骨裂纹的方式研判并领受"帝"的旨意，帮助自己完成下一步的行为决策。直到现在，人类仍然无法怀疑原始巫术和占卜活动现实存在的正当性。"巫术在某种意义上本身是完整的，而且它那种非物质的完整性和连贯性与它后面的那个物质存在的完整性和连贯性一样。"① 尽管"帝"的观念出自殷人巫术活动中的臆想，但它却指向了终极的价值诉求。从"帝"那里，殷人不断地获得了与现实生存密切相关的一切思想与行动的价值源泉。

周人继承了殷人至上神的信仰，在朝代初创的相当一段时期内仍然敬祀上帝。但随着"帝"观念的逐渐衰颓，周人中的先觉者开始抬出"天"以取代殷人的"帝"。"诰告尔多方，非天庸释有夏，非天庸释有殷。乃惟尔辟，以尔多方，大淫图天之命，屑有辞。乃惟有夏，图厥政，不集于享，天降时丧，有邦间之。"② 在这段周公警示夏、殷遗民以及各部落首领的训话中，"天"的至上主宰义得以凸显。而"天"主宰义的背后是人自身的所作所为是否与"天"的意志相匹配。"非天用释弃桀，桀纵恶自弃，故诛放。……纣，用汝众方大为过恶者，共谋天之命，恶事尽有辞说，布在天下，故见诛灭也。"③ 周公告诫四面八方的臣民他们并非遭"天"遗弃，而是自己的所作所为违背了"天"的意旨，因此失去"天"的信任。而与之相反，周人却获得了"天"的高度认可。《尚书》进一步解释了其中的原因："惟乃丕显考文王，克明德慎罚，不敢侮鳏寡。……惟时怙冒，闻于上帝，帝休。天乃大命文王，殪戎殷，诞受厥命，越厥邦民惟时叙。"④ 只因文王能完全顺应"天"的意旨，修炼彰显自身

---

① ［法］克洛德·列维·斯特劳斯撰，李幼蒸译：《野性的思维》，北京：商务印书馆，1987 年版，第 18 页。
② 见于《尚书·周书·多方》。
③ （汉）孔安国传，（唐）孔颖达疏：《尚书正义》，见于《十三经注疏》（上），上海：上海古籍出版社，2001 年版，第 228 页。
④ 见于《尚书·周书·康诰》。

德行，审慎掌握刑罚制度，所以"天"才命文王取代殷王接管
殷的土地与子民。"文王之道，故其政教冒被四表，上闻于天，
天美其治。"① "天"仍然延续了至上神的品格，并代替"帝"
成为终极的审判者赋予周人统治权力以合法性。在这里，至上神
的位格仍然高高在上，但人已不是简单的匍匐在神前唯"帝"
命是从的形象，人有了更大的主动性和话语权。人可以自主选择
自己的行为路径并承担相应结果，福咎皆由自取。即使是拥有最
高权力的周人，其权力的正当与否也取决于"德"的是否持有。
"德"义就是"天"意，"天"被寄予更多的理性期待。此时，
"天"完全被赋予了超越性的价值内涵，成为具有终极意义的价
值根源所在。中国古代的自然崇拜和祖先崇拜观念中自始就已经
埋下了人类道德意识的种子。

三　原始阴阳、五行观念

阴阳观念最早来源于先民实际生产生活中的经验观察。对早
期人类而言，太阳是宇宙时空中离他们生活"最近"的自然事
物之一，与人类自身的生存息息相关。光的散播以及太阳的日夜
轮转常会引起人类无限的遐想，太阳也最早成为人类幻想与敬畏
的对象。太阳象征着生机与光明，阳光不仅给人间带来温暖，还
赐予生命延续所必需的养分。背向阳光的阴有利于生命休息，有
助于万物的收藏。《诗经》："相其阴阳，观其流泉。"② 孔颖达

---

① （汉）孔安国传，（唐）孔颖达疏：《尚书正义》，见于《十三经注疏》
（上），上海：上海古籍出版社，2001年版，第203页。
② 见于《诗·大雅·公刘》。

疏："居山之脊，观其阴阳，则观其山之南北也。"① 以山丘为界，南面向阳的部分为"阳"，北面背阳的部分为"阴"，此为阴阳的最初含义。阴阳自始就成为相反相成、对待呈现的一对概念。随着理性观照下阴阳内涵的丰富，阳的内涵又增加了昼、晴、热、夏天、男性等内容，阴的内涵又增加了夜、雨、冷、冬天、女性等内容。《易经》用" – – "和"—"阴阳两爻表征宇宙时空中对立统一的两种属性，对原始阴阳观进一步加以抽象提升，使阴阳观念获得了更具普遍意义的价值内涵。需要指出的是，早期的阴阳观念一开始尚未实现与五行观念的结合，处于概念自行缓慢发展的初级阶段。

五行，即金、木、水、火、土，原指自然界中最常见的五种物质。系统的五行观念最早见于《尚书》记载武王与箕子关于治国之策的对话中。"五行：一曰水，二曰火，三曰木，四曰金，五曰土。水曰润下，火曰炎上，木曰曲直，金曰从革，土爰稼穑。润下作咸，炎上作苦，曲直作酸，从革作辛，稼穑作甘。"② 箕子在回答武王关于治国之策的疑问时提出了金、木、水、火、土五种可资利用的物质。治国的第一步，首先要做到对这五种物质性能把握利用，以助于生产生活的顺利开展。箕子的五行思想已经呈现出能动性、差异性、联系性思想的萌芽。概念意义的五行，仅仅是指金、木、水、火、土五种并存的基本物质；理论意义的五行，意味着以五种基本物质为代表的所有物质的总和。箕子五行理论的最终落脚点显然是在后者。王安石在

① （汉）郑玄笺，（唐）孔颖达等正义：《毛诗正义》，见于《十三经注疏》（上），上海：上海古籍出版社，2001 年版，第 543 页。
② 见于《尚书·周书·洪范》。

《洪范传》中释五行为"天所以命万物者"，[1] 显然继承了五行理论的本源含义。所以，对五行特性的把握，本质上就是对宇宙万物本性的把握。西周末年，史伯提出的"生物"理论将五行相并思想进一步探至五行相杂的理论深度。"夫和实生物，同则不继。以他平他谓之和，故能丰长而物归之；若以同裨同，尽乃弃矣。故先王以土与金木水火杂，以成百物。"[2] "阴阳相生，异味相和。……阴阳和而万物生。"[3] 万物之间的差异性为万物的产生提供了可能。在对同一性与差异性的认识基础上，史伯尝试在抽象意义上论证基本元素与万物的生成关系，他的五行思想已经开始触及世界万物的起源问题。春秋末年，史墨为赵简子关于日食之梦占卜吉凶时提出了五行相克（胜）的理论："火胜金，故弗克。"[4] 并据此断定六年后吴国的入侵将无功而返。五行生克的理论逐渐广泛运用到自然社会现象的解释中来。"先秦思想有两条不同的路线：阴阳的路线，五行的路线，各自对宇宙的结构和起源做出了积极的解释。可是这两条路线后来混合了。"[5] 阴阳与五行两条路线的混合在《管子》中得到了充分体现，"东方曰星，其时曰春，其气曰风。风生木与骨……南方曰日，其时曰夏，其气曰阳。阳生火与气……中央曰土，土德实辅四时，入出以风雨。……西方曰辰，其时曰秋，其气曰阴。阴生金与甲……北方曰月，其时曰冬，其气曰寒。寒生水与血。"[6] 五行相

①　李之亮：《王荆公文集笺注》（中），成都：巴蜀书社，2005 年版，第 991 页。
②　见于《国语·郑语》。
③　徐元诰撰，王树民、沈长云点校：《国语集解》，北京：中华书局，2002 年版，第 470 页。
④　见于《左传·昭公三十一年》。
⑤　冯友兰：《中国哲学简史》，北京：北京大学出版社，1996 年版，第 166 页。
⑥　见于《管子·四时》。

生相克的理论从最初平面化的五行观念发展升级为多维立体化的五行理论架构，使其在行使探解万物源起与宇宙变化奥秘的思想使命时具有了更大的涵容性。更值得注意的是，发展至此的五行思想已经开始了与阴阳思想的理论融合，一个在中国哲学起始意义上关于宇宙时空中万物相互关联又相互排斥的解释学思想体系得以确立，中国哲学的本体论思想由此获得了一个极其牢固的理论基点。

第二章 先秦儒道本体论生发的
思想根源与契机

从发生学上来讲，某一事物或事件的出现发生必然地隐含着特殊的内部动因，而这些内部动因从开始就内在地赋予了事物或事件自身的本质规定性。"在一定意义上，了解了一个事物的起源（发生），也就了解了该事物的本质。因此，对哲学的了解，至少有这样一个维度无法被忽略，即哲学的发生学考察。"① 从这个意义上来讲，先秦儒道哲学的本体论作为一个思想史事实，必然具备发生学意义的动因。

先秦历史发展至春秋战国，中国社会第一次进入了全国性大分裂的时期，曾经格局统一的华夏大地相继分散为大大小小一百多个诸侯国。国与国之间互相攻伐，大国欺凌甚至兼并小国的事件时有发生。作为天下共主的周天子名存实亡，权威尽失。权力的合法性受到严重质疑。中国古代社会体系架构内的角角落落包

---

① 何中华：《哲学：走向本体澄明之境》，济南：山东人民出版社，2002年版，第86页。

括政治、经济、文化、社会关系各方面都在悄然发生着急剧的变化。巨大的社会动荡引发了社会成员思想上的极度混乱，恐慌、疑惑、焦虑、无助……各种复杂的消极情绪充斥漫布在人们的精神世界，不断折磨着春秋人苦楚的心灵。动荡不安的社会现实并未阻碍社会生产力整体呈现的发展趋势。对所有社会成员来说，比肉体意义上的续命更为迫切的是消除精神世界的困顿，以重新确立安身立命的生存之道。而对那些站在时代风口浪尖自觉肩负民命的"先知先觉"们来说，这种迫切已然化为巨大的精神动力，催促着他们深入探索社会秩序以及更深层的精神秩序的重建之路。

殷周社会迨至春秋时代动荡的社会现实孕育出内容丰富的时代人文，同时也赋予了先秦儒道哲学崇高的历史使命。儒道哲学在时代人文精神观照下产生兴起，又要对人文背后的社会现实做出积极的回应，并以意识能动的形式参与到助益社会发展的历史进程中来。在先秦儒道哲学各自的思想体系中，对本体问题的探究最初并非出于意识的自觉，而是儒道哲学基本问题根源性追问的指向性引出。这些基本问题在相当程度上代表着儒道哲学最初所承担的历史使命，问题的解决在思想根源上依赖于本体问题的明晰，由此决定了先秦儒道的本体论哲学同样承担着相应的历史使命，它需要从根源处为个体生命的安顿、社会秩序的确立和精神信念的构建等等提供最为牢固的理论支撑。所以，作为可以从儒道哲学整体归纳出来的相对独立的思想体系，先秦儒道本体论哲学的生发有着深刻的思想契机。

第一节　秦儒道本体论生发的思想根源

历史上任何一个哲学派别的源起必然隐含着其派别创立的复杂的原始动因。而在派别成形的过程中会天然地继承孕育其思想的文化大环境中的某些特质。当儒家与道家作为独立的哲学流派自成一系而成为影响社会进程的一股思潮，便自然而然地会成为后来学术研究的对象。其中学派的思想源流及其代表人物思想性格会成为后学专门考究的内容，对这些考究重新进行历史的审视将有助于从根源上揭示先秦儒道本体论的缘起。

一　儒家、道家思想派别源起过程中的本体思想预设

现今已知最早的对儒道源流的考究之一出自《汉书》。首先看其对儒家源起的探究："儒家者流，盖出于司徒之官，助人君顺阳阳明教化者也。游文于六经之中，留意于仁义之际，祖述尧舜，宪章文武，宗师仲尼，以重其言，于道最为高。"①《汉书》认为儒家学派成员最早出于司徒之官。司徒之官最早可追溯到少昊氏的时代②。《宋书》记录百官的《志》中有专门条目介绍司徒："少昊氏以鸟名官，而祝鸠氏为司徒。尧时舜为司徒。舜摄帝位，命契为司徒。契玄孙之孙曰微，亦为夏司徒。周时司徒为

---

① 见于《汉书·艺文志》。
② "祝鸠氏，司徒也。"见于《左传·昭公十七年》。

地官，掌邦教。"① 从少昊时代开始历经尧、舜、禹以及夏、商一直到周代，司徒之官延续了一千多年。其实相对重要的不是其存在的久远，而是司徒作为一个官职所从事的主要工作以及由此反映出的思想倾向，后者与儒家的起源才是最为相关的。到了周代，司徒作为一个官职的行政设置已经非常成熟。《周礼》对于司徒有着明确界定。大司徒的主要职责是管理国土疆域和人口，辅佐周王安定天下②。小司徒的主要职责是建立邦国的管理规则，考察国都及京畿男女人口数目以区别贵贱、长幼和身体残疾者③。综合来看，（大小）司徒设立的初衷就是"助人君顺阳阳明教化"，即辅助天子管理国家行政、昌明道德教化。当人类从最初散落的丛林游荡过渡到规模化的群居生活，再到家天下的社会生存模式，秩序的稳定对人类的繁衍具有特殊重要的意义。站在司徒之官本人的立场上，他理所当然地希望自身职位能够得以充分地实现，即通过行使自身职能使整个社会秩序完全趋于合理。而秩序的确立从根本上依赖于规则的有效执行，即每一个社会成员都要遵守约定俗成的规则。因此司徒之官作为最接近权力核心的国家行政人员其内心对秩序与规则必然是充满敬畏的。

儒家流派的另一可能源出是巫医或术士。"儒家"一词从构词上来看属定语 + 中心词的结构，概念的核心在"儒"字。因此对"儒"字的词源学考察很可能直接关乎儒家的来源。自上古时期开始人类就已普遍相信灵魂不朽，对待生命中发生的各种

---

① 见于《宋书·百官志上》。

② "大司徒之职，掌建邦之土地之图与其人民之数，以佐王安扰邦国。" 见于《周礼·地官司徒·大司徒》。

③ "小司徒之职，掌建邦之教法，以稽国中及四郊都鄙之夫家九比之数，以辨其贵贱、老幼、废疾。" 见于《周礼·地官司徒·小司徒》。

自然现象尤其是死亡现象极其重视。人死之后部落或家族成员会通过一系列朴素的宗教仪式实现与死者灵魂的沟通，以求得心灵上的安顿。到殷商时期，社会出现了一批专门从事主持丧葬事务的神职人员，他们被称为巫、觋或术士。这些人熟悉当地风俗，通晓丧葬礼仪，逐渐演变成为一个相对固定的职业团体，这些人被视为"儒"的前身。"儒"字的篆文书写方式𦥯从字形上来看就是卑躬从事某种神秘宗教仪式的神职人员形象。《说文》释"儒，柔也，术士之称。从人，需声"①。早期儒者作为职业神职人员在社会中处于较弱势的地位。一方面，他们经济上依赖雇主对其职业劳作的回报，经济收入极不稳定，因此社会地位极其卑微，性格多谦卑懦弱；另一方面，他们在相礼祭祀的整个过程中总是毕恭毕敬，对天地神祇和逝去亡灵要保持虔诚谨慎的态度。这使得早期儒者呈现出"柔"的面貌。作为专业的神职人员，早期儒者首先要熟悉并能熟练运行一系列的宗教仪式。宗教仪式的完成依赖于每一个社会成员信仰的笃实。因此儒者不仅虔诚地信奉天地神祇，对于仪式和规则也要心存敬畏，并且期望所有的社会成员内心保持真诚。

再看《汉书》对道家源流的探究："道家者流，盖出于史官，历记成败存亡祸福古今之道，然后知秉要执本，清虚以自守，卑弱以自持，君人南面之术也。"②《说文》对于"史"的解释非常简洁概括："史，记事者也，从又持中。中，正也。凡

---

① （汉）许慎撰，（宋）徐铉校定：《说文解字》，北京：中华书局，1963年版，第162页。
② 见于《汉书·艺文志》。

史之属皆从史。"① "史"的主要身份职能被定为记事，史所记当然不是俗常琐事，中国历史上的史官主要从事忠实而严谨地记录帝王将相言行、社会生活生产制度演变以及相关天文历法等等。史官在夏代就已出现，按《吕氏春秋》记载，夏桀荒淫无道，"夏太史令终古出其图法，执而泣之。夏桀迷惑，暴乱愈甚。太史令终古乃出奔如商"②。显然，太史令担当了一个王朝劝谏者的角色。到了周代，对于"史"这一职位有了更加具体的描述。周代明确"史"的主要职责是掌管政府文书的起草编订以协助管理。③ "史"按照具体职能分工又可分为多类，《周礼》中记录了大史、小史、内史、外史、御史等职位设置，其中详述了"五史"的具体职能。大史的主要职责是掌管建立邦国的六种法典以助益邦国的治理，掌管法则以助益政府和封地的治理④。另按《国语》载，"文王访于辛（甲）、尹（秩）"。又按《左传》载，"魏绛曰：昔周辛甲之为大史也"⑤。辛甲与尹秩以周代大史身份接受文王咨询，所以大史也有参政议政的职能。小史的主要职责是掌管邦国的时事记录，谱写帝王世系，辨别宗庙、墓地的次序，用以辅佐大史⑥。内史的主要职责是掌管天子八种权力的使用以宣扬王治⑦。外史的主要职责是负责书写、传达天子下达

---

① （汉）许慎撰，（宋）徐铉校定：《说文解字》，北京：中华书局，1963年版，第65页。

② 见于《吕氏春秋·先识览》。

③ "史，掌官书以赞治。"见于《周礼·天官冢宰·宰夫》。

④ "大史掌建邦之六典，以逆邦国之治。掌法，以逆官府之治；掌则，以逆都鄙之治。"见于《周礼·春官宗伯·司巫/神仕》。

⑤ 见于《国语·晋语》。

⑥ "小史掌邦国之志，奠系世，辨昭穆。……佐大史。"见于《左传·襄公四年》。

⑦ "内史掌王之八枋之法，以诏王治。"见于《周礼·春官宗伯·司巫/神仕》。

于诸侯外邦的命令①。御史的主要职责是掌管各诸侯封国以及百姓治理方面的命令以协助冢宰行使职能②。综合来看，周代以前的史官不仅是重大事件的记录者，同时也是帝王行为的监督者、国家政令的起草者、国家行政的参与者。作为重大历史事件的记录者，史官在记录事件的同时会总结事件发生的因果缘由及其规律周期；作为帝王行为的监督者，史官必须善于考量帝王及群臣行为的确当意义，寻找并确立行为方式的合法性依据；作为国家政令的起草者，史官需要了解国家社会发展的实际并确保政令的权威意义；作为国家行政的参与者，史官必须熟悉国家相关法规并需要对国情民情做全局性的把握。

　　"道家"一词的核心概念在"道"字。"道"字的金文书写方式从字形上来看就是在交叉路口引导行人的形象。《说文》释"道，所行道也。从辵，从首。一达谓之道。"③ 从字面上看有三重意思。第一重："道"行之而成，"道"是行的对象和结果；第二重："辵"描述人走路的形象，反映出"道"与人的行为有关；第三重："首"意味着人行进过程中的观察（望与闻），反映出"道"与人的思维有关。综合来看，"道"隐含着为人的行为方式提供某种价值引导的意义，那么其中必然预设了"道"先天具有某种根本性的价值依据。《淮南子》称"道"覆天载地、无所不包、无所不在，宇宙万物从"道"那里获得自身内

---

　　① "外史掌书外令，掌四方之志，掌三皇五帝之书，掌达书名于四方。"见于《周礼·春官宗伯·司巫/神仕》。
　　② "御史掌邦国、都鄙及万民之治令，以赞冢宰。"见于《周礼·春官宗伯·司巫/神仕》。
　　③ （汉）许慎撰，（宋）徐铉校定：《说文解字》，北京：中华书局，1963 年版，第42页。

在本质。因此，"道"从最初的价值引导义延伸为价值赋予义，且"道"不仅给人以引导，更构成宇宙万物充足的价值依据。从伏羲和神农的时代开始，他们就已经掌握了"道"的根本，如同支柱矗立于天地中央，与宇宙大化交通融合，安定抚育天下百姓①。道家作为一个学派，其代表人物的雏形或可追溯到泰古二皇。的确，在人类社会开创之初的混沌世界里，人类时常陷入生存与生活的困境之中而无法明确自身前进的方向。泰古二皇作为华夏人文始祖如同"道"的化身，其所展现的正是人类存在引导者的形象。

　　司徒之官是天子的辅助者，国家重大行政的参与者。儒家所可能源出的司徒之官在协助君王"顺阳阳明教化"的同时内心必然怀有对秩序和规则的无比敬畏，同时也希望所有的社会成员对秩序与规则心存敬畏。敬畏感之下对规则的遵守构成阴阳顺、教化明的前提。因此，他们不得不思考秩序与规则的具体设置，重要的是为其存在与发生的合理性寻找根本的价值依据。史官是社会历史变迁、朝代兴衰更替的见证者。道家所可能源出的史官在记录国家社会重大历史事件的同时也会自觉地观察并反思社会变迁、政权更替的历史变化规律，从中总结出国家政权存亡之道，并由此上升为人类生存之道。因此，他们会自觉地深入反思"道"背后的价值依据。从象形文字的字形上看，篆书的"儒"字描述了正在从事祭祀活动的主持者的形象，通过彼岸关怀的形式表达人们对现实生存秩序的迫切。金文的"道"字则描述了在交叉路口为行人指路的引导者的形象，"道路"的布局形态已

---

　　① "泰古二皇，得道之柄，立于中央。神与化游，以抚四方。"见于《淮南子·原道训》。

经隐喻了客观自然规律的存在以及人类对其应有的态度。可以看出，无论是司徒之官还是史官，无论是祭祀活动的主持者还是道路行进的引导者，作为儒道两家的前身，他们的职业性格中已经内在地蕴含了向问题根源处探究的冲动。关于存在背后的存在以及法则背后的法则这些涉及本体内涵的思想生发之所成为后来儒道构建本体论体系共同的思想支撑点。

二　邹鲁文化与荆楚文化的本体思想孕育

春秋战国时期，随着历史人文精神的沉淀华夏大地逐渐孕育出一些带有地域特色的文化圈，如邹鲁文化、荆楚文化、三晋文化、秦文化等等，其中最具代表性的是邹鲁文化和荆楚文化。邹鲁文化是周代诸侯国鲁国创造的物质、精神文化的总称。鲁国地处中国北方，疆域大体在今山东境内。鲁国是周公的封国，首任国君为周公长子伯禽。邹国是鲁国附属国，大体在今山东邹城。邹国文化深受鲁国文化影响，两国文化特色较为接近，故合称为邹鲁文化。作为姬姓侯国，鲁国尊崇周文化，因此邹鲁文化较为完整地保留了周文化的特色。荆楚文化是周代诸侯国楚国创造的物质、精神文化的总称。楚国地处中国南方，疆域大体包括今江苏和安徽北部、河南中部、山东西南部以及陕西东南部等地。楚国是芈姓封国，周成王时封楚人首领熊绎为子爵，楚国由此开始建立。但荆楚文化的发展历史相对更为久远，最早可追溯到中原华夏文明。南迁的中原商周文明与楚地的蛮夷文明相互融合孕育出独特的荆楚文化。因此，荆楚文化既部分地保留了中原文明的特点又发展出一条相对独立的带有荆楚特色的文化道路。

　　邹鲁文化与荆楚文化的不同首先表现在民神关系上。祭祀作为国之大事在社会生活中占据重要的地位，鲁国展禽曾对祭祀的意义作过详细论述。"夫圣王之制祀也，法施于民则祀之，以死勤事则祀之，以劳定国则祀之，能御大灾则祀之，能扞大患则祀之。……社稷山川之神，皆有功烈于民者也。……及地之五行，所以生殖也；及九州名山川泽，所以出财用也。"① 总结起来祭祀的对象有两种，一种是古圣先王，另一种是山川之神。古圣先王之受到后人祭祀敬仰是因其对人民有功，而自然山川之神受到后人祭祀景仰是因其对人民有利。显然，无论有功还是有利都是以人自身受益为参照，祭祀的重点不在神而在人本身。周通过推翻前代殷商暴政建立了自身政权，自然意识到德治与民心的重要意义。"皇天无亲，惟德是辅"② 的表达证明周人已经意识到德性的持有与否成为政权合法性获得的唯一依据。作为周公封国，鲁文化整体性地继承了周文化敬德保民的思维传统，体现出重德重人的文化特色。与鲁文化重人思想明显不同的是荆楚文化的重神传统③。楚地相对落后的生产方式以及相对独立的政治文化环境使得荆楚文化较为完整地保留了原始文化的朴素遗风。荆楚人民信奉巫术鬼神，尤其重视鬼神祭祀活动，通过歌舞娱神以求祈福禳灾的宗教活动非常盛行。重神的文化传统造就了楚人超强的想象力和独特的审美能力。因此荆楚文化中散发着浓厚的自然色彩和深沉的浪漫主义情怀。如楚国屈原在《楚辞》中塑造了东皇太一、云中君、湘君等等形态各异的鬼神形象。甚至在《庄

---

① 　见于《国语·鲁语·展禽论祭爰居非政之宜》。
② 　见于《尚书·周书·蔡仲之命》。
③ 　"楚人信巫鬼，重淫祀。"见于《汉书·地理志》。

子》著作中，也曾大量出现了神人、真人以及昆仑山神、河伯等等神鬼形象。这类文化与"不语怪、力、乱、神"① 的邹鲁文化传统形成明显的对比。

据历史考证，以孔子、孟子等为代表的先秦儒家人物多集中生于邹鲁之地②。作为先秦道家最具代表性的两位道家思想人物，老子与庄子的出生地皆属于或接近于荆楚之地③。因此几乎可以断定，先秦儒家与道家思想必然各自深受孕育其中的邹鲁文化与荆楚文化的影响。这种影响体现在两家的本体论倾向上尤其明显。邹鲁文化与荆楚文化风格迥异的思维方式、语言风格甚至风土习俗导致影响到儒道两家对本体的理解和把握方式呈现出两种截然不同的风格特色。重人轻神的观念体现出邹鲁文化对人自身认识的升华以及对宇宙自然理性认识的加深。邹鲁文化之重人在本质上就是关注人的存在方式本身，宇宙间一切因人的存在而彰显存在的意义。人与神之间的沟通不再仅仅依靠信仰，而是通过一条更为接近人类本质的途径——"德"来实现。由此一来，神由原来的至上圆形象满转化为意义的价值虚设，连接人与神的德性成为人存在终极的价值依托。邹鲁文化强调人应该以"德"的方式来完成在世的安身立命，人的存在本质上就应该是道德的存在。无论是孔子讲仁，还是孟子讲仁、义、礼、智，都是在为人从生存走向存在、从实然达至应然进行道德化的路径设计。"孔子和孟子所关注的都是道德生命的意义或人的立世之方，所

---

① 见于《论语·述而》。
② "孔子生鲁昌平乡陬邑（今山东曲阜）"，见于《史记·孔子世家》；"孟轲，驺（今山东邹城）人也"，见于《史记·孟子荀卿列传》。
③ "老子者，楚苦县厉乡曲仁里（约在今河南鹿邑）人也。""庄子者，蒙（约在今河南商丘）人也。"皆见于《史记·老子韩非列传》。

体现的是邹鲁文化尚德重智的特性。"① 荆楚文化之重神的思维
倾向实际上蕴含着对宇宙自然未知领域探索的冲动。荆楚文化在
重神的同时并未忽视对人存在本身的关切，他们对人存在问题的
解决往往通过对宇宙自然存在本质的探究来解决。荆楚文化较为
完整地保留了上古文化中的淳厚质朴并将其奉至信仰的高度，同
时在与周文化接触的过程中深刻见证了礼乐文明的虚伪及其对人
性的戕害。因此，荆楚文化强调人应该以回归自然质朴的方式实
现当下的生存，人的存在本质上就应该是自然的存在。这些思想
资源沉淀为孕育道家思想的精神土壤。"老庄的观念，既是荆楚
尚朴文化影响的产物，又是荆楚文化尚朴之风在哲学理论层面的
体现。"② 无论是老子的"道法自然"还是庄子的"独与天地精
神相往来"都是在为人的存在本身作自然的安排。儒道本体论
的思想体系虽然由儒家哲学与道家哲学分别完成，但本体论思想
的萌芽则在相当程度上孕育于邹鲁文化与荆楚文化的精神土壤。
尤其是邹鲁文化与荆楚文化分别赋予了儒道哲学独特的人文气质
和思维方式，使其对本体的理解方式呈现出两种特征鲜明的思想
风格。

三 儒家、道家主要代表人物思想性格中的本体诉求

历史上每一个时代的人物都会相应呈现其所承担的多重角
色，使这些角色保持鲜活的是历史人物精神生命深处的思想性

---

① 高晨阳：《现实主义与超越精神——论先秦鲁、楚文化的差异》，《山东大学
学报》（哲学社会科学版）1995 年第 4 期，第 33 页。
② 同上。

格。性格的多样性常常是后天养成的，一个人性格的塑造依赖于其自身丰富的成长经历，一个哲学人物思想风格的定型得益于其对自身经历进行系统的理性反省之后形成的思想积淀。历史是围绕人书写的历史，思想史更是人类自身智慧的凝结。先秦儒家汇集了孔子、曾子、子思、孟子与荀子等代表人物；先秦道家汇集了老子、庄子、慎到与田骈等代表人物。儒道哲学流派的核心思想主要就是其代表人物核心思想的淬炼，因此，先秦儒道本体论哲学的比较研究实质上是对儒道学派主要代表人物本体论主张的思想研究。探究先秦儒道本体论同异的思想根源，儒道主要代表人物的思想性格分析是一个必然要经由的契机。

社会性动物的特质使人不得不主动或被动地接受社会施加于自身的各种影响。因此个人的成长经历对思想人物自身思想性格的塑造常常会产生决定性的作用，每一个人生阶段所遭受的不同境遇自然引发思想人物的内在反省并不断地修正着自我的价值认同。人的一生都会扮演许许多多不同的角色，孔子当然也不会例外。孔子仿佛是带着坎坷的命运来到这个世界的，按《史记》载，父亲叔梁纥与母亲颜徵在不合乎礼制的婚配结合使得孔子自降世伊始就终生无可逃避地被贴上了不合"礼"的标签①。尽管现有的历史资料几乎未有关于孔子提及自我身世的详细记载，但结合孔子儿时的成长经历以及成年后对"礼"的坚守和正名主张，对自己这段特殊的身世他不可能不心存芥蒂，至少名正言顺的出身对他来说更显合理。命中注定的磨难很快袭来，孔子三岁时其父亡故，从此不得不接受生活于单亲家庭的残酷现实。儒家

---

① "纥与颜氏女野合而生孔子。"见于《史记·孔子世家》。

自派别创立伊始就继承了部落联盟时期流传下来的重血缘亲情的传统，并发展出了系统的孝悌之道。因此，中国历史上的儒家人物多以孝子贤孙的形象流传于后世，历史的孔子首先是一个孝子形象。孔子自小就深知母亲颜氏抚育自己与胞兄孟皮的不易，故多年后总结自己人生时谈到"十有五而志于学"，表明年幼的孔子心中早已怀有对于家庭责任的迫切担当。少年时期的孔子已经意识到秩序对于现实生存的重要意义，他渴望稳定的社会秩序和安宁的家庭生活可以为他们的三口之家提供可能的生存保障，由此他会更进一步地思索稳定与安宁背后的价值根基到底何在。孔子既是孝子也是一位慈父，他希望自己的子孙能够安身立命于当世。孔子曾督劝儿子伯鱼学诗、学礼以立于社会①。"诗"蕴含着人情感、思维的表达方式，"礼"则是自然规则与社会秩序的制度化体现。"诗"与"礼"不仅关联着人现实的生存境遇，更关乎人的存在本身。孔子是一位严师，当发现原本得意的冉求思想不端时他会号召众弟子"鸣鼓而攻之"②。作为季氏家臣冉求帮助季氏通过赋税改革聚敛财富是尽其职责，但在孔子看来这种做法并不符合道义，它在客观上打破了财富分配的平衡，会对现有的生产秩序产生破坏性的影响，这显然是孔子所不愿看到的结果。孔子还是一位尽忠职守的政府官员，曾在大司寇任上诛杀同行少正卯。孔子总结少正卯有五条罪状，重点在于惑众即通过传播邪僻怪辞迷惑众人。尽管并没有少正卯本人造反的确切证据，但他的理论宣传埋下了诱导众人犯上作乱的思想种子。在孔子眼里，少正卯的思想行为属于社会的异端，这类人的存在对于整体

①　见于《论语·季氏》。
②　见于《论语·先进》。

社会秩序的维持毫无益处。孔子还是一位"知其不可而为之"
的游说者，在人生的中年他花费大约十四年的时间周游列国、游
说诸侯，宣扬自己的思想主张。其间孔子感受到了各种人间冷
暖，也体验到了生死攸关。尽管孔子被后人尊奉至"大成至圣
先师文宣王"的圣人高度，但作为一个社会生命个体的孔子如
同大多数普普通通的人一样在人生的跌宕起伏中完成了一个平凡
的人生轨迹。纵观孔子的一生，他几乎都在困顿与漂泊中度过
的。"孔子秉赋纯阳，屡遭挫折；在社会现状与自我意志的矛盾
中，心理行为上表现出偏执任性。因孔子的社会阶层（士）及
社会活动的特点，形成了孔子积极的进取精神和顽强的对挫折的
耐受力。"[1] 颠沛流离的人生境遇锻造了孔子不屈不挠、顽强进
取的品格，更加坚定了他执着于一生的理想信念——"复礼"。
孔子毫不掩饰对于周礼的赞美[2]，他真诚地希望自己能成为周礼
的践行者[3]。在孔子眼里，周礼是已经被历史证明过的最完美的
人间制度形式。一切事事物物都按照"礼"的规定来推进完成，
天下就是一个和谐的天下，宇宙就是一个有序的宇宙。所以当自
己所面临的家国天下进入一个礼崩乐坏的社会状态，孔子内心深
处升腾起的历史使命感驱使他启动了伟大的思考。一切思考在本
质上都围绕着存在何以可能以及如何存在而展开，孔子的努力正
是为解决关于人存在的基本问题而进行。他不仅需要重复强调
"礼"对于人的存在所具有的重要意义，更需要为延续几百年的
周礼作新的意义诠释以对应新的时代思维。这些问题最终都在潜

---

[1]　孟平、陈连森：《试谈孔子的性格》，《齐鲁学刊》1997年第4期，第93页。
[2]　"周监于二代，郁郁乎文哉，吾从周。"见于《论语·八佾》。
[3]　"如有用我者，吾其为东周乎。"见于《论语·阳货》。

移默化中构筑起了孔子本体论的思想框架，并通过对"仁"观念的重新诠释使得孔子的本体论牢牢安置于道德的起点。

由于历史资料的缺失，老子确切的生平并不详细。现存的历史资料也只显示他可能做过守藏史①。守藏史，又称藏室史、征藏史、柱下史，属周代管理国家图书档案的史官。"古代官师合一，世传其学，则老子应出身于有深厚文化修养的史官世家。"②守藏史这个角色似乎在某种意义上契合老子作为道家学派创始人的事实。首先，从事图书档案的管理工作具体会涉及各种资料的分类、汇编，前提需要从业者具备较强的逻辑思维保证工作的有效运行。反过来，长期从事图书档案的整理工作又会提升从业者的逻辑思维能力。其次，书籍是知识的有形载体，也是知识传播的工具。受经济文化发展水平相对低下的限制，春秋时期的书籍资料是极为有限的，但有限的书籍却几乎汇集了整个时代前沿的精神智慧和思想动向。老子在管理图书的过程中能够自然便利地吸收到书籍中的蕴含的智慧精华，并以旁观者的姿态清晰冷静地审视当世流行的思想动向，在此基础上进行鉴别、批判和思想重建。最后，国家档案记录了国家社会发生的一系列重大历史事件，其中蕴含着国家兴亡更替的内在规律。老子既是档案的管理者，又是历史的见证者。作为史官他必须从目睹的国家社会不断变迁的历史进程中总结出可以依循的客观律则，以应对当政者随时随地可能提出的咨询。老子与孔子一样人生都面临一个礼崩乐坏的社会现实，他并不像孔子那样力图重新培植周礼在人们心中的信念，而是直接诉诸对当下现实社会中"礼"的批判。实际

---

① "老子者……周守藏室之史也。"见于《史记·老子韩非列传》。
② 陈鼓应、白奚：《老子评传》，南京：南京大学出版社，2001年版，第10页。

上老子并未对"礼"做出明确否定，他只是从根本上反感于人类对"礼"的滥用。公元前516年冬十月，周王室发生了严重内乱，"王子朝及召氏之族、毛伯得、尹氏固、南宫嚚奉周之典籍以奔楚"①。周王室的衰颓刺激了老子的内心，他已经对这个依靠"礼"维系的社会形态产生严重的怀疑。老子曾具体描述了社会一步步向下堕落的轨迹，其中最完美的社会状态是"道"充足流行的社会，其次是"德"充足流行的社会，再其次是"仁""义"充足流行的社会，最后是"礼"流行的社会②。在任职守藏史的过程中，老子有机会直接接触大量的礼仪形式和国家政令，亲眼见证了礼仪烦琐和法令滋彰给民众造成的压制，对人自然本性产生的戕害。经过一番理性的回溯，老子认定人的存在本质正是自然的存在。他迫切希望这些套在人本性上的枷锁能够去除掉，使人在"道法自然"的观照下回归存在的自然本质。因此老子的本体论总是带有自然主义的精神企向。"道法自然"正是老子为"人法自然"所作的理论铺垫，"道"也正是老子为人的存在所作的本体论预设。

对比孔子与老子二人的生命轨迹，呈现出两幅截然不同的人生图景。孔子的人生轨迹相对清晰，老子的人生轨迹则近乎神秘。但仿佛是历史特意的安排，孔子与老子的人生轨迹曾发生过短暂的交集。按《史记》记载，孔子曾以求学者身份拜访过老子，并向老子请教了关于"礼"的问题③。老子以规劝者的口吻

---

①　见于《左传·昭公二十六年》。
②　"故失道而后德，失德而后仁，失仁而后义，失义而后礼。夫礼者，忠信之薄，而乱之首。"见于《老子》第三十八章。
③　"孔子适周，将问礼于老子。"见于《史记·老子韩非列传》。

告诫孔子不要再固守着已经不合时宜的礼制，去除藏于内心的骄气与欲望，摈弃矫揉造作的姿态和过分的志向，做一个"盛德容貌若愚"的君子。显然，后来的历史事实证明孔子并未践行老子的建议，而是走了一条刚健有为、积极进取的儒家式路径。不同的人生经历造就不同的人物思想性格，不同的思想性格隐含着不同的本体论倾向。结合先秦儒道哲学稍晚的另外几位代表人物孟子、荀子以及庄子的人生境遇，仍然可以尝试揭示隐含着的儒道本体论倾向的端倪。从职业经历上看，孔子曾经做过鲁国的委吏、乘田吏、中都宰、小司空，直至大司寇，可以看出在人生的相当一段时间内孔子对从政表示出极大的热情。历史上没有关于孟子做官的详细记载，但《孟子》书中记载了大量孟子与齐宣王、梁惠王的对话。这其中孟子扮演了相当于谋臣的角色，竭力向国君进献自己的仁政主张。荀子三任齐国稷下学宫的祭酒，后来受春申君赏识还曾做过楚国的兰陵令。去职之后仍然热衷于时政，对国家政令和流行的社会思潮展开批判。与之明显不同的是老子与庄子一生都只曾担任过一个官职。老子唯一的任职经历是做过一段时间周王室的守藏史，因对时局和当政者的失望而萌生退意后便选择远离了政治。庄子唯一的任职经历就是曾经做过宋国蒙地的漆园吏，此后余生不再对做官表示出任何兴趣。楚威王仰慕庄子贤才，派使臣许以高官厚禄相邀共事，被庄子断然拒绝。理由很简单，他不希望自己像等待祭祀的牛一样受到名利权位的束缚，成为政治博弈的牺牲品。对于先秦儒道两个正在兴起的思想派别来说，选择与政权尤其是上层权力的结合客观上会推动自身思想主张的推广施行，提升学派的社会影响力。先秦儒道两家的代表人物大都有过从政的经历，但是孔孟荀自始至终保持了政治参与的热情，即使在去职之后仍不放弃参政议政的努力，通过周游列国游说诸王最大限度地传播自身理念。老庄则分别在结束唯一一次从政体验之后彻底放弃了对于政治的幻想，甚至反感于世俗的名利权位，与现实政治保持了疏离。儒道两家的政治取向就此明显异途。生命的价值实现意味着人不仅要完成现实生存更需要本体论意义的关怀。儒家认为国家行政本质上是圣人创立用以教民化民的手段，其最终目的是利用行政权力的约束引导使全体社会成员明确自身身份角色，使民众通过分内之职的实现获得存在的价值意义，最终实现与本体的同一。因此，礼仪制度与人的内在本性并不矛盾，前者被视为后者的本质实现。道家则认为在政治权力笼罩之下人原本完善的自然本性不可避免地会受到名利欲望的戕害，老庄以牺牲自己的人性圆满为代价换来自身对于存在的真切体验。他们最终选择脱离权位跳到体制之外以摆脱礼仪法制对生命的拘迫，这仿佛是要给世人以启示：去除贪欲、复归自然才能充分实现自身的存在本质，也才能最大限度地接近本体的真实。

第二节　儒道哲学对感性生命的透悟与精神生命的超越追求

宇宙间一切事物以及一切变化现象，没有什么比生命本身以及生命的律动更能够给人类带来无尽的惊喜。曾经生发出哲学意识萌芽的人的惊讶情绪，最早直接面对的是生命诞生的奇迹与生命终结的无奈。从石器时代与农耕文明下的部落联盟时期开始，靠天吃饭的早期人类在以农业种植养殖为主要形式的生产活动中不断目睹着各种生命状态延续的艰难。哪怕小小一粒种子，只要能够圆满实现生根、发芽、开花、结果以及最终收获的全过程都象征着生命之力的伟大神圣。宇宙间所有充满生机的事物和生命的活动状态都理应受到敬畏，宇宙间一切事物以及一切变化现象，没有什么比生命本身以及生命的律动更能够给人类带来无尽的惊喜。当人以主体在场的姿态参与到宇宙生化流行的过程中，人对自身生命的敬畏被提升到尤其重要的地位。无论是儒家还是道家，对待宇宙中一切生命形态尤其人的生命都有着极为特殊的情感。生命的起源是儒道哲学共同关心的问题之一，致力于肉体生命持护和精神生命安顿的努力共同凸显出儒道哲学浓厚的人文关怀旨趣。当人以主体在场的姿态参与到宇宙生化流行的过程中，人对自身生命的敬畏被提升到尤其重要的地位。无论是儒家还是道家，对待宇宙中一切生命形态尤其人的生命都有着极为特殊的情感。生命的起源是儒道哲学共同关心的问题之一，致力于肉体生命持护和精神生命安顿的努力共同凸显出儒道哲学浓厚的人文关怀旨趣。

一　儒道哲学对战争环境下个体命运的反思

春秋时期是中国历史上战争频发的一个特殊时期，仅《左传》就记载了春秋二百余年的大小战争将近五百起。从本质上来看，作为敌对双方通过使用极端暴力手段压制对方所开展的一种矛盾斗争形式，战争最大最直接的消极影响表现为对人类自身生命的荼毒戕害。在强大的战争机器面前，个体生命常常表现得极其脆弱不堪。对于战争与生命的矛盾关联，兴起于乱世之中的儒道两家不能不对其进行深刻的反思。

儒家对于战争的理性认识自孔子就已经开始。卫灵公曾向孔子讨教关于军队部署的策略，孔子对其婉拒。声称有关祭祀礼仪方面的事宜尚且听说过，但军队部署的事情却并未学过①。这些当然只是孔子自谦的托词，并非像他自己所称只知礼仪，不懂军事。据记载，公元前484年，冉有指挥季氏军队战胜齐国军队于郎地。在回答季康子疑问时冉有明确承认自己的军事技能是从孔子那里学来的②，这一史实证明孔子的确有一定的军事才能，并非如他自己所言不懂军事。只是"孔子之意，治国以礼义为本，军旅为末，本未立，则不可教以末事"③。就治理国家而言，孔子更加看重礼义。孔子之所以向卫灵公隐瞒，只因其认定一个心里总想着通过发动战争以军事征服手段管理国家臣民的君王心中必然不会怀有对生命应有的敬畏，这种人当然是不会被孔子列为同道而为其服务的，所以孔子第二日便匆忙离开卫国。事实上孔子并不是一概地反对任何战争，只是要求对于战争必须保持必要的审慎态度④。鉴于战争对社会生产和生命带来的破坏性影响，孔子要求人类对于战争行为及其后果必须保持足够的慎重和警惕，尽量避免挑起战争。如果战争的发生无法阻止，对于战争的态度孔子认为其标准取决于战争本身是否符合道义。天下归于正道则制礼作乐和对外征战的主动权掌握在天子手中，天下偏离正

---

①　"俎豆之事，则尝闻之矣；军旅之事，未之学也。"见于《论语·卫灵公》。

②　季康子曰："子之于军旅，学之乎？性之乎？"冉有曰："学之于孔子。"见于《史记·孔子世家》。

③　（魏）何晏等注，（宋）邢昺疏：《论语注疏》，见于《十三经注疏》（下），上海：上海古籍出版社，2001年版，第2516页。

④　"子之所慎：齐，战，疾。"见于《论语·述而》。

道则制礼作乐和对外征战的主动权就落在诸侯手里，由此国家安危与人民生命将面临严重的威胁①。为拯救黎民苍生于水火、维护民族国家统一而进行的战争就是符合道义的战争，应该予以支持；为满足君王个人名利私欲而肆意荼毒生灵发动的战争就是违背道义的战争，必须加以否定。孔子还明确提出反对那种大国肆意攻打小国、强国欺凌弱国的不义战争。孔子关于战争的一系列合理主张反映出他曾对战争进行了深入细致的理性考量。

　　道家对于战争的反思同样深刻。与孔子相似，老子也意识到战争给人类带来的巨大危害，并表达出对战争后果的担忧。"道"要求人类顺应自然、去除贪欲，实现和谐共处，反对巧取豪夺。若遵循"道"的指引来辅佐君王，便不会仗恃兵力逞强于世。违背大"道"，任意穷兵黩武必然会得到报应②。老子告诫人类要时刻谨记战争的破坏性后果，甚至直接将军队视为不祥之物："物或恶之，故有道者不处。君子居则贵左，用兵则贵右。兵者，不祥之器，非君子之器。不得已而用之，恬淡为上，胜而不美。而美之者，是乐杀人。夫乐杀人者，则不可得志于天下矣。"③ 若想避免战争杀戮就要彻底远离兵戈，更为根本的是现实交往中人人都能做到谦卑退让，没有好斗之争心。如果为了去恶除暴迫不得已而动用武力，那也该冷静淡然处之，即使获得胜利也不可洋洋得意。毕竟，只要发生战争就不可避免地会造成人员伤亡。对待战争中死去的生命，要心存同情，时时刻刻都要保持对生命的敬畏。

---

① 见于《论语·季氏》。
② "师之所处，荆棘生焉。大军之后，必有凶年。"见于《老子》第三十章。
③ 见于《老子》第三十章。

二　儒道哲学对生命进程中死亡现象的反思

人终其一生，身边不可避免的总要面对诸如出生、得病、死亡等复杂的生命现象。尤其是死亡现象，作为生命行进中急剧发生的矛盾变化总能引起人们内心的多重感慨和对生命形式的深层思索。《论语》曾记载孔子有次从朝堂回来得知马厩意外失火，第一反应便是急切地询问是否有人受到伤害，全然没有顾及马的情况①。一念发动之处，尽流露出孔子对待人类生命的真实态度。人的生命与马的生命孰轻孰重，在孔子心中已经十分清晰。或许"不问马"的行为很容易让人产生孔子轻贱牲畜生命的疑问，难道马的生命就不是生命吗？如果作假设还原历史事件场景，想象面对马厩失火的场面孔子第一时间以人安危为最急，或许正是他真实性情的自然流露，没有一点矫饰，毫无半点虚伪。随后再问及马的情况或也有可能，只是史料未载但未必是不会发生的历史事实。孔子一生曾在多个场合表达出对身边逝者的惋惜。颜回是孔子最喜爱的弟子之一，孔子对其评价常饱含赞誉，认为颜回是自己最爱好学习的学生，能做到不把自己心中的怒气转加到别人身上，所犯的错误尽量不会再犯第二遍。可惜颜回以二十九岁龄英年早逝，不幸短命而亡②。颜回死后，孔子哀伤痛哭，极其悲恸。众弟子担心老师悲伤过度伤及身体，自然要劝孔子不要过分伤心。但在孔子心中，颜回作为众弟子中品学兼优的

---

①　"厩焚，子退朝，曰：伤人乎？不问马。"见于《论语·乡党》。

②　"有颜回者好学，不迁怒，不贰过，不幸短命死矣，今也则亡，未闻好学者也。"见于《论语·雍也》。

佼佼者获得其极大的认可，孔子又怎能不为之伤心悲痛呢①？只是天不遂人愿，颜回在他生命芳华正绚丽绽放的年纪却溘然逝去，未能得其善终，实在令人遗憾惋惜，孔子觉得为他过分悲痛当然是值得的。生活中对于有丧在身的人，孔子也总能够表现出足够的尊重，而且是发自内心深处的由衷的尊重。饥饿而思饮食是人生中很平常的行为，而且大多时候会受生理欲望的支配。和有丧在身的人一起吃饭，孔子总是吃不饱②。孔子因痛废食的行为是在悲悯生命的同情心支配下发生的，本质上仍是表达对逝去生命的敬畏和惋惜。对于身边得病的人，孔子有感于生命的可能逝去同样流露出依依不舍。弟子伯牛身患重病，孔子去探望他。透过窗户，孔子握着伯牛的手感叹命运无常③。孔子自己也想不明白像伯牛这样的有德之人怎么会得这样的病呢。面对生命过程中随时随处的偶然性和不确定性，即使如孔子般大智之人，回落到现实中内心也总会充满无奈。所以对于死亡本身，孔子持存而不论的态度。"季路问事鬼神。子曰：未能事人，焉能事鬼？曰：敢问死。曰：未知生，焉知死？"④通过一问一答的敲打式对话，孔子对子路关于死的疑问给出了反问式回答：生尚且没有搞明白，又怎么会知道死呢？孔子试图一语敲醒子路对生死本质的理解，从侧面凸显出其理论的现世性价值取向。死亡作为人生不可阻止的必然固然令人惋惜，但本质上也只是对生终结的惋

---

① "颜渊死，子哭之恸，从者曰：子恸矣！曰：有恸乎？非夫人之为恸而谁为？"见于《论语·先进》。

② "子食于有丧者之侧，未尝饱也。"见于《论语·述而》。

③ "伯牛有疾，子问之，自牖执其手，曰：亡之，命矣夫！斯人也而有斯疾也！斯人也而有斯疾也！"见于《论语·雍也》。

④ 见于《论语·先进》。

惜。与生命刹那的终结相比，漫长的生的过程更值得人去深入思索。老子同样表达出对现实生命的格外重视。现实中有很多身外之物常常会威胁到人的生命，人们往往很难察觉到。面对这些充满诱惑的事物人们很容易会丧失判断力，分不清孰轻孰重。所以很多人醉心于追逐名利不能自拔，最终迷失自我甚至丢掉性命，付出惨重的代价。老子非常痛心于这种现象的存在，他不断地告诫世人：名声与生命相比较哪一样更为亲切？生命与财货相比较哪一样更为珍贵？得到名利与失去生命相比哪一样损失更大①？老子一连串的发问直击人的内心深处，振聋发聩。他要人们时刻保持必要的清醒，爱惜自己最为珍贵的生命，权衡轻重，不要让外在的诱惑引出心魔来威胁自己的生命。

　　对待生命的死亡，庄子表达出一种极为个性的态度，显示出道家另一种意义上极端冷静的自然特色。庄子丧妻，友人惠子闻讯前往吊唁，发现庄子正蹲坐在棺材旁敲着盆子歌唱。惠子当然气愤，便质问庄子："你的妻子跟你住一起生活这么久，为你生儿育女，从年轻变老到现在死去，你不为她痛哭也就罢了，居然还敲着盆子唱歌，不觉得这样太过分了吗？"庄子随即给出了自己的解释，指出事情根本不是惠子想象的那样。妻子刚刚去世的时候，庄子自认为还是很哀伤的。只是"察其始而本无生，非徒无生也，而本无形，非徒无形也，而本无气。杂乎芒芴之间，变而有气，气变而有形，形变而有生，今又变而之死，是相与为春秋冬夏四时行也。人且偃然寝于巨室，而我噭噭然随而哭之，自以为不通乎命，故止也"②。庄子追溯妻子生命的自然变化过

----

① "名与身孰亲？身与货孰多？得与亡孰病？"见于《老子》第四十四章。
② 见于《庄子·至乐》。

程：从无生、无形到无气，再从有气、有形到有生。生命本就如同四季轮回一样从生到死、从死到生地不停轮转，本来就是从该来的地方来，到该去的地方去。妻子表面上看是死了，实质上只是回到了她来的地方，到了她该去的地方而已。明白了这是生命自然之道，也就没有必要再为之啼哭了。庄子的言论自始至终表露着他对生命的透悟：生与死转换是世间万物逃避不掉的必然法则，就如同白昼和黑夜在不断轮回，是自然永恒的规律。许多事是人所无法干预和左右的，这些都是事物本来的道理①。庄子并非不爱惜生命，也并非没有对他人生命的同情心。只是对生命的理解一旦彻底抛开感性的包裹而彻底进入到理性审视的世界，剩下的只能是一幅冷冰冰的物理画面。生命问题是值得研究的，它一直在提供着多种不同的研究视角，尤其是生命的源起和发展过程更是值得哲学思维的审视。

三　儒道哲学对精神生命的超越追求

从关乎生存的角度来看，无论肉体生命的维系还是精神生命的提升对人类而言都不可或缺。人活着首先需要通过满足口腹之欲以维持自身生命有机体的健康发展，这一需要主要通过社会生产力的不断提高、生活水平的不断改善来实现。另一方面，人类在满足基本生理欲望的同时还有着对精神境界的超越追求，而正是后者使得人能够以类的存在形式超拔于其他事物之上成为宇宙间特殊的存在。

---

　　①　"死生，命也；其有夜旦之常，天也。人之有所不得与，皆物之情也。"见于《庄子·大宗师》。

春秋末年，随着古代中国传统农业的迅速发展，各诸侯国的人口数量实现快速稳定增长，到孔子时代，中原各国总人口数已经接近3000万。人口众多象征着社会机体生命力的旺盛。孔子到卫国去，冉有驾车同行。途中看到卫国人口富庶的场面孔子心中满是激动欢喜，禁不住发出感叹"庶矣哉!"冉有曰："既庶矣，又何加焉? 曰：富之。曰：既富矣，又何加焉? 曰：教之。"① 自生命在宇宙空间所具有的延续性意义而言，生命增加、人口富庶乃是社会发展、国家强盛的根本。"凡治国之道，必先富民。"② 这样的主张在春秋时代的治国理论中已普遍流行。只是，从人口不断增加到使百姓富裕，对生命的美好期待仍然停留在物质世界的层面。"仓廪实则知礼节，衣食足则知荣辱。"③ 民众生活富足之后普遍知荣辱、讲礼节对维护社会和谐有序、实现社会持续发展而言是必需的，但"仓廪实"与"知礼节"，"衣食足"与"知荣辱"之间并不真正具有因果意义上的逻辑必然性。换言之，民众"仓廪实"并不必然导致其"知礼节"，"衣食足"同样并不必然导致其"知荣辱"。这里，管子忽略了一个时前后行为发生直接关联的中间环节——教育。在孔子看来，一个国家仅仅实现人口众多、百姓富足的目标还是不够的，还要进一步教育民众知礼识仁。生产资料的丰富只能以口腹之欲的形式满足肉体生命延续所必需的生理需求，而对于同样必不可少却更高的精神层面的需求，只能通过充分的教育来实现。肉体生命活动能制造出短暂的感官愉悦，精神生命活动却能赐予人恒久的

---

① 见于《论语·子路》。
② 见于《管子·治国》。
③ 见于《管子·牧民》。

幸福。

相对于人的肉体生命而言，孔子对精神生命予以更高的期待，因为精神完全可以摆脱肉体感官的束缚自由绽放生命的光彩。孔子称赞颜回"贤哉，回也！一箪食，一瓢饮，在陋巷，人不堪其忧，回也不改其乐。贤哉，回也！"① 颜回安于粗茶淡饭、寒屋陋室等外部环境不为心动，心之所属只在"道"。朱注引程子曰："颜子之乐，非乐箪瓢陋巷也，不以贫窭累其心而改其所乐也，故夫子称其贤。"② 颜回以安贫乐道得孔子称赞，不在颜回对恶劣生活环境的淡然处之，关键在于"乐"的工夫之深和境界之高。"'乐'在这里虽然并不脱离感性，不脱离心理，仍是一种快乐；但这快乐已经是一种经由道德而达到的超道德的稳定'境界'（state of mind）。"③ 孔子自身的生命中同样随处呈现这种乐境。"饭疏食，饮水，曲肱而枕之，乐亦在其中矣。不义而富且贵，于我如浮云。"④ 与宗教意义上极端的清修行为不同，孔子并非以饮食欲望的基本满足为乐，他强调的是，在任何外部环境当中，都能由衷地获得心沉溺于道带来的欢愉，这是一种准宗教意义的心理情感。无论是贫困清苦，还是富贵荣华，都如同浮云飘过天空，一切自然，不着心迹。子路、曾皙、冉有、公西华侍坐，孔子让四人各言其志，子路谈若治理千乘之国能如何如何；冉有谈若治理六七十里或五六十里的小国如何如何；公西赤只愿做一个小司仪；唯有曾皙回答不同："莫春者，春服既

---

① 见于《论语·雍也》。
② （宋）朱熹撰：《四书章句集注》，北京：中华书局，1983 年版，第 87 页。
③ 李泽厚：《论语今读》，北京：三联书店，2007 年版，第 169 页。
④ 见于《论语·述而》。

成，冠者五六人，童子六七人，浴乎沂，风乎舞雩，咏而归。夫子喟然叹曰：吾与点也！"① 子路、冉有、公西华三者皆言治国之道，只是其政治抱负各有大小。以终其一生游说诸国而不得用的切身体会，孔子心中未免会认定他们的理想主义倾向，只是不好点破。孔子当然能从三者身上看到自己年轻时的影子，但志向未酬，天下无有识君者，复杂的现实人生已经打破他通过就任政权高位来施展抱负的念想。此时的孔子已获知天命，生命中能自由自在地做到的，就是像曾点那样，澡身浴德，咏怀乐道，获得精神生命的释然畅快。

按《史记》载，楚威王听闻庄子贤良有才而仰慕其名，于是派使臣携带重金邀请其出任相位。庄子不仅不为所动，反而以嘲讽的口吻对使者说："千金，重利；卿相，尊位也。子独不见郊祭之牺牛乎？养食之数岁，衣以文绣，以入大庙。当是之时，虽欲为孤豚，岂可得乎？"② 丰厚的金钱和高贵的权位能够最大限度满足个体生命现实的物质需求，对任何人来说都充满极大的诱惑，这点庄子本人也并不否认。但是在庄子看来，物质利益的获得常常隐含着潜在的危险。就像那用以祭祀天地的牛，好吃好喝喂养多年，披着绫罗绸缎，最终被送入太庙用作祭品。此时，即使再想做一头孤独的小猪也不可能了。自己如果选择金钱和权位，那岂不是像那头牛一样逃脱不了被宰杀待祭的命运。所以，庄子断然拒绝了邀请。宁愿选择在小水沟里自在快乐地生活，也

---

① 见于《论语·先进》。
② 见于《史记·老子韩非列传》。

不愿为国君束缚，终生不做官，以图让心志保持愉快①。庄子的回绝似乎更像是自己的人生宣言，宣示对自由精神的向往和追求。身处现实中的人们，很难摆脱各种羁绊，获得纯粹自由，实现精神超越，因为人都是"有待"的。"夫列子御风而行，泠然善也，旬有五日而后反。彼于致福者，未数数然也。此虽免乎行，犹有所待者也。若夫乘天地之正，而御六气之辩，以游无穷者，彼且恶乎待哉！故曰：至人无己，神人无功，圣人无名。"②列子乘风自由自在地飞翔，过十五天然后回来。列子并未利用这一特殊技能去谋利。虽然这样可免于行走，但还是有所依待。怎样才能无所依待呢？只能是依循宇宙自然规律，把握六气变化的奥秘，畅游在无穷的境域。就像"至人""神人""圣人"那样，做到不偏执己见、不着意功名，实现精神彻底的解放，达到无拘无束的境地。天地精神任我自由驰骋，我却不傲视世间万物。身处世俗之中，却不拘泥于是非争辩，与世俗和谐共处。在上与造物者同游于秘境，在下与超脱生死、把握永恒的同修做朋友。让自己的精神生命彻底超脱出来，获得境界上的超拔，唯一的途径只能是在超越意义上无限接近于本体。

第三节　儒道哲学对秩序完善与信念重建的急切诉求

从结绳而治的观念形式到部落联盟时代约定俗成的契约精

---

① "子亟去，无污我。我宁游戏污渎之中自快，无为有国者所羁，终身不仕，以快吾志焉。"见于《史记·老子韩非列传》。

② 见于《庄子·逍遥游》。

神，秩序构建及其功能的发挥对于维系血缘亲情下的社会具有尤其重要的意义。随着社会生产力的急剧发展，生产资料从氏族共有过渡到个人私有，私欲膨胀引起相互不断的争夺，大国兼并小国、强国欺凌弱国的现象频频出现，原有的契约逐渐丧失维系和谐稳定局面的功能。无论是社会上层，还是一般民众，他们的信仰普遍面临崩溃的境遇，长期有序的生产生活状态被彻底打破。殷周时期，随着社会上一部分先觉者理性意识的觉醒，传统的"帝""天"信仰受到了极大的挑战，甚至一些生活于社会底层的民众也早已经开始质疑"帝""天"信仰的合法性。人们逐渐意识到，高高在上的"帝"或"天"并未按照民众的普遍心理预期作出合理的现实安排，整个社会处处充斥着不公与怨念。《诗经》中就存有大量关于普通百姓咒天、骂天的记载①。"天"几乎彻底失去了民众的信任。信仰的崩塌直接导致生命个体灵魂的安顿不再牢固，西周末年礼崩乐坏的社会现实又加重了社会成员普遍出现的心理的混乱。儒道思想自产生伊始就陷入了相同的历史境遇，它们几乎同时承载了拯救人类心灵的历史使命，由此需要在各自的思维框架内建构起一套贯通人类精神世界的思想体系，并为之安置一个本体论意义的价值根基。因此，儒道哲学的本体论建构都面临着由内而外两种动力，一方面源于儒道哲学精神的内在自觉，另一方面历史现实赋予的思想使命又激发了构建本体论哲学的迫切。儒道哲学几乎从一个相同的历史节点开始了各自本体论思想建构的努力。

---

① 如"旻天疾威，天笃降丧。瘨我饥馑，民卒流亡。"见于《诗经·大雅·召旻》。

一　儒道哲学对社会秩序完善的迫切需要

到孔子时代，巫祝文化已经接近崩溃的边缘。周王室日趋衰微，天子权威一落千丈，三代之治沉淀下来的礼制已经受到严重的挑战，礼崩乐坏的现象成为社会常态。这种不合理的社会现象引起孔子的痛恨和惋惜。"天下有道，则礼乐征伐自天子出；天下无道，则礼乐征伐自诸侯出。自诸侯出，盖十世希不失矣；自大夫出，五世希不失矣；陪臣执国命，三世希不失矣。天下有道，则政不在大夫。天下有道，则庶人不议。"① 在孔子看来，他所面对的已经是一个"天下无道"的不良世态。放眼天下，天子式微，诸侯强势，上下失序，尧、舜、禹、汤、文、武诸圣王所造就的礼乐盛世已苍凉不再。礼乐为何会崩坏？孔子自己给出明确答案："君子三年不为礼，礼必坏；三年不为乐，乐必崩。"② 奉行"礼"不是君子一个阶层所当为，肩负引领整个社会风尚的内在使命，君子发挥着表率的作用。在孔子看来，作为社会主流价值观的风向标，君子之德牵引着小人之德的趋向，自身为礼与倡导民众为礼都是君子分内之事③。但是孔子时代社会上已少有能做到长期为礼的君子，终身为礼的君子更是难以得见，遑论孜孜以求名利的诸侯士大夫与一般民众，于是，礼乐崩坏便是必然的了。齐景公向孔子请教如何搞好政治，孔子回答归结到"正名"亦即秩序的确立问题上来："君君，臣臣，父父，

---

① 　见于《论语·季氏》。
② 　见于《论语·阳货》。
③ 　"君子之德风，小人之德草，草上之风必偃。"见于《论语·颜渊》。

子子。"① 齐景公非常赞同孔子的观点，在他看来，如果整个国家君无君样、臣无臣样、父无父样、子无子样，那就意味着国家已经陷入混乱，自己的权力地位也就无法维系。从《左传》中的相关记录可以看出孔子亲眼见证甚至亲身经历了各种频繁的兼并战争以及混乱的宫廷政变，造成这些斗争的实质就是以君臣相争、父子相残为主要内容的社会结构的失序。景公甚为赞赏孔子的对策，只是从身后继嗣不定，开启陈乞弑君之祸的事实来看，他也只能从政治运用上去附和孔子的言论，而不可能怀着兼济天下的情怀去进行深层解读。"礼乐"的内涵不在仪容、声乐等外在表象②，那么到底呈现在哪些方面，成套的制度规范还是人的内在情感？孔子将问题引向一个需要深度思考的层面。已经彻底被打乱的社会秩序迫切需要重新建立，问题是，新秩序需要如何去重建？它的价值根基又在哪里？孔子哲学必须要为新秩序的安排寻求一个根本性的理论支撑点。

在老子眼中，他所看到的社会同样是一个人心不古、混乱不堪的社会。如果说原来还有一个大道流行的人间形态，那到老子时代，大道已然废弃了，一系列消极后果随之出现。社会从有序走向失序的状态，民众丧失了淳厚质朴。眼前呈现的是一个充满虚伪狡诈的世道，人们学会了空谈虚仁假义，耍小聪明。家庭内部出现纠纷，国家朝廷昏乱不堪。大道流行时，仁义孝慈畅行其中，一切都那么自然，人们甚至意识不到仁义的存在。大道废弃，社会混乱了，人们才觉察到仁义的必要，而此时对仁义的崇

① 见于《论语·颜渊》。
② "子曰：礼云礼云，玉帛云乎哉？乐云乐云，钟鼓云乎哉？"见于《论语·阳货》。

尚已无法实现根本的补救了。"故失道而后德，失德而后仁，失仁而后义，失义而后礼。夫礼者，忠信之薄而乱之首。"① 从"道"到"德""仁""义"最后到"礼"，随着人为造作的逐层渗入，大道在一点点亏损消失，逐渐丧失了生命力。"夫礼也，所始首于忠信不笃，通简不阳，责备于表，机微争制。夫仁义发于内，为之犹伪，况务外饰而可久乎!"② 内在于人心的忠信淳朴不再笃实，"礼"的内涵被繁文缛节所充斥，失去维护社会秩序的功能，彻底成为拘迫人心的工具。禁忌本来是用来整治民风的，但天下禁忌越多，人民反而越贫困；武器本来是用来维护政权的，但人间武器越来越多，国家反而更加混乱；技巧本来是方便生活的，但人的技巧越多，邪恶的事情也越来越多；法令是用来惩恶扬善的，但法令越烦琐，盗贼却更加泛滥③。秩序的确立不依赖禁忌、武器、技巧，也不依赖法令，那依赖什么？老子紧接着给出了答案，秩序的确立不需要目的性的安排，更不依靠已经被异化的制度法令，只需从根本上倡导无为④。圣人言行举止往往会成为社会行为的风向标，成为民众所追随效仿的标杆。"上之所欲，民从之速也。我之所欲，唯无欲而民亦无欲自朴也。"⑤ 无论圣人还是普通民众，只要人人都能做到自然无为、

---

　① 见于《老子》第三十八章。

　② （魏）王弼注，楼宇烈校释：《老子道德经注校释》，北京：中华书局，2008年版，第94页。

　③ "天下多忌讳，而民弥贫；民多利器，国家滋昏；人多伎巧，奇物滋起；法令滋彰，盗贼多有。"见于《老子》第五十七章。

　④ "故圣人云：我无为而民自化，我好静而民自正，我无事而民自富，我无欲而民自朴。"见于《老子》第五十七章。

　⑤ （魏）王弼注，楼宇烈校释：《老子道德经注校释》，北京：中华书局，2008年版，第150页。

好静无欲，整个社会自然而然地会呈现它本来的样子：和谐而有序。那么，如何实现无为到秩序的过渡，无为为确立秩序的根本依据又是什么，都是老子哲学需要从根本上解决的问题。

二　儒道哲学对民众信念重建的殷切诉求

社会历史发展的规律表明，实现社会有机体的持续健康发展，从宏观来看，不仅要依靠物质生产资料的丰富积累，也要依赖制度规范和政令法律的不断完善；从微观来看，尤其需要每一社会成员个体精神信念的合理建构，这相对于社会整体的可持续维系具有更基础性的意义。西周三百多年的长治久安、民心稳固，相当程度上依赖于包括社会上层和一般民众在内的所有周人对"德"观念的持守。

春秋战国之际，中国古代社会的意识形态正在悄然发生根本性的变化。孔子生活的世道，周代遗留下来的礼乐文化已经崩坏，人们内在的精神信念也处于一种极其危险的境地，尤其是人们对德的持守开始出现松动。子贡向孔子请教如何治理好国家，孔子提出三个基本条件：粮食充足、军备充足和民众信任。三者当中，孔子认为民众信任最为根本。因为失去民众信任，国家政权便无法维持，前二者也就失去意义①。显然，民众的信任构成政权存在的依据。那么，政权如何获得民众信任，在孔子看来只能依靠当政者具备良好的德行。齐景公作为一国之君，当然拥有举国的财富，死的时候百姓都不说他好话；伯夷、叔齐在首阳山

---

① "自古皆有死，民无信不立。"见于《论语·颜渊》。

下饿死，百姓至今念他们的好。二者身后差别如此之大，还是在于有无德行操守①。对道德信念的持守高于对功名利禄的渴求，这也只有君子才能做到了。伯夷、叔齐当然是孔子眼中的君子。孔子并不反对最基本的物质需求，只是两者相较，谋"道"始终是第一位的②。孔子内心一直是充满矛盾的，对于身处其中的社会，他时而寄予美好的理想愿望，时而又表现出深度的忧虑。事实上，孔子生活的时代，这样的君子已十分少见，他自己因此也会发出无奈的感慨③。孔子所面对的是一个已经世风日下、人心不古的社会形态。在物质欲望的刺激下，大多数人对名利美色的喜好盖过对道德信念的持守。孔子打了一个比方，如果说水火象征着名利，孔子看到的景象是人们为了名利争得你死我活，却很少看到有人为以"仁"为核心的理想信念赴死④。眼前的社会为何会呈现这样一幅景象，如何构筑整个社会的理想基石以及如何重塑人的精神信念是孔子要面对的问题。

作为一种社会意识形态，道德在周代相当长的一段时期内发挥着增强社会认同感和强化内心信念的重要作用。随着历史环境的迁移，道德观念产生之初内在存蓄着的正能量正在一点点散失。在老子看来，原本用来维系人心、劝人行善的仁义道德从内容到形式完全被异化。甚至还有人私自占据道德的高位，假借仁义之名以窃取名利，道德彻底沦为束缚人心的工具。人们的精神

---

① 见于《论语·季氏》。
② "君子谋道不谋食。耕也，馁在其中矣；学也，禄在其中矣。君子忧道不忧贫。"见于《论语·卫灵公》。
③ "已矣乎！吾未见好德如好色者也。"见于《论语·卫灵公》。
④ "民之于仁也，甚于水火。水火，吾见蹈而死者矣，未见蹈仁而死者也。"见于《论语·卫灵公》。

信念出现了真空，惶惶不安于世。老子痛心于道德的沦丧，他告诫世人尤其是当政者：民众原本质朴生活，不需要聪明和智巧；人民本来就有孝慈的天性，不需要通过仁义道德来重新塑造。如果没有巧诈和私利，盗贼自然就会消失。智巧、仁义、私利都是人为造作的东西，若使百姓内心有所归属，只能是保持质朴的生活状态，清心寡欲，抛弃智巧和仁义的知识①。只是仁义道德已经深入人心，它被扭曲的过程并未被民众所察觉。因此，唤起人民内心的自然本性，彻底去除戕害人们精神的思想根源，为人们的精神生命寻求安顿之所，确立精神信念重建的根本依据成为老子哲学的神圣使命。

---

　　① "绝圣弃智，民利百倍；绝仁弃义，民复孝慈；绝巧弃利，盗贼无有。此三者，以为文不足，故令有所属，见素抱朴，少思寡欲。"见于《老子》第十九章。

第三章　先秦儒道本体论的本原进路
——宇宙本体论

公元 1858 年，德国哲学家尼采在其诗篇《当钟声悠悠回响》中如是说："当钟声悠悠回响，我不禁悄悄思忖：我们全体都滚滚奔向永恒的家乡。"① 按另一位德国哲学家海德格尔的理解，"返乡就是对本源的重新亲近"。由此而言，尼采心中这种浓重的返乡情结正是对生命行进过程中茫然走失掉的"根"意识的呼唤，归根也是每个人理性明灯所照亮的生命祈向。如果我们能够把意识投射在宇宙存在的所有生命上面，是否也能映射出芸芸众生同样源源不断地生发出向根源处回归的动势。古往今来的时间长河中，对"根"的无限亲近与深沉反思，不仅仅内化为人生命中隐含的本能的思想冲动，更是人类理性思维跃动下自觉深省的结果。尤其当一系列关乎本源的问题意识清晰呈现于宇宙探究的视野，宇宙论由此内在承担起对生命尤其是人自身生命

---

① ［德］尼采著，周国平译：《尼采诗集》，北京：作家出版社，2012 年版，第 10 页。

本体追问的历史使命。关于宇宙基质、宇宙构成及其存在方式等一系列问题逐渐浮现于人们对外探究的视野。人类充分发挥自身的想象力诉诸对问题的可能解释。譬如古埃及人把宇宙空间想象成一个无比巨大的盒子，天为盒盖，地为盒底，天上充满了水，大地也漂浮于水上，神圣的尼罗河处于大地中央；古印度人想象许多大象托起了圆形大地，巨大的龟背又从下面把大象托起；古巴比伦人把天地都想象成拱门的形状，大地中央是巍峨的高山，四周全被海洋环绕着；古希腊时期的泰利斯受埃及文化影响认为大地是浮在水面上的巨大圆盘，上面笼罩着拱形的天穹，地震的发生正是水摇晃造成的自然结果。从泰利斯这位西方历史上第一位公认的哲学家提出水本原说开始古希腊文明逐渐发展衍生出了成熟的宇宙理论。随后阿那克西曼德的无定说、阿那克西美尼的气本原说、赫拉克利特的火本原说、恩培多克勒的四根说、阿那克萨戈拉的种子说，一直到德谟克利特的原子论，早期智者孜孜不倦地深入探索着宇宙本源的奥秘。

可以看出，无论是古埃及人、古印度人和古巴比伦人设想的宇宙构成模式还是古希腊人创立的万物本源说，都很少将其与宇宙起源问题关联起来，甚至很少触及宇宙究竟如何生成的问题。而中国古代对这些问题的探究着力甚多。如果把目光回溯到两千多年前的中国古代社会，我们会发现对存在之"根"的探寻早已在华夏文明的精神世界深度展开，宇宙的本源问题早已经呈现于东方人类的视野之下。

第一节　华夏文明对宇宙本原的探索

　　现代意义上一般所理解的"宇宙"是指一切物质及其存在形式的总体。在中国早期文化背景之下，"宇宙"概念有其特定的内涵。从现存史料来看，"宇宙"一词最早见于《庄子》："出无本，入无窍。有实而无乎处，有长而无乎本剽，有所出而无窍者有实。有实而无乎处者，宇也。有长而无本剽者，宙也。"①晋郭象注："宇者，有四方上下，而四方上下未有穷处，有实而无乎处者宇也……宙者，有古今之长，而古今之长无极，有长而无本剽者宙也。三苍云：往古来今曰宙。"②按庄子本意，有实体而不固定于一隅称之为"宇"；有生长却没有始终称之为"宙"。庄子借"宇宙"概念来描述"道"观照下事物的成毁状态，此处的"宇宙"内涵还尚未涉及总的时空形式。相对而言，《文子》关于"宇宙"的定义更加具有概括性："往古来今谓之宙，四方上下谓之宇。"③"宇"代表无限的空间，亦即等同于惠施提出的"大一"（"至大无外"）与"小一"（"至小无内"）④；"宙"代表无限的时间，亦即庄子提出的"时无止"⑤。文子的"宇宙"概念已经接近关于时空的内涵，代表了中国古人对"宇

---

① 见于《庄子·庚桑楚》。
② 刘文典：《庄子补正》，合肥：安徽大学出版社，1999年版，第622页。
③ 见于《文子·自然》。
④ 见于《庄子·天下》
⑤ 见于《庄子·秋水》

宙"的基本理解。中国古代哲学语境中的"宇宙"与现代"宇宙"内涵明显不同，它既包含了现代"宇宙"意义上的空间概念，也涵盖了时间的维度，是空间与时间概念的总称。而在中国古典文献中，"本源（原）"一词最早见之于《管子》："水者何也，万物之本原也，诸生之宗室也，美恶贤不肖愚俊之所产也。"①《管子》认为水构成万物的初始来源，显然此处之"本原"是作为"本源"的基本意义来使用的。"依本源论，本源与万物有生成与被生成的关系，故也被称为宇宙生成论。"② 本源论思想主旨落在宇宙万物的初始来源，而宇宙生成论的思想主旨落在宇宙万物的生成过程，二者本质上具有一致性。

一　早期宇宙论视野下的盖天说、浑天说

华夏文明对宇宙本源的探寻经历了一个漫长的发展过程。从盘古开天、女娲造人的神话时代开始，华夏早期人类已经就宇宙生成的图式展开了无尽的遐想。有关盘古开天的记载最早约见于三国时期徐整所著的《三五历纪》，其中这样描述盘古开天地的图景："天地浑沌如鸡子，盘古生其中。万八千岁，天地开辟，阳清为天，阴浊为地。盘古在其中，一日九变，神于天，圣于地。天日高一丈，地日厚一丈，盘古日长一丈，如此万八千岁。天数极高，地数极深，盘古极长。后乃有三皇。数起于一，立于

---

① 见于《管子·水地》。
② 冯达文：《中国哲学的本源——本体论》，广州：广东人民出版社，2001年版，第113页。

三，成于五，盛于七，处于九，故天去地九万里。"① 盘古是中国神话传说中开辟天地、创造人类的始祖，他生于天地浑沌（古人想象中天地未开辟以前元气未分、模糊一团）的状态，故盘古氏又称浑沌氏。以浑沌来描述天地未分之前的状态，已经透露出早期人类在经验观察基础上探究宇宙奥秘所进行的理论设想。盘古的形象本质上是全人类体力和智力集合的外在表征，盘古开天地的神话已经埋下了中国哲学宇宙本体论智慧的种子。殷末周初，在宇宙探秘的过程中出现了最早的盖天说，盖天说认为圆盖形的天好似一口大锅，覆盖于方正平坦的大地上，天地之间有大柱支撑。后期盖天说认为大地的形状如同天的穹顶一样也是拱形的。盖天说逐渐过渡发展为浑天说。认为天不再是一个半球，而是个滚圆的整球，地球就在其中，如同鸡蛋黄在鸡蛋内部的状态。早期浑天说认为地球漂浮在水中，后来又发展认为地球浮于气中，并在气中回旋浮动。在相当一段时期内，盖天说与浑天说是对中国社会早期思维影响比较大的宇宙理论。屈原曾以重重追问的方式试图究极宇宙的古始。"遂古之初，谁传道之？上下未形，何由考之？……斡维焉系？天极焉加？八柱何当，东南何亏？九天之际，安放安属？隅隈多有，谁知其数？"② 朱熹注："此篇所问，虽或怪妄，然其理之可推，事之可鉴者，尚多有之。"③ 屈原凭借其超卓的想象力以发问的方式，描述了关于宇

---

① （三国吴）徐整撰：《三五历纪》，该书为佚书，清人马国翰《玉函山房辑佚书》有辑佚。
② 见于《楚辞·天问》。
③ （宋）朱熹撰：《楚辞集注》，上海：上海古籍出版社，1979 年版，第49—51 页。

宙如何开始、天地如何运转、万物如何生成一系列基本问题。从"圜则九重""八柱何当"等语句来看，屈原的思想显然受盖天说的影响。但《天问》所提出的问题已经触及宇宙本体的思维层面，显示出更高的理论成熟度。

二　早期宇宙论视野下的阴阳、五行思想

在留存至今的商周文献典籍中，饱含宇宙论思想的有两部著作值得关注。一部是《尚书》，其中记载箕子借大禹治水平土的生产经验总结，提出了"洪范九畴"①作为治国九大方略，其中第一大方略即为金、木、水、火、土"五行"。作为自然界中最为常见的五种物质，五行特性的概括显然来源于古代生产生活经验的总结。基于农耕方式在商周时期生产生活中的特殊重要性，五行之能从自然万物中被提取出来具有历史的必然性。《洪范》篇提出的五行观念主要在于分别五种材质的差异性，它们之间还尚未发生实质性的内在关联，这使得五行思想没有就宇宙的起源问题做出回答，但作为中国古典宇宙论哲学中的一个重要起点，在此基础上衍生出的五行生克学说逐渐发展为中国哲学用以解释宇宙生化和万物来源的重要理论工具。另外一部是《易经》，这部传说由伏羲创作、文王演绎的古代文献，孕育出了中国文化诸多思想的种子。"易"本身就包含着变易的思想，象征着宇宙生化流行不止的普遍法则。作为一部卜筮之书，《易经》已经尝试

---

① 见于《尚书·洪范》。

借象数推演探究事物生长变化的奥秘。"龟，象也；筮，数也。物生而后有象，像而后有滋，滋而后有数。"① 到春秋时期，类似的推演已经相当流行。《易经》还将原本用数字符号组合而成的卦象演变为以 "－－""—"两爻的符号形式表征，尤其后来"－－""—"两爻与阴阳二气和五行思想实现融合，逐渐发展出一套成熟丰富的宇宙论思想体系。

西周末年，五行与阴阳的学说被周太史史伯（亦称伯阳父）应用到解释万物产生和自然现象发生的理论中来。"夫和实生物，同则不继。以他平他谓之和，故能丰长而物归之；若以同裨同，尽乃弃矣。故先王以土与金、木、水、火、杂，以成百物。"② 史伯开始自觉运用抽象的哲学思维阐述"五行"与万物的关系，"五行"象征万物生成不可或缺的基质。"和"即是不同事物之间相互补充、融合，实现质的变化；"同"即是无差别，"以同裨同"指用相同的事物补充相同的事物，显然只是量的变化。"和""同"这一对范畴之间的相互作用则代表着万物生成过程中必须遵守的规律法则，"和实生物"的理论深度已经触及事物差异性与统一性的内在联系问题。周幽王二年，泾水、渭水、洛水水域都发生地震，伯阳父据此预测"周将亡矣"。他在解释三川地震的成因时说："夫天地之气，不失其序，若过其序，民乱之也。阳伏而不能出，阴迫而不能烝，于是有地震。今三川实震，是阳失其所而镇阴也。阳失而在阴，川源必塞，源塞，国必亡。夫水、土演而民用也；水土无所演，民乏财用，不

---

① 见于《左传·僖公十五年》。
② 见于《国语·郑语》。

亡何待！"① 天地间秩序的和谐状态建立在阴阳二气调和的基础之上。天地的阴阳二气始终处于对立斗争的状态，阳总是有要"出"的动势，而阴却继续"迫"阳，当这种阴阳不协调的状态超过一定限度地震随之就会发生。上层统治与民众力量之间的平衡与国家兴亡之间的关系和地震的是否发生是一个道理。整个事件过程丝毫没有宗教神秘力量的外在参与，纯粹从事件发生的内部寻找动因。伯阳父着眼于事物之间的差异性，将事物的多样性抽象升华为事物的矛盾性，利用矛盾性解释地震成因，并进一步揭示社会矛盾发生的根源。伯阳父的思维处处散发着冷静的理性色彩，其理论水平已经达到一个全新的高度。

从上古创世神话传说到盖天说、浑天说，再到阴阳、五行思想，早期人类的宇宙论在实践探索与理论总结的基础上一步步走向成熟。到春秋时期，原始意义的宇宙本体论建构所需要的基本概念和思想体系已经初步形成。在这一宏大的思想背景之下，先秦儒道哲学的宇宙本体论逻辑地生发了合理建构的冲动。

第二节　先秦儒道宇宙本体论的内涵

从哲学的基本概念、思维方式到思想体系的建构诸多方面，儒道宇宙本体论几乎都受到先秦宇宙论哲学的影响，并在此基础上对其有所继承。但是无论在思想内容还是理论形式上，儒道的

---

① 见于《国语·周语》。

宇宙本体论都实现了精神理论上的极大突破，这尤其可以通过先秦儒道宇宙本体论的思想内涵体现出来。从宇宙本体这个理论基点出发，经过超越时空的想象和理性推演，儒道哲学分别致力于宇宙本体论思想体系的建构，使得宇宙本体论的内涵获得了极大丰富。通过这些内涵的深度呈现可以尝试揭示出儒道宇宙本体论到底坚持如何的致思路向，以及是否又存在精神实质上的内在关联。

一　宇宙本体的生生之义

几乎从上古神话时代开始，创生义就已经成为人类对超越性存在内在功能的一种带有期待意义的预设，尽管在最初这种预设更多是以幻想而非理性推演的形式得出，它仍然历史地沉淀为漫布天地间的当然之则牢固地占据了人们内在的精神世界。当把目光集中到儒道宇宙本体论的思想世界我们将不难见出，儒道哲学实际上继承了上古华夏文明流传下来的重"生"的传统，并且使宇宙本体的生生之义在儒道哲学的独特思维之下获得了新阐释。

从现存资料来看，我们几乎见不到孔子有关宇宙本体探究方面的直接相关的记载。子贡曾经满怀困惑地感叹"夫子之言性与天道，不可得而闻也。"[1] 何注曰："天道者，元亨日新之道。深微，故不可得而闻也。"[2] 在先秦古典哲学语境中，天道思想

---

[1]　见于《论语·公冶长》。

[2]　（魏）何晏等注，（宋）邢昺疏：《论语注疏》，见于《十三经注疏》（下），上海：上海古籍出版社，2001年版，第2474页。

与宇宙本体论存在着精神实质上的契合，它们的思想祈向都落在对宇宙超越性存在的揭示上。基于子贡的感叹，我们可以怀疑子贡自身理解能力的限制，也可以怀疑相关史料的缺失遗漏，却没有理由怀疑孔子对整体宇宙存在的兴趣所向。与对鬼神所持敬而远之的态度相似，孔子对宇宙本体采取的是存而不论的态度。孔子罕言天道的背后，是他对宇宙本体内在的生命体悟。日月盈仄，斗转星移，宇宙天地时空流转的背后隐藏着无尽的动力源出和运行规律。身处其中，思维怎能不会随之涌动。孔子曾站在河岸上感叹岁月时光的流逝就像那滔滔不息的河水，不分昼夜奔流向前①，仿佛就是宇宙大化流行的真实写照。朱注曰："天地之化，往者过，来者续，无一息之停，乃道体之本然也。"② 朱注引程子曰："此道体也。天运而不已，日往则月来，寒往则暑来，水流而不息，物生而不穷，皆与道为体，运乎昼夜，未尝已也。"③ 通过欣赏一条普通河流昼夜不息的奔流景象而得以进入宇宙大化流行的真切感受，滔滔河水流淌出了浓重的时间感和空间感。以方寸之心透悟宇宙本体的努力，在孔子的思想境域得以实现。"人在对象化的情感客体即大自然或艺术作品中，观照自己，体验存在，肯定人生，此即家园，此即本体——人生和宇宙的终极意义。"④ 在孔子的思想世界里，宇宙从来都不是孤寂的自然空间和死板的时间序列的简单集合，而是生命圆融畅行其中的时空存在。宇宙与人生并非两不挂搭，而是相即相融状态下的

---

① "逝者如斯夫！不舍昼夜。"见于《论语·子罕》。
② （宋）朱熹撰：《四书章句集注》，北京：中华书局，1983 年版，第 113 页。
③ 同上。
④ 李泽厚：《论语今读》，北京：三联书店，2007 年版，第 259—260 页。

和谐共行。从一条河流体认出宇宙大化,从宇宙大化中返照人生终极,宇宙本体在孔子那里显得极为亲切,并不远人。孔子曾向子贡表达出不想再说话的意愿,子贡顿感焦虑,若果真如此子贡不知如何传述老师的思想。孔子的回答颇有意味:天不曾像人一样开口说话去指导宇宙时空的运行秩序。四季依然轮回有序,万物依旧生生不息。不论人是否表达意见,思维和思维的对象时时刻刻客观存在并发生着①。天地、四时、百物,三者之间在宇宙观照下互相贯通,融为一体。"四时是天自然运行的时间展开,万物生生不息于四时流转之中,四时与天只是包裹万物生长的外在时空形式。"② 孔子眼中的天已经完全褪去殷周以来相当长一段时期内所携裹的神灵外衣,凸显了其创生本体的意蕴。这个意义层面上的天,既非神灵之天,亦"非道德命令,'天'只是运行不息、生生不已之生命本身"③。儒家从孔子开始,就已经赋予了宇宙本体以洋溢乎宇宙天地间的大爱。万物创生之后,宇宙本体继续给予万物以整体的观照。宇宙本体不仅生物而且化育万物,施于万物以持续的关怀。宇宙万物共同成长发育且避免互相戕害,宇宙自然变化之道一起运行且不相背离,不外乎是宇宙大化流行造就的现实结果④。《中庸》对天地之伟大的赞美正是诉诸宇宙本体生生不息的独特情怀。其后,儒家视野下生生不已的创生之天通过荀子对宇宙时空的自然主义审视得到更加全面的阐

---

① "天何言哉?四时行焉,百物生焉,天何言哉?"见于《论语·阳货》。
② 王先亮:《音乐之美、处世之道及至生命原质——先秦儒道的"和"论思想阐释》,《学习与实践》2015 年第 11 期,第 133 页。
③ 李泽厚:《论语今读》,北京:三联书店,2007 年版,第 485 页。
④ "万物并育而不相害,道并行而不相悖。小德川流,大德敦化,此天地之所以为大也。"见于《礼记·中庸》。

发。在荀子眼中，宇宙是一个生机勃勃、运行有则的宇宙。日月盈仄、斗转星移、四时轮回、风雨阴晦、阴阳流行，这些充实宇宙时空的自然现象的变化包含着内容无限丰富的生命因子，它们相互之间的激荡、融合、转化给万物的生成提供了内在契机①。可以看出，儒家的本体创生之"天"与宇宙生命之间不再有任何隔阂，宇宙天地大化流行本质上就是宇宙生命本体的外在显现，自然的律动中无时无处不在透露着勃勃的生机。

与孔子对宇宙本体之"天"表现出更多的感性透悟明显不同，老子对宇宙本体进行了相对更加冷静理性的透视。老子不再以"天"言本体，而是以"道"为契机突出宇宙本体的意义。"道"在学界已公认为是老子哲学乃至道家哲学中最为核心的概念，道家的宇宙本体论从根本上围绕着"道"而展开。老子的"道"意义涵容宽广丰富，在老子的哲学体系中它有时是形而上意义上的创生本体，有时是具有创生功能的动力源出，有时又会是宇宙运行过程中依循的总规律。"道"的宇宙本体创生意义通过它与物相对的一系列内涵体现出来。我们知道，用一个更多地在生物学意义上使用的"生成"概念描述"道"与万物的关系在常理上很难获得普遍的理解。尽管已经获得了全新的内涵，老子仍然很少直截了当地描述"道"对于万物的生成。他善用比喻，更多地通过这样一种特殊的修辞方式来形容"道"与万物的微妙关系。"谷神不死，是谓玄牝，玄牝之门，是谓天地根。"② 王弼注："谷中央无者也。无形无影，无逆无违，处卑不

---

① "列星随旋，日月递照，四时代御，阴阳大化，风雨博施，万物各得其和以生，各得其养以成。"见于《荀子·天论》。

② 见于《老子》第六章。

动，守静不衰。物以之成而不见其形，此至物也。"① "道" 如同山谷一样虚空博大，无形无相、无声无息，却隐藏着无限的生机。"道" 作为天地的根本绵延不断地化生万物。老子习惯用母子关系比喻 "道" 与万物的关系，母子关系本身又隐含着生成与被生成的关系，这一称谓的使用仍然是保证 "道" 相对于万物的绝对优先地位。"有物混成，先天地生，寂兮寥兮，独立不改，周行而不殆，可以为天地母。吾不知其名，字之曰道，强为之名曰大。"② "道" 无形无体，超然卓绝于万有，循环往复地永恒运行着。老子在肯定 "道" 的实在性、含混性、运动性基础上进一步确立 "道" 对于天地以及万物的优先地位。还有，"天下有始，以为天下母。既得其母，以知其子；既知其子，复守其母，没身不殆"③。王弼注："母，本也。子，末也。得本以知末，不舍本以逐末也。"④ "母" 的称谓一方面隐含着对 "道" 内在具有的本根意义的期许，肯定了 "道" 相对于万物的绝对优先性；另一方面又凸显 "道" 的生生之义，流露出 "道" 对万物博大无私的慈爱。

庄子善于通过寓言故事表达自己的哲学诉求。在《庄子》的寓言故事中，有一个充满悲剧色彩的角色：浑沌。庄子通过对其拟人化的描写，使得浑沌在人为造作中走向悲剧的命运。"南海之帝为儵，北海之帝为忽，中央之帝为浑沌。儵与忽时相与遇

---

① （魏）王弼注，楼宇烈校释：《老子道德经注校释》，北京：中华书局，2008年版，16 页。

② 见于《老子》第二十五章。

③ 见于《老子》第五十二章。

④ （魏）王弼注，楼宇烈校释：《老子道德经注校释》，北京：中华书局，2008年版，第 139 页。

于浑沌之地，浑沌待之甚善。儵与忽谋报浑沌之德，曰：'人皆有七窍，以视听食息，此独无有，尝试凿之。'日凿一窍，七日而浑沌死。"[①] 在庄子笔下，浑沌向世人展示的是具有鲜活生命的物的形象。它虽无七窍，却原本活得自然适意。儵、忽的报恩行为却直接导致了浑沌的死亡。善心虽无恶意，本质上仍是"机心"，主观上成就善事的意图可能会带来毁灭性的消极后果。浑沌之死至少隐含了两重意蕴：一方面，庄子强调对自然之道的违背导致了浑沌死亡的结果，这一结果完全不关乎人的好恶与否；另一方面，浑沌之死背后实际隐藏着一个关于宇宙本体论的隐喻。作为"道"的象征性载体，浑沌之死消解了"道"的形而上的纯粹性，它的死本质上就是"道"生万物意义上的"往下的坠落"。换言之，浑沌之死成就了宇宙万物生的可能。所以就世间万物的现实生成存续而言，浑沌的死具有无可逃避的必然性。

《易传》完全接续了从孔子开始就已显现出的儒家重"生"的思维性格，并将宇宙创生的本义阐扬提升至更加成熟的理论高度。关于宇宙源起与万物产生的基本问题，在儒家哲学体系中以《易传》的表述着力甚巨，《易传》的宇宙本体论同时也是在对这一系列基本问题的解决中建构起来。《易传》将创"生"义定性为天地的最高品格。"生"义是《易传》塑造的"易道"的品格之一，也是《易传》赋予天地的品格，"生"的内涵一直贯穿《易传》思想的始终[②]。本体不仅生物，而且其化生的过程是源源不断的。"生生，不绝之辞。阴阳变转，后生次于前生，是

① 见于《庄子·应帝王》。
② "生生之谓易。"见于《易传·系辞上》。

万物恒生，谓之易也。"① 生生不已就是"易"的本来性格，这一"生"的性格通过乾坤天地的形象落实下来，于是天地也当然地继承了这一内在品格。天地相对于宇宙万物的重要性不仅仅在于为之提供一个保证其存在的无限时空，而是从最根源处就构成万物对它的依赖，这种依赖透露着天地及其背后的"易道"对宇宙万物最博大的爱。所以，《易传》视"生"义为天地最大的德性②。《易传》宇宙本体论创建的一个理论基点是"太极"观念的提出。"是故易有太极，是生两仪。两仪生四象，四象生八卦，八卦定吉凶，吉凶生大业。"③ "太极"是中国古代哲学中一极其重要的概念。仅从词义上来看，"太"和"极"分别表达了概念的源初、极致意义。"太极谓天地未分之前，元气混而为一，即是太初、太一也。"④ 在先秦诸子典籍中，"太极"一词还曾在《庄子》对"道"的描述中出现，"夫道……自本自根，未有天地，自古以固存；神鬼神帝，生天生地；在太极之上而不为高，在六极之下而不为深，先天地而不为久，长于上古而不为老"⑤。就"上""高"两个表示方位的词汇来看，此处的"太极"很可能指"天"而言，尤其可以肯定的是它尚不具有创生本体的意义。在庄子那里，具有创生意义的最高本体是"生天生地"的"道"。而《易传》中，"太极"取代"道"成为最高的宇宙本体。从"易有太极"一语来看，《易传》思想体系中最

① （魏）王弼等注，（唐）孔颖达等正义：《周易正义》，见于《十三经注疏》（上），上海：上海古籍出版社，2001 年版，第 78 页。
② "天地之大德曰生。"见于《易传·系辞下》。
③ 见于《易传·系辞上》。
④ （魏）王弼等注，（唐）孔颖达等正义：《周易正义》，见于《十三经注疏》（上），上海：上海古籍出版社，2001 年版，第 82 页。
⑤ 见于《庄子·大宗师》。

高层次的"易"与"太极"是二而一的。关于"太极"到底是什么《易传》并未做出正面回答。但可以肯定的是，无论是"气"抑或是最高原理，作为创生本体的太极绝不可能是经验层面的一物。依据"物物者非物"的理论，太极只能是在超验意义上使用的概念。"太极"观念"对儒家哲学本体论范畴体系的确立与发展而言，的确是一大创见"①。"太极"概念的模糊性造成非常大的意义开放空间，使其在后学的哲学思维中完全敞开。就涉及宇宙本体而言，《易传》的"太极"与老庄的"道"极其相似，"太极"观念很可能借鉴了老子与庄子关于"道"在指涉宇宙本体意义方面的内涵。

　　上古文明沉淀下来的宇宙本体的生生之义在先秦儒道哲学那里获得了丰富的阐释。孔子对宇宙本体的理解渗入了切己的生命体验，在他的视野中宇宙本体如同宇宙生命一样是鲜活涌动的。孔子从日月更替、四时轮回、万物生成的自然变化轨迹中感受到宇宙生命无休无止的跃动。荀子将本体之天的形下回落作了场景化的描述，自然万象的规律性活动在宇宙空间和谐有序地展开，万物生成是为宇宙本体生生之义落实的自然结果。《易传》直接将"生"义标记为宇宙本体的最高性格，生生不已的特性是为"易道"内在的本体呈现。老子对宇宙本体作了相对更加冷静理性的审视，"道"取代传统意义的"天"而被置于宇宙本体的地位。老子以"母"喻"道"，用慈柔母性蕴含的无限生机象征宇宙本体之"道"不止的生生之义。无论对于先秦儒家还是道家，宇宙本体的生生之义已不再仅仅局限于神话或者信仰的意义领

---

　　① 刘玉建：《〈易传〉的宇宙本体论哲学——宋明理学本体论的滥觞》，《周易研究》2010 年第 3 期，第 19 页。

域，而完全升进到成熟理性思维观照下的精神层面。无论作为
"天"抑或是"道"，宇宙本体都不再有丝毫神秘色彩，它只是
生生之义的最初源出，并因此构成宇宙万物存在意义上的最终
依据。

二　宇宙本体的生物过程

宇宙本体与万物成为连接整个创生过程的两极，使得宇宙本
体的创生活动有了明确的指向性。儒道两家都认定生生之义为宇
宙本体之当然内涵，而这种创生的当然意义首先具有理论预设的
意义，它需要具体的过程呈现使本体当然之则的生生之义获得理
论明证。无论是从内容还是形式上，儒道宇宙本体论的确立都依
赖于对宇宙本体的创生过程进行经典性的描述。

关于宇宙万物的创生过程，老子曾勾画出了一个大致的轮
廓："天下万物生于有，有生于无。"[1]　"无"→"有"→万物，
整个创生过程简单明了却意义重大。按冯友兰先生的话讲，此章
"可以把《老子》有关于宇宙观的各章都贯穿起来"[2]，甚至可
以看作老子宇宙论的思想主旨。那么，"有"是什么，"无"又
是什么？《老子》开篇就对"有""无"给出解释："无名天地
之始，有名万物之母。故常无欲，以观其妙；常有欲，以观其
徼。此两者同出而异名，同谓之玄，玄之又玄，众妙之门。"[3]
作为宇宙本体的形上之"道"超越经验世界的范畴，这时我们

---

①　见于《老子》第四十章。
②　冯友兰：《中国哲学史新编》（上），北京：人民出版社，2001 年版，第 329 页。
③　见于《老子》第一章。

根本无法用语言描述它，也无法用概念来表达它。"王弼以
'无'为天地万物之'本''体'，天地万物的生成是自然无为
的，所以说，只有从'常无欲'去观察天地万物的生成，才能
了解'始物之妙'。"① 老子引导我们通由"无""有"两个通孔
察知"道"的奥妙和端倪。"道"统"无""有"，"有""无"
本质上是为"道"的一体两面。"无"作为天地的开始，从时间
上确立"道"对万物的优先地位；"有"作为万物的母体，从空
间上确立"道"对万物的本根地位。"有""无"生物本质上就
是"道生万物"。"'有'和'无'是从不同角度对道的存在状
态所作的描写：'有'是就道的实在性而言的，'无'是就道的
自然性而言的。"② 从这个意义上讲，"天下万物生于有"旨在强
调"道"的实在性，"有生于无"则接着强调"道"的自然性
在逻辑上优先于"道"的实在性。在万物创生问题上庄子接续
了老子"有""无"生物的意旨，并通过逆向推理的方式展开了
对宇宙本始的逻辑追溯：宇宙有"开始"，有未曾开始的"开
始"，更有未曾开始"未曾开始"的"开始"。宇宙有其"有"，
有其"无"，有未曾有"无"的"无"，更有未曾有"未曾有
无"的"无"。"有"和"无"忽然发生，却不知是果真"有"
还是"无"。宇宙原始以前，本无对立，一切同一。"有"就是
"无"，"无"就是"有"，甚至"有""无"根本没有，宇宙回
溯的方向最终指向了无限。庄子通过文字概念游戏似的叙述逐层
深入追溯宇宙的最原始状态，结果是这个最原始状态是不存在

---

① （魏）王弼注，楼宇烈校释：《老子道德经注校释》，北京：中华书局，2008
年版，第3页。
② 郭沂：《老子的宇宙论与规律论新说》，《哲学研究》1994年第6期，第62页。

的。逻辑的看，宇宙的当下状态只能是从"无"到"有"的转
化过程，"无"构成宇宙万物的本体，而"无"在本质上仍然是
"道"。通过对"有""无"的逻辑追溯，庄子最终完成了对老
子"道生万物"的理论夯实。

　　老子不仅从逻辑意义上粗线条地描述了"道"生万物的轮
廓，同时还提出了一个更加直观立体的宇宙生成模式："道生
一，一生二，二生三，三生万物。万物负阴而抱阳，冲气以为
和。"① 在这一经典表述中，作为数字的"一""二""三"连接
起"道"与万物两端，虽然老子没有明确给出"一""二"
"三"的所指，但三者确实在"道"生万物的过程中发挥了过渡
作用。就数量意义而言，这种由一到多的变化显示出宇宙本体之
"道"并非凭空造物，而是通过一种类似于分解的方式分化生成
万物，看似简单的数字变化背后实则蕴含着丰富的宇宙生化理
论。就"道"与万物的生成关系而言，冯达文先生称这种变化
为"道""往下的坠落"②，换言之万物是本体之"道"从形上
往形下有形质坠落的自然产物。这一生成方式"是一种宇宙形
成论的说法，因为它在下文说：'万物负阴而抱阳，冲气以为
和。'照下文所说的，一就是气，二就是阴阳二气，三就是阴阳
二气之和气。这都是确有所指的，具体的东西。"③ 冯友兰先生
对"道"生万物的解释立足于中国古典哲学中流行的元气论思
想，具有典型代表性。只是"一"与"二"是否分别指气与阴

---

　　① 见于《老子》第四十二章。
　　② 冯达文：《中国哲学的本源——本体论》，广州：广东人民出版社，2001 年
版，第 24 页。
　　③ 冯友兰：《中国哲学史新编》（上），北京：人民出版社，2001 年版，第
335—336 页。

阳二气或者其他老子在文中并未明言，从"一"到万物的转化仅仅描述了"道"生万物的大致进路。如果我们同意冯先生的观点，那么我们只能设想为该句的前半段和后半段实际上描述的是同一个过程，后段只是对前段的进一步补充解释，这样的一种理解思路显然更为合理。到庄子那里，道家的"道"生万物已经具体化为阴阳生物的过程。庄子虚构了老子与孔子关于宇宙原始状态的一段对话，他借老子之口表达自己关于万物创生的基本看法：阴极寒冷，阳极炎热，寒冷源出于天，炎热源出自地①，但"阴阳互为其根"②，交互融合而化生万物。庄子立足于经验世界的阴阳观念以及与之相关的冷热感官体验，从阴阳出发，上溯及宇宙天地，下推及万物，这其中天地阴阳的互通融合发挥了关键的作用。

　　先秦儒家对宇宙本体创生过程所做的构想中，《易传》的描述相对最详细也最为精彩。《易传》的视野下，天地的至高德性通过生生之义体现出来，天与地并非各自孤立而是在相互沟通融合之下创生万物。《易传》概括描述了天地沟通创生万物的概貌："天地氤氲，万物化醇。男女构精，万物化生。"③万物化醇（生）于天地、男女的相互对待之中。"絪缊，相附着之义。言天地无心，自然得一，唯二气絪缊，共相和会，万物感之变化而精醇也。"④天地间阴阳之气附着交感，成就万物浑厚的基质。

---

　　①　"至阴肃肃，至阳赫赫。肃肃出乎天，赫赫发乎地。两者交通成和而物生焉。"见于《庄子·田子方》。

　　②　（清）王先谦撰：《庄子集解》，北京：中华书局，1987年版，第179页。

　　③　见于《易传·系辞下》。

　　④　（魏）王弼等注，（唐）孔颖达等正义：《周易正义》，见于《十三经注疏》（上），上海：上海古籍出版社，2001年版，第88页。

此时天与地是合二为一的，天地只是一个本体。随之男性事物与女性事物交合沟通，万物化育生成。在整个过程中正是天地之间的交感打开了万物生成的通道。在对"泰"卦和"感"卦的解释中，《易传》直接表达了天地交感作为万物生成的前提之不可或缺。关于"泰"，"泰，小往大来吉亨。则是天地交而万物通也。……天地不交而万物不通也。"① 《周易正义》释此卦"小往大来，吉亨，名为泰也。所以得名为泰者，由天地气交而生养万物，物得大通，故云泰也"②。然后关于"感"，"天地感而万物化生"③。往来相交是为"泰"，天地相交构成万物通达的必要条件。孤阳不生，孤阴不长。天地阴阳二气的交感促成万物的生长化育，在天地交感的通道中万物的生命得以舒展亨通。虽然万物化生于天地交感中，但天地并非宇宙本体而是作为宇宙本体的实现形式存在的。天地背后，还有更高意义的乾、坤。宇宙本体论意义下天地与乾坤有着特殊的内在关联，《易传》的生生之义又通过乾坤二元与万物的被依赖与依赖关系体现出来。"大哉乾元，万物资始，乃统天。云行雨施，品物流形。大明终始，六位时成，时乘六龙以御天。乾道变化，各正性命。……至哉坤元，万物资生，乃顺承天。坤厚载物，德合无疆。"④ 在中国古典哲学语境中，"元"象征着元初、开始。"乾元""坤元"的称谓强调了乾、坤相对于宇宙万物的本始地位。而乾卦作为六十四卦之首，本身就隐含着元始的意蕴。《易传》由乾卦开始论证万物

---

① 见于《易传·彖上》。

② （魏）王弼等注，（唐）孔颖达等正义：《周易正义》，见于《十三经注疏》（上），上海：上海古籍出版社，2001 年版，第 28—29 页。

③ 见于《易传·彖上》。

④ 同上。

的生成有着逻辑上的合理性。对比来看乾、坤的功能地位明显不同，乾元统天而坤元顺承天。显然乾的地位更高，更接近宇宙本体的意域。但在生物意义上，乾坤二元两者相互关联、不可或缺。先秦时期以"和实生物"为代表的二元或多元混生理念已渐为大多数人所接受。《易传》同样认定单一的乾元不能构成万物的唯一来源，于是构建了乾坤二元混生的万物生成模式，并视这种乾坤模式为天理当然。乾、坤各有分工，乾道成就男性事物，坤道成就女性事物。这里再次强调乾道助力万物的初始，而坤道化育万物的生成，乾、坤的调配协作成就万物的生存之道①。在生物过程中，乾、坤各以其独特的运动和静止方式体现其与万物之间的关联。"乾"运动和静止的轨迹表现为圆环和直线拓展，以此成就"乾"相对于万物的大生意义；"坤"运动和静止的方式表现为开放和闭合，并在此基础上实现对于万物的广生意义②。"乾统天首物，为变化之元，通乎形外者也。坤则顺以承阳，功尽于已，用止乎形者也。故乾以专直言乎其材，坤以翕辟言乎其形。"③这一生动形象的描述表明乾坤生物的过程不是逻辑意义上单一的数目字增加，它通过物理空间的自然变换凸显出生物过程的丰富内容。

　　儒道哲学所描述的宇宙本体化生万物的过程完全在理性观照下直观具体地展开，不再具有任何的神秘色彩。老子以"道"为原始基点，通过"一""二""三"所象征的存在样态的衍生

---

　　① "乾道成男，坤道成女。乾知大始，坤作成物。"见于《易传·系辞上》。

　　② "夫乾，其静也专，其动也直，是以大生焉。夫坤，其静也翕，其动也辟，是以广生焉。"见于《易传·系辞上》。

　　③ （魏）王弼等注，（唐）孔颖达等正义：《周易正义》，见于《十三经注疏》（上），上海：上海古籍出版社，2001年版，第79页。

分化实现"道"与万物之间的过渡。《易传》以"乾元"为原始基点，通过天地之间的交感完成万物的生成化育。无论是老子的"道"生万物还是《易传》的"乾元"生物，本质上都贯穿了一条由"一"分化为"多"的生物路线，即由绝对唯一的宇宙本体分解为无限杂多的万事万物。但是，在创生的具体过程尤其是动力源出上儒道思想呈现明显的不同。老子虽提到了阴阳概念，但却是用其描述万物生成之后"负阴而抱阳"的存在状态，除此并未进一步解释"道"通过"一""二""三"的形式向万物分化的原因。《易传》则直接用阴阳的相互激荡融合来解释万物生成化育终极的动力来源。"《易》一再这么赞叹'乾'，从而在乾坤阴阳这对矛盾构成中，乾、阳便成为推动矛盾发展的动力方面。这也就与《老子》相区别开来了。《老子》只是散漫和并列地揭示了矛盾及其转化，看不出这种转化是如何可能的，即不明确或缺乏转化的具体动力，从而显表为既存现象的静态呈现。《易传》则注意了矛盾中的'刚柔相摩，八卦相荡'的动态过程，从而也就具有演进发展的序列结构（如《序卦》），有建造一个系统图式的观念。'阳刚'作为动力的主导地位十分突出，与老子那种冷静的人生智慧颇为不同。"[①] 可以看出，儒道哲学都强调阴阳对本体创生整个过程的参与。但老子所描述的"道"生万物过程更接近于概念之间的过渡，并未将矛盾转化与"道"生万物的动力相结合。相反《易传》所表述的过程更加鲜活生动，不仅构造了一个完整系统的宇宙本体生化体系，更进一步通过乾坤、阴阳的对立统一揭示了万物生长化育的力量源泉。

---

① 李泽厚：《中国古思想史论》，北京：三联书店，2008年版，第131页。

三　万物存在本质的获得与确立

宇宙本体创生万物的完成意味着万物存在的真正实现，万物由此确立了存在根源意义上的始基，并随之获得了时空意义的存在形式。就物自身来说，某物之成为某物在于其获得了本质意义上内于自身的规定性。作为生物之本体，宇宙本体只内在地蕴含创生之义而不具有任何现实意义的特殊规定性。宇宙本体存在的根本意义在于为万物的生成提供现实可能，一旦囿于某种特殊的现实规定性（譬如大小、多少、冷热、高下等），那么本体当下便失去了创生一切事物的可能。既然生物之本体不含有任何特殊规定性，那么宇宙万物的纷繁芜杂的现实规定性又是如何而来，这是宇宙本体创生万物过程中必然存在的问题。

老子哲学始终致力于对本体之"道"本质特征的把握，同时也并未忽视对事物本质特征的理性审视。现实世界的事物中老子尤其偏爱水，他善于借助水德的概括表征宇宙本体的思想内涵，因此水在老子哲学中占有特殊重要的地位。老子曾多次描述水的本质特征："上善若水。水善利万物而不争，处众人之所恶，故几于道。"[1] 又有"江海之所以能为百谷王者，以其善下之，故能为百谷王"[2]。老子概括得出水的特质是能泽被万物、处下不争，这一特质最能接近于"道"的内在要求，使得它与其他一般事物区别开来，并成就其自身存在的特殊价值意义。人们总是习惯于首先从自己身边开始对贴近生活的俗常事物的特征

---

① 见于《老子》第八章。
② 见于《老子》第六十六章。

投入更多的观察，循着这样一种思维习惯，老子同样善于把捉一般事物的本质特征并从中体悟出宇宙人生的大道。老子哲学中的宇宙本体之"道"不是现实中一物，它本质上不带有任何特殊规定性。但人们总是执着于现实事物总能呈现出的多样性，并习惯于以对现实事物特征的把捉方式去把握"道"，结果当然是不可能实现的。老子迫不得已用了很多语言来描述"道"的不落于某种规定性，最后归结为"道"是没有形状的形状，没有形象的形象，"道"就是含混惚恍①。先肯定一种状态然后接着用带有否定意义的前缀把它再否定掉，老子通过这样一种文字上的处理，就是要改变人们大脑中的思维定式，破除世俗对于形上本体之"道"的成见。正是含混惚恍的本体之"道"在创生万物的同时帮助万物实现了本质上的规定性。"昔之得一者，天得一以清，地得一以宁，神得一以灵，谷得一以盈，万物得一以生，侯王得一以为天下贞。"② "一，数之始而物之极也。"③ "一"的称谓隐含着"源初""极致"的思想内涵，同时象征着"道"是作为一个含混的整体而存在的。从老子所持"道生一"的角度看"道"与"一"是同质的，"得一"也就是"得道"，"得道"也就意味着"道"在自身的本体呈现。天"得道"之后从而获得了清明的特质；地"得道"之后从而获得了宁静的特质；神"得道"之后从而获得了灵妙的特质；谷"得道"之后从而获得了充盈的特质。万物"得道"之后得以生长，王侯"得道"

---

① "是谓无状之状，无物之象。是谓惚恍。"见于《老子》第十四章。
② 见于《老子》第三十九章。
③ （魏）王弼注，楼宇烈校释：《老子道德经注校释》，北京：中华书局，2008年版，第106页。

之后得以安定天下。现实中的任何事物都是因为"得道"而得以实现某种特质。"每一事物均从'道'那里获得了构成自身的特殊本质，从而形成了宇宙间丰富多彩的现象形态。"① 事物究竟如何从"道"那里获得自身的特质老子并未明言，但我们还是可以通过设想推断尝试获得其中的端倪。我们知道，柏拉图在其理念论中提出了著名的分有理论。具体来说，某物之所以为某物只是因为它分有了该物的理念型相。譬如大的事物之所以大是因为它分有了大的理念，善的事物之所以善是因为它分有了善的理念，如此等等。理念型相的分有成就了事物的本质，有多少种事物的本质就有多少理念型相，所以理念型相不是唯一而是杂多的。从这一点来看柏拉图的理念与老子的"道"有着明显的不同。但是，为助于理解老子本体论哲学视域下物本质的实现，理念分有理论仍然可以提供有益的契机。按照老子的理论，事物是因为"得道"而得以实现某一方面的特质，而"道"又不具有任何特殊的规定性，显然就某物来说它的这一本质不是来自于"道"而是内在于物自身的。换言之某物的本质在该物存在之初就已经内在的获得了，只不过是隐在物中的，一旦该物体认到了自身的"道"，它的本质就能得以彰显。所以确切地说，不是万物从"道"那里获得了本质，而是"道"成就万物获得并实现了自身的本质。

　　万物生成之后自然获得了宇宙时空中丰富多样的具体形式。从孔子慨叹"四时行焉，百物生焉"② 开始，儒家就已经给予事

---

　　① 李霞：《老庄道论的宇宙论内涵》，《安徽大学学报》（哲学社会科学版）1996 年第 4 期，第 4 页。

　　② 见于《论语·阳货》。

物的多样性以特殊的关切与肯定，其背后是对物本质的理性认可。天生万物，万物由此获得了内在于自身的特殊本质。"天"根据它们的资质而笃实对待它们。能够成材的就助益其培育，反之不能成材的就加速其覆灭①。显然，"天"绝不是孤立而运行的。天道的运行贯穿万物生长变化的始终，从未脱离万物各自的本性②。在作为宇宙本体的"诚"的观照之下，"万物并育而不相害，道并行而不相悖。小德川流，大德敦化。此天地之所以为大也"③。《中庸》之赞美天地伟大并不因其时空意义的无限延伸，而在于诚体流行于天地之中，助益宇宙万物的生长化育。一直到孟子讲"仁民而爱物"④。可以看出，儒家视域下的宇宙本体被赋予了"爱"的思想内涵。宇宙本体的生生之义以及对万物的终极关怀体现的都是溥博如天的宇宙大爱。重要的是，在宇宙本体的持续观照下万物从宇宙时空中获得了具体的实现形式，确立了各自内在的本质。这个过程，在《易传》中表述得更为具体。《易传》视生生之义为宇宙本体最高的德性，这一德性的光辉照耀生物过程的始终。天地之大德不仅体现为生养万物，更进一步体现为助力万物获得并确立自身的内在本质。《易传》所审视的世界不是混沌未分而是丰富多彩的，世界多样性的呈现背后是万物不同本质的各自凸显。《易传》善于对事物的不同本性进行经验性的描述。譬如《易传》描述了八卦的不同品格⑤，通

---

① "故天之生物必因其材而笃焉。故栽者培之，倾者覆之。"见于《礼记·中庸》。
② "诚者，物之终始。不诚无物。"见于《礼记·中庸》。
③ 见于《礼记·中庸》。
④ 见于《孟子·尽心上》。
⑤ "乾，健也；坤，顺也；震，动也；巽，入也；坎，陷也；离，丽也；艮，止也；兑，说也。"见于《易传·说卦》。

过对八卦不同特性的概括提炼，可以对八卦各自特质进行更加整体客观的把握。《易传》还通过八卦与万物息息相关的内在关联可以显现出八卦及其所代表事物的主要特质。比如雷有鼓动之特性，风有发散之特性，雨有滋润之特性，日有干燥之特性，艮有终止特性，兑有喜悦特性，乾显示对万物的君临统领，坤显示对万物的收敛藏养①。《易传》还对各自特性做了进一步解释，在与万物发生关系的过程中，雷的鼓动表现剧烈，风的发散表现迅疾，火的干燥表现为炎热，如此等等。这些不同特性的内在关联、相互融合成就了万物的多样形态②。《易传》通过八卦相关特性的剖析显示出它们各自对于成就万物的不同影响，并由此彰显出八卦自身存在的价值。《易传》对事物多样性的认可立足于对事物本质的贞定。确立不同事物的本质不仅可以在辨物的基础上凸显事物的多样性态，进一步彰显宇宙本体的生生之义。而从根本上来说，本质直接关乎事物存在，本质的确定可以使物保持自身样态的稳定。"乾道变化，各正性命，保合太和，乃利贞。"③"此二句更申明乾元资始之义。道体无形，自然使物开通，谓之为'道'。言乾卦之德，自然通物，故云'乾道'也……言乾之为道，使物渐变者，使物卒化者，各能正定物之性

---

① "雷以动之，风以散之，雨以润之，日以烜之，艮以止之，兑以说之，乾以君之，坤以藏之。"见于《易传·说卦》。

② "神也者，妙万物而为言者也。动万物者，莫疾乎雷；桡万物者，莫疾乎风；燥万物者，莫熯乎火；说万物者，莫说乎泽；润万物者，莫润乎水；终万物始万物者，莫盛乎艮。故水火相逮，雷风不相悖，山泽通气，然后能变化，既成万物也。"见于《易传·说卦》。

③ 见于《易传·彖上》。

命。"① 万物要在顺应把握乾道变化的奥妙中实现各自内在本性和命理的正定，协调阴阳持守太和之气以助于实现正定。迫切需要正定的万物的内在本性究竟如何得以实现的呢？《易传》给出了答案："形而上者谓之道，形而下者谓之器。化而裁之谓之变，推而行之谓之通。"② 就形而上下之划分标准而言，显然宇宙本体属于形而上的范畴，而宇宙万物属于形而下的范畴。形上形下本为一体，并无二分，只是从其本质和功用而言才做出区分。本体大化流行裁成万物促成变化，阴阳相荡刚柔相推助益实现万物间的交通。物的裁成意味着自身在"器"意义层面的实现，同时也内含着自身本质的确立。也就是说，万事万物自产生伊始就已经内在的获得了自身的规定性，且自始至终都离不开本体运行的终极观照。

　　在宇宙本体与万物的关系上，无论老子还是《中庸》《易传》都表达了宇宙本体与宇宙万物的相互依赖。宇宙本体是万物的终极依据，无本体不成物；万事万物是宇宙本体的实现形式，没有事事物物本体便不得彰显。本体的实现与万物本质的获得是同一的。老子以相对冷静直观的态度描述"道"生万物的自然变化过程，使得万物的本质中都充满着自然色彩，万物的存在首先是一种自然的存在。《中庸》与《易传》则赋予宇宙本体以"爱"的内涵，万物从产生伊始就获得了宇宙本体的终极关怀，其内在本质中凸显出以"爱"为核心内涵的道德色彩。儒家所强调的万物存在是一种"并育而不相害"的和谐共处的存

---

　　① （魏）王弼等注，（唐）孔颖达等正义：《周易正义》，见于《十三经注疏》（上），上海：上海古籍出版社，2001 年版，第 14 页。
　　② 见于《易传·系辞上》。

在状态。

第三节　先秦儒道宇宙本体的基本特征

作为终极意义上的生物之本，儒道哲学的宇宙本体都不具有任何具体的规定性。但是在生成化育万物的过程中，宇宙本体的发用流行总会呈现出一些显著的特征。通过这些特征的对比呈现，可以凸显出先秦儒道宇宙本体论倾向的差异以及相互间的内在关联。先秦宇宙本体论哲学的视域下儒道哲学对宇宙本体的称谓各有不同，或者"天"（地），或者"诚"，或者"易道"，或者"道"，究其本体意义上的实质却是高度同一的。"天"（或天地）在先秦儒家宇宙本体论哲学生发的相当一段时期内牢固占据宇宙生物之本体的地位，"天"的大化流行与宇宙本体的创生过程是同步进行的。儒家宇宙本体的特征通过本体之天的发用流行展现出来。而"道"作为先秦道家思想中的一个核心观念体现在宇宙本体论方面便是作为宇宙本体的内核贯穿始终，道家视野下宇宙本体的功能和特征通过"道"这个唯一的载体得以落实和呈现。这便意味着对"道"的整体把握就是对宇宙本体的整体把握。当然，基于"道"内涵的丰富多样，我们只能合理析取"道"的本体意义方面去发掘其端倪。如就老子而言，既然老子视"道"为宇宙本体，那么老子宇宙本体的特征当然也就是"道"的特征。作为宇宙本体的"道"，它的创生意义及其过程通过内在于其中的一系列特征得以体现。

一　宇宙本体具有超越性、真实性、绝对性

宇宙本体是万物存在的终极依据。本体自身内在的形上超越意义决定了作为创生之本的宇宙本体不具有任何现实的规定性，这使得人类感官根本无法从外在去把握它，但宇宙本体的存在是真实的、绝对的、永恒的同时也必然是唯一的。

在老子哲学中，作为宇宙本体的"道"构成万物存在最根本的依据。"道"的存在决定万物的存在，但我们却无法用把握物的方式去把握"道"。与现实中形象各异的事事物物不同，作为本体的"道"隐而微，不仅无形无象而且无声无臭，通过感官根本无法去把捉它。按老子对"道"所做的描述："视之不见名曰夷，听之不闻名曰希，搏之不得名曰微。此三者不可致诘，故混而为一。其上不皦，其下不昧，绳绳不可名，复归于无物。是谓无状之状，无物之象，是谓惚恍。迎之不见其首，随之不见其后。"①"道"无形、无声、无体，所以通过人的感官根本看不见、听不到、摸不着。这样的"道"本是无法用语言去描述其性状的，老子只能勉强用"夷""希""微""惚""恍"等模糊性词语来指称"道"无形无声无体的特征。而实际上这些来自经验世界的词汇在本质上根本无法描述"道"的真实，老子也只是不得已借助方便说辞，以此启发尚未觉醒的世人去体认"道"体的真实存在。一旦获得"道"的体验，这些特征本身最终都要被抽离掉。"道"虽然无形无象却并不远人，无时无刻不

---

① 见于《老子》第十四章。

在我们身边。它看上去仿佛并不存在，实际上却永恒存在着并且
发挥着无尽的功用。这"道"体的神秘简直就是不可思议的。
"道之为物，惟恍惟惚。惚兮恍兮，其中有象；恍兮惚兮，其中
有物。窈兮冥兮，其中有精；其精甚真，其中有信。"① "道之为
物"表明"道"不是绝对的虚空，而是真实存在的，但"道"
又不是普通事物。"道虽窈冥深远不可见，但万物根据它才可以
定其实在。"② "物"的称谓只是为强调"道"的实在性。"道"
作为本体是不能用语言描述的，但老子还是用"精""真"
"信"等等特征来描述"道"。因为作为本体的"道"具有
"恍""惚""窈""冥"的特征，混沌抽象，实难把捉。老子也
只能"强为之容"，"用具体之物的实在性来比况道的实在
性。"③ 这样一种理论尝试使得他对"道"的描述陷入了"说不
可说"的悖论。问题是老子本人并不着意于这种语言的困境，
他同时也劝解世人不要陷于语言的羁绊，要跳出语言的窠臼去把
握言外之意。一旦获得了对"道"实在性的体认，这种困境是
可以被忽略掉的。在老子的理论基础上，庄子也曾进一步描述了
本体之"道"的无形无象与真实绝对。"夫道有情有信，无为无
形；可传而不可受，可得而不可见；自本自根，未有天地，自古
以固存；神鬼神帝，生天生地；在太极之先而不为高，在六极之
下而不为深，先天地生而不为久，长于上古而不为老。"④ "有情
有信"肯定"道"是真实无妄的客观存在；"无为无形"凸显

---

① 见于《老子》第二十一章。
② （魏）王弼注，楼宇烈校释：《老子道德经注校释》，北京：中华书局，2008
年版，第54页。
③ 郭沂：《老子的宇宙论与规律论新说》，《哲学研究》1994年第6期，第62页。
④ 见于《庄子·大宗师》。

"道"化生万物过程的不着痕迹；"可传不可受"强调感官对"道"的不可把握。"道"自己构成自己的根本，所以它是绝对的；"道"在天地还未生之前就已经存在，所以它是唯一的。宇宙本体之"道"完全超出了时间与空间的限制，成为宇宙一切存在背后的总的根源。

　　道家哲学发展到《鹖冠子》，其宇宙本体论已不再像老子和庄子那样直言本体之"道"，而是在现实经验观察的基础上逻辑地追溯论证"道"的存在并概括其根本特征。《鹖冠子》首先概括描述了天地人间的常见之事与常见之物。"天，文也；地，理也。月，刑也；日，德也。四时，检也。度数，节也。阴阳，气也。五行，业也。五政，道也。五音，调也。五声，故也。五味，事也。赏罚，约也。此皆有验，有所以然者。"① 从天文地理到日月德刑，从四时节气到阴阳五行，从政道赏罚到声乐五味，《鹖冠子》列举了宇宙间最俗常的事物来代表天地万事万物总的存在。"有验"是从经验层面肯定这些俗常事物与现象有事实根据，它们是真实存在并客观发生的；"有所以然"则是认定这些事物与现象存在发生的背后有着充足的理由，尝试为这些存在确立一个本体论意义上的终极根据。《鹖冠子》紧接着对这个作为终极依据的宇宙本体的特征做了描述，"随而不见其后，迎而不见其首。成功遂事，莫知其状。图弗能载，名弗能举，强为之说曰：芴乎芒乎，中有象乎！芒乎芴乎，中有物乎！窅乎冥乎，中有精乎！致信究情，复返无貌。"② 显然，《鹖冠子》对"道"的描述继承了老子，对本体无形无象的论证甚至直接借用

---

①　见于《鹖冠子·夜行》。
②　同上。

了老子的话语，但在老子思想基础上对宇宙本体的特征做了进一步的发挥。宇宙本体使用图像无法勾画，借助名词不能描述，勉强来说它只能用"芴""芒""窅""冥"这样一些模糊性词语来形容。本体虽然浑沌模糊却是真实存在的，《鹖冠子》仍然沿用"象""物""精"这些在老子哲学中常见的词汇来指称"道"的实在特性。"成功遂事，莫知其状"意味着宇宙本体没有任何具体的形状但它确实一直在发挥功用、成就万物，所以是真实无妄的。

先秦儒家哲学中对宇宙本体的形上超越特性的探究用力较多当属《易传》与荀子。《易传》所推重的"易"道幽渺深远，变化难测。从天文地理到人文化成，在宇宙生化过程中一切有形事物变化屈伸的背后是无形的"易"道本体在发挥着神妙的功用。"原始反终，故知死生之说。精气为物，游魂为变，是故知鬼神之情状。……范围天地之化而不过，曲成万物而不遗，通乎昼夜之道而知，故神无方而易无体。"[1]　"易"道的智慧广博深远，普遍流行于天地之间，与天地的法则类似所以不相违背。所以能涵括天地之间的大化流行，遍及万物生成没有任何遗漏，贯通阴阳变化的道理显示出智慧。宇宙本体的神妙变化没有固定的处所，"易"道也没有具体的的形象，所以根本无法通过感官从外在去把握它。但是追溯万事万物的根本，了解事物生死循环往复的道理。即精气凝聚生成万物，万物死亡后精气分散，灵魂游走变化，了解宇宙生命屈伸的真实状态。在整个宇宙大化流行的过程中，确实是作为宇宙本体的"易"道自始至终在发挥着主

---

① 　见于《易传·系辞上》。

导作用。因此，"易"道本体是宇宙时空中无形无状的真实存在。尽管人类无法用感官去感知宇宙本体的真实状貌，但却能切实感受到宇宙本体的神妙功用。

荀子对宇宙本体的真实感受来自其对宇宙自然理性的审视。"列星随旋，日月递照，四时代御，阴阳大化，风雨博施，万物各得其和以生，各得其养以成，不见其事而见其功，夫是之谓神。皆知其所以成，莫知其无形，夫是之谓天。"① 此时的荀子更像是一位自然科学家，他不仅察知自然现象的变化，他更加关心的是自然变化的规律以及背后的动力源泉。日月轮回、斗转星移、四季变换、寒暑交替、雨露普降，这些自然现象的发生正是宇宙本体内在功用流行显现的结果。自然变化不止，宇宙本体功用不息。自然现象的变化融通形成和合之气，万物生于和气并从自然中汲取养分以完成繁衍。"不见和养之事，但见成功，斯所以为神，若有真宰然也。"② 诚然，世间万物皆是本体功用已经成就的现实结果，由万物创生可推知本体发用的真实完成。人能够辨识万事万物，了解万物的背后真实存在一个创生的"真宰"。但万物得其和、得其养的具体过程究竟如何展开却不得而知，所以使得宇宙本体创生的整个过程显得格外神秘。对创生过程中"无形"不可知的表达意味着它已经超越了人类理智的认识极限，对于那种理智之外却又真实发生的存在对象的活动荀子称之为"天功"。

无论是老子、庄子的"道"还是《易传》的"易道"以及

---

① 见于《荀子·天论》。
② （清）王先谦撰，沈啸寰、王星贤点校：《荀子集解》，北京：中华书局，1988 年版，第 309 页。

荀子"天功"背后的"真宰"都属于宇宙本体的范畴。先秦儒道哲学的宇宙本体都具有超越性的内涵。宇宙本体遍在于宇宙的事事物物之中却不受事物的支配约束，它超越有形事物而成为万事万物的根本。宇宙本体虽无形无相，但却是真实存在的，人类可以通过宇宙本体的发用流行感受其实有。

二　宇宙本体的神妙功用具有永恒性

宇宙本体无形无象，它的功用同样神妙莫测、难以把捉，人类可以通过本体的神妙功用感受它的真实存在。宇宙本体的神妙功用运行不止，永远不会穷竭。它平等地落实于宇宙万事万物之中，无所不包，无处不在。

在老子哲学中，"道"作为宇宙本体所具有的创生功用永远不会穷尽，在生物的意义上永远保持着无止的动势[1]。"道"最充盈实在却总是呈现虚空的状貌，然而其功用永远不会穷竭[2]。"道"看上去极其深邃久远，仿佛就是万物的主宰。老子甚至把"道"主宰下的天地比喻为一个无比硕大的风箱[3]。在"道"体功用的发作之下，好似风箱的天地中心空虚却能吞吐不止，隐藏着无比巨大的动能，迸发出来生生不息。天地间的虚空永远不可能穷尽，就像博大慈爱的母性自古始时代就已经存在。玄妙的母性之门就是天地能量的总根源，它绵延不绝地存续着，无休无止

---

① "道冲而用之或不盈，渊兮似万物之宗。"见于《老子》第四章。
② "大盈若冲，其用不穷。"见于《老子》第四十五章。
③ "天地之间，其犹橐籥乎？虚而不屈，动而愈出。"见于《老子》第五章。

地发挥着生化万物的功用①。人们总是习惯性地通过感官去把捉功用不止的母性之"道"，老子并不主张人们这样去做。"道之出口，淡乎其无味，视之不足见，听之不足闻，用之不足既。"②用话语描述出来的"道"让人感觉平淡无味。"道"既没有声音又没有形象，所以去看它或者听它都是徒劳的，根本无法从感官上把握它。但就是这无声无形的本体之"道"，它蕴藏的功用却永远不会穷尽。

庄子对宇宙本体功用的描述延续了老子的思想风格，宇宙本体发用的整个过程充满了神妙莫测的氛围。"两者交通成和而物生焉，或为之纪而莫见其形。消息满虚，一晦一明，日改月化，日有所为，而莫见其功。"③阴阳相交而成"和"的状态构成万物进入宇宙唯一的通孔，但阴阳融合万物化生却看不见生物的任何形迹，仿佛感觉不到有那么一个本体。但日月盈仄，忽明忽暗，创生的宇宙本体无时无刻不在运行却不显露其功用。而一旦生物完成便可从现实的万事万物中感受到生物本体的真实存在。庄子曾讲述了这样一个寓言故事：东郭子向庄子请教所谓的"道"在哪里，庄子回答说："无所不在。"东郭子让庄子指出一个具体处所来，庄子说"道"在蝼蚁中。东郭子质问庄子"道"之所处为何如此低下，庄子接着回答"道"在稊稗里面。东郭子接着质问为何更为低下，庄子说"道"在瓦甓中。东郭子又质问为何愈来愈低下，庄子最后回答说"道"在屎溺中④。从庄

① "绵绵若存，用之不勤。"见于《老子》第六章。
② 见于《老子》第三十五章。
③ 见于《庄子·田子方》。
④ 见于《庄子·知北游》。

子的回答不难看出，"道"一直在不断地向下坠，甚至坠落到根本不起眼的污秽之地，以此来证明它的"无乎不在"。作为造物者的"道"与"物"之间没有界限分别，而各个"物"之间却有界限①。譬如蝼蚁、稊稗、瓦甓、屎溺，现实中这些"物"之间各个不同，有着明显的分际。但是它们又都是"道"的功能呈现的载体，造物者与"物"同在，以"道"视之万"物"没什么不同。"道"与"物"之间就是"道"不离"物"、"物"不离"道"的关系，事物的同一性与差异性本质上是统一于"物"自身的，尤其是统一于"物"背后的本体之"道"。在宇宙本体论意义层面，《鹖冠子》开始用"一"（或称"泰一"）取代了老子的"道"，但"一"仍然延续执行了老子"道"作为宇宙创生之本所具有的功能。宇宙本体的功用绵绵不绝施及万物，永远不会穷尽，在本体的作用下宇宙万物以类相聚合，分别承载、不断生成②。《鹖冠子》盛赞生物本体的功用近乎神圣，使得天地间变化的奥妙如同神灵般含弘光大。

　　与道家哲学相似，儒家哲学同样不乏对宇宙本体神妙功用的赞美。《中庸》视野下的"诚"作为宇宙本体发挥着成就万事万物的神妙功用，而且"诚"的这种神妙功用同样也是永不止息的。"故至诚无息。不息则久，久则征，征则悠远，悠远则博厚，博厚则高明。博厚，所以载物也；高明，所以覆物也；悠久，所以成物也。博厚配地，高明配天，悠久无疆。……天地之道：博也，厚也，高也，明也，悠也，久也。"③"诚"作为生物

① "物物者与物无际，而物有际者，所谓物际者也。"见于《庄子·知北游》。
② "故神明锢结其纮，类类生成，用一不穷。"见于《鹖冠子·泰录》。
③ 见于《礼记·中庸》。

之本真实无妄，其生物载物的功用永远不会间断停息，也因此能实现永恒久远。"至诚之德，所用皆宜，无有止息，故能久远、博厚、高明以配天地也。"① 既能载物又能覆物，"诚"的神妙功用通过天地之道的大化流行体现出来，不仅广博深厚而且高大显明，最终表现为悠远长久。在《易传》中，宇宙本体的神妙功用进一步通过充斥宇宙天地间的自然变化体现出来。"神也者，妙万物而为言者也。动万物者，莫疾乎雷；桡万物者，莫疾乎风；燥万物者，莫熯乎火；说万物者，莫说乎泽；润万物者，莫润乎水；终万物、始万物者，莫盛乎艮。故水火相逮，雷风不相悖，山泽通气，然后能变化，既成万物也。"② 《易传》所谓"神"早已不是宗教意义上的崇拜对象——神灵，而是用来描述万物生成化育奇妙难测的概念形式。"八卦运动，万物变化，应时不失，无所不成，莫有使之然者，而求其真宰，无有远近，了无晦迹，不知所以然而然，况之曰神也。"③ 宇宙自然中没有什么能比雷电更迅猛地鼓动万物，没有什么能比风更猛烈地吹散万物，没有什么像炎热的火那样烘干万物，没有什么像宽广的泽那样抚慰万物，没有什么能像水那样去滋润万物，更没有什么能像山那样助益万物的终始。正是水火、风雷、山泽等自然现象的相互激荡融合所形成的动力促成了万事万物的生长变化。事物的变化不论呈现何种形态，其背后必然会有某种特殊的力量形式（如风、雷、火、泽、水等等）在推动着。自然力量形态各异但

却有一个总的根源，能够使各种自然力量保持持续不断地发挥作用，这个总的根源就是宇宙本体。宇宙本体化作天地之道，源源不断地为一切宇宙变化形态提供动力支持。天地之道是永恒的，所以其功用永远不会止息。事物开始必然会趋于终结，事物的终结又意味着新的开始，开始与终结处于无尽的相互转化之中。日月顺应天之道而能长久光明，四季变化更替而能长久轮回。通过观察所永恒持守的天地之道就可以获知万事万物的真实状貌，感受宇宙本体功用的无限奥妙。事物永远不会穷尽①，存在者必然存在。存在是永恒的，作为万物存在终极依据的宇宙本体也必然是永恒的。

老子的"道"如同取之不尽、用之不竭的能量源泉，源源不断地执行着化生万物的功能；庄子描述了宇宙本体通过阴阳之道的"交通成和"持续发挥着生物之功；《鹖冠子》通过"一"来表达宇宙本体"用之不穷"的功用。《中庸》通过"至诚无息"肯定了宇宙本体的运行不已；《易传》通过天地之道的"恒久而不已"反照宇宙本体的永恒存在。先秦儒道哲学视野下的宇宙本体，其功能的发用流行不曾起于也不会终于宇宙时空中的某一个节点，它的存在是永恒的，它的发用流行也是永恒的。

三　宇宙本体的发用流行具有客观规律性

宇宙是无限的，事物的质和量也是无限的，宇宙时空中的事事物物在本质上表现为无限的杂多。无限杂多的背后却有同一个

---

①　"物不可穷也。"见于《易传·序卦》。

存在的终极依据——宇宙本体。宇宙本体存在于宇宙时空，落实于千差万别的事事物物。但是，宇宙本体功用的发用流行不是杂乱无序的，它呈现出一定的客观规律。

老子哲学中的"道"不仅是宇宙本体，更是宇宙本体运行的客观规律。"道"始终不断地在运动着，"道"的存在就是"道"的运动本身。"道"的运动路径不是直线无限延伸的，而是循环往复类似一系列圆环的运动路径，运动的终极方向指向"道"自身。"反者，道之动。"[①]"反"无论作为"相反"还是"回返"，两种意义并不矛盾。有对立才有转化的可能，因此老子极其看重事物之间的对立关系并视其为运动转化的动力源出。"道"无时无刻不在向自身作回返的复归运动，"道"观照之下万有的运动同样遵循"道"指引的路径。"有物混成，先天地生，寂兮寥兮，独立不改，周行而不殆，可以为天地母。吾不知其名，字之曰道，强为之名曰大。大曰逝，逝曰远，远曰反。"[②]"道"作为先天地生的浑朴存在不是一般普通事物而是真实无妄的绝对本体，它无声无形无臭、超然独立而从不依附任何外在之物，作为天地总的根本循环往复永不止息地运行着。从时空概念来审视"道"，它无边无际、包容万象，周流延伸至六虚之外，自始至终在向着自身最根源处回返。"道"的回返并非刻意为之，而是对本体天然的亲近。本体之域（"道"的境域）是最纯粹、最真实、最绝对的境域。与之相反，"物"的境域却是不纯粹、不真实也不绝对的。"道"的功用在"道"的运动中发用流行，化生于"道"的万物逐渐脱离"道"而丧失纯粹与绝对，

---

① 见于《老子》第四十章。
② 见于《老子》第二十五章。

不再成其真正意义上的本体。"道"生万物的过程在本质上就是从纯粹向不纯粹的境域下坠的过程。在"道"的"指引"下，万物从一开始就向着根源处——"道"域作回归的动势。从表面上看，本源对于万物仿佛有着难以抗拒的巨大吸引力，在它的召唤之下万物集体向其不停地复归①。实际上本源回归只是"道"体观照下万物自始就有的内在本性，万物只是"各返其所始也"②。老子从万物生长的动势中看到了万物发展的最终方向，回归本源是宇宙中事事物物都逃不掉的宿命。"道"体功用的发用是动的，而"道"体本质上却是静的。万物复归本源达到静的状态，从而回复到最原始的本然，在这种状态下万物与作为生物本体的"道"再次实现了本质上的合一。作为最高本体，"道"在与物相对的过程中不会呈现出任何的倾向性以体现出对于物的某种价值取舍③。"道"体外化的天地自然对宇宙万事万物是没有偏私的，这里体现的是一种"非情的自然观"④。老子希望人们去除对于"道"体的主观的意识投射，不要把宇宙万物尤其是本体人情化，还本体与万物本然的"无情"状态。"道"体的无所偏私的性格使得其尽量保持宇宙时空内各种势能的均衡，因此天道运行的规律从来都是去掉多余、补充不足⑤。但"道"并非刻意为之，一切在因任自然的前提下引导天地间

---

①　"万物并作，吾以观复。夫物芸芸，各复归其根。归根曰静，是谓覆命。"见于《老子》第十六章。

②　（魏）王弼注，楼宇烈校释：《老子道德经注校释》，北京：中华书局，2008年版，第35页。

③　"天道无亲，常与善人。"见于《老子》第七十九章。

④　陈鼓应：《老子注译及评介》，北京：中华书局，1984年版，第356页。

⑤　"天之道，其犹张弓与！高者抑之，下者举之；有余者损之，不足者补之。"见于《老子》第七十七章。

所有存在趋于和谐融洽。就好像拉弓一样，如果拉高了就稍稍压低，拉矮了就稍稍抬高一下，从来不追求力量上的盈满，只求保持内在张力的恰到好处。

《鹖冠子》在经验观察的基础上总结提升了宇宙本体的运行之道。大道原本苍茫无形、窅冥难寻，但其运行有可以辨识的稽式章法①。通过这些稽式可以感受"道"体的存在的真实并把握其发用流行的一般规律。"道"原本无形无相，但作为宇宙本体的活动律则主要落实表现在天道、地道和人道几个方面②。就天道而言，太阳朝起夕落，随节气转换变化位置而有其特定的度数；月亮随晦望转换盈缺变化，损益有数；星辰行进在特定的轨道并有其特定的方位。日月星辰各有其运行的规则和特定的方位，以此体现天道的生生不息和规律运行。日月星辰的有序运行是天道落实到宇宙时空的规律呈现，其背后有宇宙本体发用流行的自然推动。《鹖冠子》对宇宙本体运行之道的探究立足于对宇宙时空自然现象及其变化规律的经验观察，它的本体论带有浓厚的自然特色。

儒家的宇宙本体论同样以"道"的形象体现出来，"道"本身就隐含着规律性的思想内涵。《易传》中天地之道无时不在、无处不在地运行体现着宇宙本体的遍在。"易与天地准，故能弥纶天地之道。仰以观于天文，俯以察于地理，是故知幽明之故。"③"易"道包罗宇宙万象、涵容天地广阔，是天地间一切事物总的标准。"弥谓弥缝补合，纶谓经纶牵引，能补合牵引天地

① "道有稽，德有据。"见于《鹖冠子·著希》。
② "道凡四稽：一曰天，二曰地，三曰人，四曰命。"见于《鹖冠子·博选》。
③ 见于《易传·系辞上》。

之道，用此易道也。"①"易"道能够统摄宇宙时空中万事万物的
一切规则。从日月星辰的运行排布到时节更替、风雨雷电的气象
呈现，四方上下的一切自然变化都隐含着可以辨识的内在律则。
所以，对天文布局与地理万象的经验观察可以知晓幽明变化的道
理，并由此升进到对至高"易"道的深切感悟。"易"道本体的
发用规律通过天地乾坤的变化发展轨迹具体呈现出来。在天与地
的相互对待关系中，天始终处于高贵的地位，而地处于相对卑微
的地位。"易含万象，天地最大。若天尊地卑，各得其所，则乾
坤之义得定矣。"②"易"道本体在发用流行的过程中，天或者乾
始终处于主导的地位。天地间的动与静有可以依循的常规，阳刚
与阴柔都可以断定。万事各以其类的不同分别聚在一起，万物各
以其群的不同而分类，吉凶现象随之产生。事物的形象成于天
地，显现宇宙的变化之道。阳刚与阴柔相互推摩，八卦之间相互
激荡，雷霆鼓动，风雨滋润，日月相推，寒暑交替变换。乾阳之
道与坤阴之道分别成就雌雄事物。"乾道"主导万物开始，"坤
道"主导万物化成，乾坤相互调配融合成就万事万物。乾坤易
简则能够体得天地万事万物的根本道理，并且能成就万事万物在
宇宙天地中的不同地位。

　　儒家哲学尤其是宇宙本体论哲学发展到荀子阶段呈现出浓厚
的自然主义色彩。荀子对宇宙本体规律性的探求是以揭示天道的
自然运行为契机展开的。宇宙本体的发用流行之道首先体现为自
然的运行之道。天道运行遵循客观的自然规律，规律的发生作用

---

　　① （魏）王弼等注，（唐）孔颖达等正义：《周易正义》，见于《十三经注疏》
（上），上海：上海古籍出版社，2001年版，第77页。
　　② 同上，第75页。

是不以特殊时代历史人物的意志为转移的①。不论是普通百姓还是帝王将相，都不能将个人意志凌驾于宇宙自然规律之上。客观规律本身没有思想和情感，根本无法实现与人类情感的交流沟通，所以它不会因为对某个（些）人的好恶而存在或消亡②。天地间的各种自然现象都是宇宙本体大化流行的结果，各种现象的变化轨迹都是本体发用规律的体现。荀子还特别强调自然中发生的如流星坠落、树木发出声响等偶然性事件并非神秘力量支配下发生的，星坠木鸣现象与风雨雷电一样都是天地变化呈现的常态，是宇宙本体落实为天地阴阳大化流行的自然结果③。人类一旦清醒地认识宇宙自然的变化及其规律也就不会为之感到恐惧了。

先秦儒道哲学都强调宇宙本体的发用流行具有不以人的意志为转移的规律性内涵。老子的"道"的运动轨迹呈现循环往复的特征，在"道"的观照下万物都依其本性自然生长变化，最终向根源处复归。《鹖冠子》的"道"涵盖了天道、地道、人道的内容。《易传》强调宇宙本体的发用流行通过天地乾坤的变化发展体现出来，并呈现出德性的价值内涵。荀子通过自然规律的客观性揭示宇宙运行的必然，呈现出自然主义的色彩。《易传》与荀子哲学中的自然倾向呈现出与道家哲学中的自然观合流的趋势，从其内在的思想内涵来看两者应该是受到道家哲学思想的影响。

---

① "天行有常，不为尧存，不为桀亡。"见于《荀子·天论》。

② "天不为人之恶寒也辍冬，地不为人之恶辽远也辍广，君子不为小人之匈匈也辍行。天有常道矣，地有常数矣。"见于《荀子·天论》。

③ "夫星之队，木之鸣，是天地之变，阴阳之化，物之罕至者也。"见于《荀子·天论》。

四　宇宙本体与万物间的关联

宇宙本体是生物之本，是万物存在的总的根源和依据；万事万物的生长变化体现着背后宇宙本体的神妙功用。但是万物生成之后，就生物本体与万物的关系而言先秦儒道哲学持明显不同的态度。

老子哲学中作为宇宙本体的"道"生养万物却不擅作万物的主宰，不会对万物进行过多的干预。"道"生成养育万物却又不对万物进行占有、依恃或者主宰等外在干涉①。"不塞其原，则物自生，何功之有？不禁其性，则物自济，何为之恃？物自长足，不吾宰成，有德无生，非玄而何？凡言玄德，皆有德而不知其主，出乎幽冥。"② 在整个创生过程中，"道"如同一个虚拟支点，需要它的时候它自然而然地会出现以促成万物生化，一旦创生的使命完成却又自然而然地隐退消失掉，不露半点有为造作的痕迹。老子对"道"内含的这种至大无私的品德赋予极高的赞誉，将其称之为"玄德"。"大道"周流于无限的宇宙时空中，无所不遍、无所不包，将"玄德"覆及宇宙万物。万物依恃"道"而生成"道"却不推辞，"道"成就万物却不贪念这其中的功劳，养育万物却不擅作万物的主宰，万物向"道"体复归"道"并不做它们的主导。"道"与万物若即若离，它们的关系

---

① "生之、畜之，生而不有，为而不恃，长而不宰，是谓玄德。"见于《老子》第十章。

② （魏）王弼注，楼宇烈校释：《老子道德经注校释》，北京：中华书局，2008年版，第23—24页。

看似亲密，实则极其简单。禀赋"玄德"的"道"因顺自然，使万物各得其所，却不妄加干涉，原本就是要淡化掉自己在成物化物过程中的形迹，由此反而成就其自身的伟大。

《易传》在赋予宇宙本体以生物意义的同时又对本体表达了进一步的期待。生物完成之后本体并未放弃对万物的继续观照，万物的存在发展是宇宙本体生生之义的持续体现。"知周乎万物而道济天下，故不过；旁行而不流，乐天知命，故不忧；安土敦乎仁，故能爱。范围天地之化而不过，曲成万物而不遗。"①"易"道大化流行不止，周遍万物万象的"易"道以宇宙的博大视野源源不断地成就天地万物，广播仁爱、安顿乐土，体现出宇宙本体对万物的博爱。不仅涵括宇宙天地的大化流行没有任何过失，而且包罗成就天地万物，无论物之精粗都没有任何遗漏。与老子以消极的姿态应对"道"对万物生成之后的不扰态度明显不同，《易传》是以一种积极的姿态审视"易"道对万物创生之后存在发展过程的参与。

在对本体与万物关系的处理上，儒家哲学始终秉持着"天地之大德曰生"的生物理念以及"仁民而爱物"的待物之道，整个过程融入了相当多的情感因素。它把足够的"爱"——源源不断的生生之义赋予了本体对于万物的观照，以此显示出本体之"道"对物的博爱。显然，儒家的宇宙本体论带有明显的感性色彩。与之相比道家哲学从表面上看似乎显得寡情，在"道"生万物自然完成之后，道家哲学对"道"与万物作了疏离的处理。在道家看来，对万物成长的过分干涉实际上不是施加慈爱而

---

①　见于《易传·系辞上》。

是对物的戕害。在"道常无为"（或曰"道法自然"）的整体要求下，"道"对万物的不扰对待正是"道"体"玄德"的具体体现。与儒家哲学更多呈现感性不同，道家对"道"与万物的审视呈现出明显的理性色彩。

第四节　先秦儒道宇宙本体论的向下落实

宇宙本体作为最高意义上的终极实在直接观照着万物产生、存在、发展、消亡以及循环往复的全过程，宇宙本体大化流行之道贯穿宇宙万物存在发展的始终。先秦儒道宇宙本体论的确立比较合理地解决了人们围绕宇宙问题产生的一系列疑惑，诸如宇宙的起源、宇宙发展过程中随处充满的偶然性与必然性、永恒性与有限性以及规律性等问题。但是儒道宇宙本体论自始就不是虚无地浮游于思想的上层，它源起于先秦丰富的宇宙观世界观孕育的思想土壤，同样也需要向这些土壤作反哺式的回归落实。儒道本体论思想体系内部逻辑地隐含着对人类思想行为的价值导向，我们甚至可以看作超越性的本体对现实人类生存的殷切期许。而人类所有思想行为本身都跳不出本体论预设的显现为规律的价值框架，人类会更加现实地选择宇宙本体论向人类思想和行为落实的路径。

一　亲近自然，热爱生命

孔子对宇宙本体的思考渗入了自身切己的人生体验，从他站在川上感叹"逝者如斯夫，不舍昼夜"① 那一刻起他早已经自觉地把自己的整个人生托付于整个宇宙时空发展的滚滚洪流之中。他把生命的意义赋予宇宙，又把宇宙的内涵融入人生。针对这一感叹，程子解释道："天运而不已，日往则月来，寒往则暑来，水流而不息，物生而不穷，皆与道为体，运乎昼夜，未尝已也。是以君子法之，自强不息，及其至也，纯亦不已焉。"② 程子同感于孔子对宇宙人生的深刻体悟，更从深层体会到孔子从宇宙大化流行中所体悟出的人生应然，君子所当法的正是宇宙生生不息的刚健流行之道。孔子的生命中自始就萌生着把本体的应然之道拉进人类现实活动中的冲动。面对宇宙大化流行体现的四时流转，他不仅透悟出宇宙本体内在的生生义，在更深层的意义上，他要求人类将宇宙本体的生义彻彻底底地落实于人间。作为宇宙众生命的佼佼者，人类本身就是宇宙生义的直接受益者。人类不仅是宇宙发展的产物，更是从宇宙时空中获得维持自身发展繁衍、走向成熟的各种物质生产资料甚至更高层面的精神信念。在孔子看来，宇宙本体的大生之义从诞生时起就已流淌在人类的血液中了。孔子不仅要求切身体验宇宙本体的生物之道，更要求人人参与到这种大生之义的实践过程中来，这是行走于世间的每一个人都不能推脱的神圣使命。在这一过程中，人获得的不仅仅是面对一众生命的平等存在的意义，更是宇宙中作为最有灵的生命必须持有的高贵。在孔子的众多弟子中，有两位曾因获得这种极高的人生体验而获得孔子的赞许，一位是颜回，另一位是曾皙。"一箪食，一瓢饮，在陋巷，人不堪其忧，回也不改其乐。

---

① 　见于《论语·子罕》。
② 　(宋) 朱熹撰：《四书章句集注》，北京：中华书局，1983 年版，第 113 页。

贤哉回也!"① 粗茶淡饭，不过是天地为人类生命延续提供的基本养分；寒室陋屋，不过是宇宙空间为人类生存造就的寄居之所。可是大部分人很难从内心深处当然地认可这些东西在本质上是宇宙天地对人类的馈赠，更是宇宙大生之义的完全敞开。颜回之乐不是回味人间生活困苦的所得，而是体认且顺应了宇宙人生中流淌着的天理当然。这种至乐之境当然是孔子所极其赞赏和认同的。子路、曾皙、冉有、公西华一众弟子侍坐，各言志向。子路、冉有、公西华皆言政治抱负，唯曾皙不同。"莫春者，春服既成，冠者五六人，童子六七人，浴乎沂，风乎舞雩，咏而归。"② 暮春时节，结伴游于自然原野，感受勃勃生机，汲取天地日月之精华，表达对质朴生活方式的亲近回归。当然，若言志向，相信曾皙的境界不止于此。自然质朴的生活情境本质上乃是宇宙本体的现实呈现，在这种状态下丝毫没有生命拘迫的痕迹，处处透露着宇宙天地不断萌发出的人文关怀。曾皙一行沐风舞雩台上、吟咏歌唱而归的自得状态正是陶醉于宇宙本体亲近人世间的真实写照。孔子更是通过"吾与点也"的总结明确地表达出对这种极高生命境界的道德期许。

在宇宙大生之义的指引下，"爱"构成孔子以"仁"为核心的人生实践的行为主题。孔子要每个人都要广泛爱身边所有的人，亲近有仁德的人，并且以仁人的品行作为自己行为的标杆③。仁人首先是内心有爱的人，仁人不仅要爱人，同时也要爱物，以自身为基点将自己的爱无限地辐射出去。仁人的爱来自对

---

① 见于《论语·雍也》。
② 见于《论语·先进》。
③ "泛爱众，而亲仁。" 见于《论语·学而》。

宇宙本体生物爱物的情感体验，爱人爱物正是宇宙本体生生博爱之义的真正落实。孔子生命中极为赞赏两种精神境界：以山水为喻①，智者的内心就像水一样澎湃着灵动的智慧，对于水的灵性怀有天然的亲切；仁者的内心就像山一样持守着岿然的沉稳，对于山的稳重同样保持天然的亲近。两种心境看似不同，实皆来自天地万物与我一体的宇宙情怀，是宇宙本体的生生之义在人心境的直观投射。真正的智者在乐水的同时，何尝不会怀有对山的敬仰；而真正的仁者在乐山的同时又何尝不会将乐水的体验融进自己的生命。所以，无论智者还是仁者，无论乐山还是乐水，皆为孔子所取。孔子借智者和仁者的人生态度表达了自己所体认的内在本体论诉求：亲近自然，热爱生命。从孔子开始，"爱物"（具体来说是对生命的热爱与敬畏）一直是儒家哲学的重要主题。

　　孟子通过对万物生命价值的肯定使得孔子"泛爱众"的诉求得以实现更进一步的发扬落实。在与梁惠王的对话中，孟子直接表达了他对物的关爱态度。以常见的禽兽为例，"君子之于禽兽也，见其生，不忍见其死；闻其声，不忍食其肉"②。对于飞禽走兽，君子并不因其与人不同类而否定其生命的内在价值。万物之生是宇宙生义寄托于个体实现的延续，死是宇宙生义在个体身上完成的终结。基于对生生之义的肯定以及人类自身内在的同情心，君子对于一切有生之物当然喜见其生而不忍见其死，这在本质上可以看作是君子对于万物的爱，是君子对于宇宙生生之义的体认落实。作为宇宙生义的具体承载，宇宙间一切有生之物的

---

① "智者乐水，仁者乐山。"见于《论语·雍也》。
② 见于《孟子·梁惠王上》。

生命都应受到应有的尊重，尤其对人类而言，不应只站在自身角度肆意践踏。孟子更概括性地提出："君子之于物也，爱之而弗仁……仁民而爱物。"① 儒家的"爱"建立在血缘亲情基础之上，讲求爱有差等。"先亲其亲戚，然后仁民，仁民然后爱物，用恩之次者也。"② "仁"是人与人之间相互对待的态度，君子对于万物可以爱惜但却不能以"仁"的态度对待。因为物不像人一样能思考、有感情，人可以单向度地表达或者施加对宇宙万物的关爱，但却无法与之进行思想情感上的交流沟通，也就不能以"仁"的方式相互对待。但从根本上来说，世间万物与人一样都是宇宙本体大化流行创生的产物。宇宙论视野下的人与万物都是宇宙本体的受益者，都应该平等和谐地共享宇宙提供的生存空间。而且对于人类本身来说，万物可以从外在助益人类自身的存在发展。无论是基于对宇宙生生之义的落实还是人类自身发展的功利考虑，对万物的爱都是人类现实生存必然的选择。

关于对待物的态度，老子也曾讲"天地不仁，以万物为刍狗"③。"仁"本是建立于人类情感基础上的专属于人的行为特征与表达方式，老子却用其否定意义来修饰天地的品格，借以表达自己的心志。"天地任自然，无为无造，万物自相治理，故不仁也。"④ 天地没有任何情感功能，不像人一样因接触外物不同而有所偏爱，当然也就不会以"仁"的态度对待万物。就像祭祀

———————

① 见于《孟子·尽心上》。

② （汉）赵岐注，（宋）孙奭疏：《孟子注疏》，见于《十三经注疏》（下），上海：上海古籍出版社，2001年版，第2771页。

③ 见于《老子》第五章。

④ （魏）王弼注，楼宇烈校释：《老子道德经注校释》，北京：中华书局，2008年版，第13页。

用的刍狗（草扎狗），用则取之，用完则弃之，一切因任自然，不值得惋惜。以天地视之，万物与刍狗并没有本质的不同，都是宇宙时空中体现自然发展变化的存在者，都是宇宙本体的承载者。天地对万物的态度当然也就是"道"对万物的态度，或者直接可以说是本体对于万物的态度。同样是对于万物的"不仁"的态度，老子的天地之"不仁"与孟子的君子之"弗仁"有着本质的不同。老子所主天地之对万物的"不仁"建立在对万物自然本性认知的基础之上，是对作为宇宙本体的"道法自然"的本体论诉求的呼应。"不仁"实质上就是不要以爱物的名义去干涉万物，只需因任万物自然变化发展。孟子所主君子之对万物的"弗仁"是以对物的爱为前提的，爱物实质上要以积极的姿态参与到万物的成长过程中去，助益万物的生化发展。

庄子以寓言的形式表达了其对于事事物物所应持有的根本态度。在混沌之死的寓言故事中，倏与忽作为混沌的好友原本出于报恩的善意为混沌凿出口、耳、目、鼻共"七窍"，结果反而害了混沌的性命。首先，庄子能客观冷静地看待生命中的死亡现象。他曾在自己妻子的葬礼上"箕踞鼓盆而歌"，宣泄悲伤情绪之后头脑迅速回归极端的冷静，看透死亡只是宇宙生命无尽变化过程中的一个应然的自然环节。尽管多数人的潜意识里认定生命过程中的死亡并非积极意义上的现实结果，但如果一个个体生命不是因为意外变故横死而是自然死亡，这完全是可以平静去接受的。其次，关于混沌死亡的真正原因。混沌不是死于生命机体的自然衰颓，而是由于倏、忽的刻意为之客观上导致了混沌的死亡，因此混沌之死的悲剧本是可以避免发生的。庄子心中并非惋惜混沌之死的结果本身，他所纠结的是导致混沌之死的原因——

非自然的主观人为。最后，庄子是热爱生命的。确切地说庄子钟意的是自然的生命及其变化形态。庄子对于宇宙自然的本真心存敬畏，尊重宇宙中一切事物的自然本性而不任意搅扰本质上就是对事事物物的热爱。

从孔孟和老庄的思想世界可以看出，先秦儒道哲学整体对宇宙事物尤其是自然生命充满敬畏。他们都意识到人类作为宇宙中特殊的生命现象是宇宙整体的一部分，与宇宙天地间的万千事物一起构成无限的宇宙整体，因此人的生命中天然地保持着与宇宙自然的亲近。"爱物"是先秦儒道宇宙本体论的思想主旨，但是儒家的"爱物"体现为人类以积极有为的姿态参与到事物的生化进程中去，与万物相互辅助、共同化育；道家的"爱物"则表现为尊重万事万物各自的本性，顺任事物自由变化发展而不去过多干预。

二　尊重规律，循道而行

宇宙本体的发用流行并非杂乱无章的偶发现象，而是遵循一定的客观规律。因此宇宙本体论的向下落实首先意味着人类必须承认宇宙万物的存在本质以及宇宙运行规律的客观性，以此为前提使人类自身的生存方式与宇宙整体运行的自然轨迹保持一致，并在宇宙天地物我一体的视野之下助益万事万物在客观规律的范围内生长化育。

在孔子的视域下，"四时行焉"与"百物生焉"并非两种各自孤立发生的自然现象。万物的生长发育不是宇宙时空中的偶发事件，需要各种客观条件汇集达成的合力助推实现。这其中一个极为重要的条件就是春、夏、秋、冬四时合规律的自然变化。对人类而言，宇宙本体论的落实体现为对宇宙自然规律的遵守。春种、夏长、秋收、冬藏都是人类生产生活不能违背的自然法则。孟子在与梁惠王探讨治国之策时曾提到，对从事农业生产的人来说，按照时节进行生产劳作就能收获足够的谷物，食用之余还可以继续播种，如此循环往复取之不尽；不使用细密的网捕鱼，只捕捞大鱼而留下小鱼继续繁衍生长，那么各种水产就会捕之不竭；按照时节进山采木，留给树木足够的生长时间和空间，那么木材就可以足够的供应①。总之，所有的生产活动都要遵循相应的自然规律才能实现可持续发展。因此，孟子劝谏梁惠王作为百姓的管理者要"勿夺其时"。荀子也曾借圣王之名明确表达出对自然规律的尊重。为了不使草木生命夭折以延续其生长，在其开花结果时节人类不要进山砍伐，这是自古圣王专门制定的制度②。很显然，孔、孟、荀同时都强调从事农业生产要守"时"，即严格按照自然变化的规律去开展生产生活。这不仅关乎农业收成，也关乎百姓的基本生存和国家社会的有效治理。而在荀子那里，"时"的概念还可以升进为内涵更宽广的"天命"——"天道"运行的必然性。荀子的"天命"淡去了人格神的内涵，已经净化为客观的宇宙精神，对待"天命"的态度正是宇宙本体观照下人应有的态度。"大天而思之，孰与物畜而制之？从天而颂之，孰与制天命而用之？望时而待之，孰与应时而使之？因物

---

① "不违农时，谷不可胜食也；数罟不入洿池，鱼鳖不可胜食也；斧斤以时入山林，材木不可胜用也。"见于《孟子·梁惠王上》。

② "圣王之制也，草木荣华滋硕之时则斧斤不入山林，不夭其生，不绝其长也。"见于《荀子·王制》。

而多之，孰与骋能而化之？思物而物之，孰与理物而勿失之也？
愿于物之所以生，孰与有物之所以成？"①万物虽生于天，但成
就万事万物则在人。人不仅有认识客观规律的能力，更有把握利
用客观规律的能力。荀子告诫世人，与其匍匐在宇宙运行的客观
规律面前敬畏和赞美，不如进一步把握作为宇宙规律的"天
命"，彻底实现宰制宇宙的理想目标。

　　《易传》被普遍认为首先是一部察往而知来的卜筮之书。
"知来"的必要前提是对往昔和当下世界变化规律的深刻察知，
《易传》正是圣人对宇宙内事经验观察和总结基础上的智慧结
晶。《易传》认同宇宙大化流行有其可以为人类所认知的客观律
则。"乾以易知，坤以简能。易则易知，简则易从。易知则有
亲，易从则有功。有亲则可久，有功则可大。可久则贤人之德，
可大则贤人之业。易简而天下之理得矣。天下之理得，而成位乎
其中矣。"②"易道"通过乾坤相互主导配合创生宇宙万有，乾坤
正是宇宙大化流行的呈现方式。乾坤主导万有创生又仍存在于万
有之中。因此，乾坤之道虽隐而微却并不与人疏离，能被人的理
性所认知把握。通过观察宇宙万物可以察知乾坤进而得"天下
之理"，成就人类存在活动的理性前提。圣人作为人类先觉者最
先开始了对"易道"的探究，由此最早得"天下之理"。"圣人
有以见天下之赜，而拟诸其形容，象其物宜，是故谓之象。圣人
有以见天下之动，而观其会通，以行其典礼，系辞焉以断其吉

---

　　①　见于《荀子·天论》。（清）王先谦撰，沈啸寰、王星贤点校：《荀子集
解》，北京：中华书局，1988 年版，第 317 页。
　　②　见于《易传·系辞上》。

凶，是故谓之爻。"① 圣人在观察万物及其变化基础上摹其状貌、究其缘由并付诸理性解释，由此创造了卦象爻辞。"古者包牺氏之王天下也，仰则观象于天，俯则观法于地，观鸟兽之文，与地之宜。近取诸身，远取诸物。于是始作八卦，以通神明之德，以类万物之情。"② 在包牺氏眼中天地间一切事物都是人类精深加工的对象，他通过仰观俯察抽象做成八卦。八卦于是具有了规律性的内涵。圣人之为圣人在其能够对宇宙万物的生长变化做理性的审视，探究并总结宇宙大化流行的客观规律，形成理性认知以指导人类自身的生存实践。

"道"作为老子哲学宇宙本体的表征承载了宇宙本体的一切思想内涵，宇宙本体论的向下落实意味着"道"向有形世界的彻底融入。老子指出了一条宇宙本体论落实的清晰路径："人法地，地法天，天法道，道法自然。"③ 人→地→天→道（自然），整个过程带有明显的指向性。"道"生人与万物，人与万物法"道"是天理当然。就人而言，由于心智的作用绝大部分人的行为自始就已经失去了自然的原始状态。心智的存在一方面固然使得常人容易偏离"道"的轨迹，但另一方面它又使得人重新回归"道"具有了可能。就物而言，万物天生就是自然的存在物。万物生就符合"道"的原始诉求，万物的生成符合"道"，万物的存在符合"道"，万物的发展变化直至消亡皆符合"道"。所以在整个宇宙中"法道"只是人类这个独有的群体自身的事情。"道"的玄之又玄增加了对其内在规律性要求把握落实的难度。

---

① 见于《易传·系辞上》。
② 见于《易传·系辞下》。
③ 见于《老子》第二十五章。

由道→天→地→人的顺序来看，"道"的内涵并未因其向天、地的落实而发生损耗，又因地与人的最为亲近使得"人法地"最为切实可行。宏观来看，万物与圣人都逃不出天地的范畴。于是，万物可观与圣人可法提供了两种对"道"内涵充分把握的实现途径，使得"道"的普遍落实具有了现实的可能性。

着眼于"道"的本质要求，老子一方面讲"道法自然"。简单讲，自然就是自然而然、本然如此。道家哲学视域下的因任自然本来就是"道"的原初状态，是精神适然自得的自由敞开。老子少有对自然状态的具体阐述，但我们可以通过庄子之口，借助他对"无何有之乡"和"游无穷"之境的自由想象勉强加深对道体自然的理解认同。另一方面老子还讲"道常无为"。"无为"是在消极意义上对"为"的否定，不只不能有"为"的行动，更为重要的是甚至都不能有"为"的初心。自然的状态当然不会有任何"为"的痕迹，所以"无为"的境域本质上也就是自然的状态。自然表现"道"意义的积极方面，无为则表现其消极方面，二者统一于"道"的本质。老子眼中的圣人，不论其真实存在与否都始终是"道"化身的一种隐喻，圣人的一言一行当然是符合"道"的内在要求的。严灵峰先生直接释"圣人"为"有道之人"①，陈鼓应先生则继承此说，并进一步解释道："道家的'圣人'则体认自然，拓展内在的生命，以'虚静''不争'为理想的生活。"② 我们经常可以看到，老子惯于借助圣人的名号来引导众人回归到道体隐设的圆融框架。"是以圣人处无为之事，行不言之教，万物作焉而不辞，生而不有，

---

① 严灵峰：《老子达解》，台北：华正书局，1983 年版，第 16 页。
② 陈鼓应：《老子注译及评介》，北京：中华书局，1984 年版，第 66 页。

为而不恃，功成而弗居。"① "无为之事"与"不言之教"是圣
人行为的表现方式，当然也符合"道"自然无为的内在要求，
本质上是"道法自然"的落实方式。一方面圣人因任大道自然
流行，不动心，不妄为；另一方面，圣人并无教化之心，也并无
教化之言行，只是作为"道"的一个载体让百姓通过自己自然
去体悟顺应"道"的内在要求。圣人无为于身，事事谦逊退让
却总能得到众人的推崇，不看重自身利害却总能保全自身。主观
上没有一点私心客观上反而能实现成就自身的效果②。圣人的谦
退是对"道常无为而无不为"精神实质的直接落实，它为世人
提供的不仅是行为的榜样，更是精神信念的道路指引。圣人是一
个载体，物也是一个载体，通过体物同样可以实现对"道"的
把握。在老子哲学中，水就是这样的一物。上德人格的人正如同
水一样泽被万有却不与万有争利，因此上德就是水德。人应该向
水学习，学习水的善利万物、柔弱不争，如水般存在③。无论自
然无为还是谦退不争本质上表达的都是"道法自然"的内在诉
求，都是道体向下落实的实现形式。"道"的运行轨迹是源源不
断地向自身根源处回返④，"道"观照下的宇宙万物也在循环往
复地向着"道"复归，人同样应该参与到复归于"道"的生化
进程中去。"致虚极，守静笃，万物并作，吾以观复。夫物芸
芸，各复归其根。归根曰静，是谓覆命。覆命曰常，知常曰明，

---

① 见于《老子》第二章。
② "是以圣人后其身而身先，外其身而身存。非以其无私邪？故能成其私。"
见于《老子》第七章。
③ "上善若水。水善利万物而不争，处众人之所恶，故几于道。居善地，心善
渊，与善仁，言善信，正善治，事善能，动善时。夫唯不争，故无尤。"见于《老
子》第八章。
④ "反者，道之动；弱者，道之用。"见于《老子》第四十章。

不知常，妄作，凶。"① 从宇宙整体视野来看，万物虽千差万别但最终的命运都是复归于"道"。"虚"和"静"都是"道"所呈现出的特征。因此复归于"道"也就意味着复归于"道"的"虚""静"。对人而言，从精神上保持内心的"虚""静"，越绝对纯粹越能趋近于"道"的境域。"因为宇宙的变迁是往下坠落，所以要回归到本真，回归到比较宁静、恬淡的世界，当然就要回归到'无'……它既体现为一种宇宙论建构，同时也是一种价值追求。回归'无'就是要抽离或者剥去现实的各种矛盾冲突，回到'一'，回到混沌不分的状态中，由此我们的精神才能得到安顿。"② 在老子视域下，宇宙事物千差万别、千变万化，作为宇宙本体的"道"恒久地贯穿其中。"道"作为生物之本，它的向下落实不是宇宙运行过程的终结，而是以一种整体观照的方式引导着宇宙万有向最根源处的"道"复归。如此循环往复，使得老子"道"的哲学呈现出浓厚的辩证色彩。

在宇宙本体论的宏大视野之下，先秦儒家与道家哲学对宇宙自然保持着天然的亲近，它们都怀着宇宙大爱去对待万事万物尤其是自然生命。"无论是儒家的'仁'，还是道家的'道'，所要表征和彰显的都是一个'至善''纯善''大善'的精神。这一精神的本质属性那就是'爱'。儒家谓之'仁爱'，道家谓之'慈柔'这是一个通向和实现社会、人生、生态和谐与完善的光明之道……这就是两家对待一切存在、一切环境、一切生态的基

---

① 　见于《老子》第十六章。
② 　冯达文：《重评中国古典哲学的宇宙论》，《孔学堂》2015 年第 4 期，第 69 页。

本态度。"① 但在爱的表达上儒道哲学并不相同。儒家哲学尤其肯定万物的生命状态，主张人类以积极的姿态参与到宇宙万物的生化进程中去，人的生命与宇宙生命呈现出一幅网状交叉的生命图景。道家哲学则着眼于万物的自然本性，主张维系事物的自然状态，反对对宇宙万物的本性进行过分的搅扰。人的生命与宇宙生命呈现出平行变化的生命图景。儒道哲学都承认宇宙大化流行有不以人的意志为转移的客观规律。宇宙一切事物（包括人在内）的存在本质都要符合宇宙运行的基本规律，与宇宙自然变化发展的轨迹保持一致。但在对宇宙客观规律的遵循道路上，儒家哲学的态度明显表现出积极主动的姿态，而道家哲学则更多呈现出自然无为的精神风貌。

---

① 徐小跃：《论儒道两家价值取向、思维方式及其生态智慧》，《江西社会科学》2011 年第 5 期，第 9 页。

第四章 先秦儒道本体论的道德进路
——道德本体论

　　哲学意义上的本源主要涉及事物的来源或根源，本源问题的解决重在考察事物的源起或原动力。而本原则主要是指事物存在发生的根本理由，本原问题的解决重在寻求某事物之所以成为该事物的根本依据。当哲学从人类的好奇心逐渐上升到爱智慧的思想高度，哲学的一系列基本问题始终没有离开人的存在这一精神坐标，哲学本体论的本原进路必然地要围绕着人的存在这一核心命题而展开。就具体内容而言，人的存在问题可以拆解为人为什么存在和人如何存在两个基本问题。两者都触及了人的本质，换言之即人之所以成为人的根本依据。在人类漫长的历史进程中，当被贴上道德的标签时便意味着人类已经从一般性动物中超脱出来。"道德的起源则是人类脱离动物界的'飞跃'。"[1] 所以，这个人之为人的根本依据我们将其定格为道德，而人的存在本质上

---

　　[1] 赵敦华：《谈谈道德起源问题》，《云南大学学报》（社会科学版）2006年第3期，第13页。

当然可以理解为道德的存在。

　　人类文明史已经延续了几千年，其中"道德"一词无疑是文明史上最耀眼的词汇之一。从词源学来看，"道德"一词较为晚出。构成"道德"一词的"道"与"德"原为中国古代哲学中相对独立的两个词汇，它们甚至分属两个不同却又互相关联的概念体系。它们的意义演变，经历了与宗教信仰、社会习俗和心理情感的纠葛。我们可以确认，"道"与"德"合体为道德一词时它们的意义已经基本沉淀定型，"道"关乎法则，"德"关乎品性，通过"得"实现合体。综合当前学界已有的研究理论，尽管在今天道德的内涵已经获得了极大地丰富，道德概念甚至已经延伸到社会学、宗教学、心理学诸多领域，但道德问题自始至终没有离开人自身的存在。尤其是当人类从一般的动物性存在中超脱出来，道德成为最明显的指示标志。人在生理上符合动物的绝大部分特征，但与一般动物不同的是人有道德，而动物没有。"道德才是人性的集中表现，是人类区别于动物的主要标志。"①道德的持有作为人类所独具的特征把人和动物从本质上彻底直接区别开来。道德问题一经产生便是围绕着人的存在本身展开，它天然的思想使命就是使人的存在如何可能的问题得到彻底的解决。先秦儒道哲学在精神实质上同样是研究人的存在的哲学，把先秦儒道本体论的本原进路指向道德问题，主要基于道德在人类存在的价值体系中占据的基础性地位。

----

　　① 赵敦华：《谈谈道德起源问题》，《云南大学学报》（社会科学版）2006年第3期，第13页。

第一节　华夏早期文明背景下"德"的源起

从华夏文明诞生并走向成熟的整个过程始终散发着人类理性的光辉。早期人类在剥离物我的实践努力中逐渐实现了自我精神的挺立。随着主体性的愈加凸显，人类理性意识活动有了更高的选择自由度。原始宗教和民间习俗中隐含的禁忌在带给早期人类精神约束的同时也为人类进行应然层面的价值判断提供了思维训练的契机。与文明积淀和理性自觉的实然相伴随的是人类只能接受在必然约束下进行选择的事实，道德观念的形成正是人类历史理性选择的结果。道德的内涵经历了从古典意义向现代意义转变的过程。作为先秦儒道哲学道德本体论思想背景出现的"德"观念当然首先是在道德的古典意义上获得自身的丰富内涵。

一　祖灵崇拜意识下的精神突破

人类社会早期，由于生产力和智力水平的局限，人们无法真正理解各种自然现象存在发生的根源，而是幻想这些自然现象的背后都有看不见的神灵在支配。日月山川、山河湖泊都被贴上神的标签，万物有灵论完全占据了人们的解释空间。以自然力量为崇拜对象的原始自然宗教意识独自支撑起了人们的精神信念。人类进入氏族社会后，出现了原始的图腾崇拜。氏族部落常常以某个或某一类自然物作为本部族的图腾加以崇拜，氏族和氏族成员个体与图腾有着特殊的渊源。"昔者黄帝氏以云纪，故为云师而云名；炎帝氏以火纪，故为火师而火名；共工氏以水纪，故为水师而水名；大皞氏以龙纪，故为龙师而龙名。我高祖少皞，挚之立也，凤鸟适至，故纪于鸟，为鸟师而鸟名。"①《左传》描述的就是炎黄时代华夏各部落的图腾盛况。随着人类繁衍的谱系逐渐清晰以及氏族公社首领在生产生活中的影响，氏族部落的祖先崇拜逐渐取代图腾崇拜，开始在人们的精神生活中发挥重大作用。如上古传说中的燧人氏、有巢氏、伏羲氏、神农氏都成为祖先崇拜的代表形象。

　　殷商之初，祖先崇拜继续在人们的精神世界发挥着重要作用。"古我先后，既劳乃祖乃父，汝共作我畜民。汝有戕则在乃心。我先后绥乃祖乃父，乃祖乃父乃断弃汝，不救乃死。兹予有乱政同位，具乃贝玉。乃祖乃父丕乃告我高后曰：作丕刑于朕孙！迪高后，丕乃崇降弗祥。"② 这段盘庚以祖先之名训示民众的语录显示祖先崇拜仍然在当时人们的精神信仰层面发挥着极其重要的影响。殷人敬祀他们所认定的祖先神——上帝，"帝"作为至上神的精神信仰不断向殷商统治层输出最高权力，现实地发挥着稳固国家社会的政治功能。殷商时期，"德"的观念已经出现。仅《尚书·盘庚》篇中，"德"字出现约计十次③。这一时期的"德"，一直到周初，主要用于指涉人的行为是否符合某种外在要求或者约定，其内容尚未触及道德意义上人的品质含义。"周初人多方反复讲德，主要是讲行为规范，是讨论'政行'问

---

① 　见于《左传·昭公十七年》。
② 　见于《尚书·盘庚》。
③ 　如："非予自荒兹德，惟汝含德，不惕予一人。""故有爽德，自上其罚汝，汝罔能迪。""肆上帝将复我高祖之德，乱越我家。"

题，具有政治措施上的实义，非伦理上的空泛道德之论也。"①
虽然意义范围仅仅被限定为行为规范所指，但"德"的出现，
至少已经显示出"帝"崇拜笼罩下殷人冲破宗教意识束缚所做
的观念上的努力。更为重要的是，其行为背后的规范义已经内在
地保留了其内涵向伦理道德义深入的可能。

　　周代商后，有鉴于殷，周人改敬祀"帝"为敬祀"天"，周
人的"天"部分地保留了殷人"帝"的功能。随着周人理性意
识的觉醒，殷周以来形成的以"帝"信仰、敬天意识为核心的
天命神权观念逐渐动摇。在人们的精神世界，理性意识在一点一
点地挤压着原始宗教信仰的存在空间。不仅人间政权的合法性不
再确定，作为价值源头的"天"的合理性也受到质疑。"天"甚
至已经从被敬的对象沦落为被怨和骂的对象。"瞻卬昊天，则不
我惠。……天何以刺？何神不富？"② 这是周人在抱怨上天为什
么不保佑庇护他们。"旻天疾威，天笃降丧。瘨我饥馑，民卒流
亡。我居圉卒荒。天降罪罟，蟊贼内讧。昏椓靡共，溃溃回遹，
实靖夷我邦。"③ 这是周人在控诉上天在制造苦难和不公。"天"
作为至上神原本高高在上，但随着周人的忧患意识在怨天、咒天
的过程中得以凸显，"天"的人格神意味渐渐变淡。与之相反，
"德"作为一种精神品质和理想信念被继续保留下来并受到格外
重视，逐渐开始渗透进人们的精神信仰中来。"德"的内涵亦随
之获得了极大丰富，成为一个融合精神信仰、道德观念、政治理

---

　　① 王德培：《〈书〉传求是札记·上》，《天津师范大学学报》1983年第4期，
第72页。
　　② 见于《诗经·大雅·瞻卬》。
　　③ 见于《诗经·大雅·召旻》。

想为一体的综合性概念。"天"虽仍是最高权力的源出之所，但它已不再有偏私①。"天之于人，无有亲疏，惟有德者则辅佑之。"② 是否有德行而不再是身份地位成为考察人间权力是否正当合法的唯一标准，"以德配天"的观念模式彻底演变为周代政治思维的主流倾向。周人尤其是周权力上层通过"德"这一通孔上达"天"，并从那里源源不断地获得权力的价值源泉。虽然此时"德"的观念仍然附庸于神学的文化架构，但在"德"上达"天"的过程中，"天"被属意的义理内涵冲淡了原有的神学色彩。与此同时，周人日渐成熟的人文世俗观念向传统的宗教思维发起了压制，逐渐成为周代意识形态的主流。

二　春秋人的道德自救

春秋时期的华夏大地上，诸侯混战不已，列国互相攻伐争雄。恶劣的生存环境使民众的精神世界出现了动荡混乱，社会局势和思想环境都发生了急剧变化。周代以来形成的统一大治局面彻底被打破，春秋人的生存境遇面临着前所未有的挑战。一方面要继续面对各种不可抗的消极自然力量——自然灾难带来的危害，更是疲于应付各种人为制造的祸患——政局动荡、战乱频仍、生活疾苦的悲惨现实。另一方面，"天"的神性内涵早已受到普遍怀疑甚至被否定，周天子权威名存实亡，春秋人的精神信仰进入集体失位的状态。严重的"内忧"和"外患"使得春秋

---

① "皇天无亲，惟德是辅。"见于《尚书·周书·蔡仲之命》。

② （汉）孔安国传，（唐）孔颖达疏：《尚书正义》，见于《十三经注疏》（上），上海：上海古籍出版社，2001 年版，第 227 页。

人的精神境遇不断地处于悬着无助、失却根底的生存状态之中，春秋人正迫切需要来自精神层面的慰藉和寄托。秩序重建与精神安顿的使命被推到了历史的前沿，如何关怀并拯救乱世中个体命运与群体生存的困境成为春秋时期最为突出的时代主题。

浩瀚宇宙当中，苍茫天地之间，从相对角度来看每一个生命个体都是极其渺小的存在。即使人类社会已发展形成各种大大小小的社会集群，群体的自然力量仍然只是个体力量有限意义上的数字倍数集合。在现实的历史条件下，绝大多数自然灾难的发生都不可避免，动荡不安的社会局面同样也难以被扭转。在强大的自然力量和社会力量面前，人类总会感觉到肉体生命力量的弱小和不自由。通过自然力量彻底实现外部环境的改变几乎不可能，人在当下能自由把握的活动只能展开于无限的精神世界。春秋人自然而然地被引向两条可供选择的道路：一条是继续依靠外在的神秘力量寄托信念，实现精神拯救；一条是回归自我内心，寻求道德自救。而春秋人面对的现实境遇却是："帝""天"的神性光环已经逐渐褪去，天命神权观念正处于动摇崩溃的边缘，新的宗教信仰尚未建立，传统的信仰已无法获得绝对的庇护，因此第一条道路已完全行不通。剩下的只有道德自救一条道路，这条道路以其所具有的现实与理论的可能性向春秋人完全敞开，对人内在精神自由度的重新估量和"德"观念的再丰富存续了春秋人道德拯救的希望。

春秋时期，"德"的观念依然延续保留了与"天"之间的纠葛，天人之间的沟通终究还是要通过"德"来实现①。但此时

①　如"天道无亲，唯德是授。"见于《国语·晋语》；又如"鬼神非人实亲，惟德是依。……神所冯依，将在德矣。"见于《左传·僖公五年》。

"德"的现实载体已发生明显的变化，"德"已不再是周天子一人专属之"德"，"以德配天"也已不再是周天子一人独享的特权。人世间的每一生命个体都平等地拥有获得"德"的可能，任何人都可以通过"德"实现与上天的沟通，进而成为宇宙间能够上达下传天意的价值主体①。与周代的"德"相比，春秋时期的"德"观念获得了更加深层、更加丰富的内涵。春秋人已经清醒意识到人与兽的本质不同不在于人住在房屋而兽出没于草丛，而在于是否有"德"②。于是人被贴上了"德"的标签，"德"成为用以区分人兽之别的根本标准，人的存在本质上就是"德"的存在。"德"从不放弃任何人，在"德"的观照下人拥有高度的自由，人可以选择拥有"德"，也可以选择放弃，只是人必须自己承担选择的后果③。个体命运不受他人控制，完全掌握在自己手中。但一旦放弃德性，便不再受"德"的庇护，招致祸患是在所难免的④。相反，只有选择"德"，才能保留道德自救、安身立命的希望。"在春秋人的理念中，'德'已不仅是一种政治和道德伦理的概念，更重要的是它被赋予了一种崭新的文化哲学意义，即本体论的含义。"⑤ 一方面，"德"进入到信仰层面，构成春秋人精神信念的内在支撑，春秋人不断从养护"德"那里寻求自身的存在感，"德"直接成为春秋人敬畏的对象⑥。另一方面，"德"的内涵落实为社会化的规范用以指导约

---

① "神，聪明正直而壹者也，依人而行。"见于《左传·庄公三十二年》。
② "民有寝庙，兽有茂草，各有攸处，德用不扰。"见于《左传·襄公四年》。
③ "善败由己，而由人乎哉?"见于《左传·僖公二十年》。
④ "苟非德义，则必有祸。"见于《左传·昭公二十八年》。
⑤ 林存光:《孔子本体论"人学"论纲》,《孔子研究》1990年第4期，第52页。
⑥ "吾子靖乱，敢不拜德!"见于《左传·昭公十六年》。

束人们的行为，由内而外形成一套以礼乐文化为核心内容的典章制度①。本体论意义的"德"，既可以内化为精神意义上的理想信念，又可以外化为制度层面的礼乐道法，以"德"为核心的文化架构内在地规定了春秋人的生存方式，为在乱世中寻求精神安顿的春秋人持续不断地提供着独特的人文关怀。

第二节　先秦儒道道德本体论的内涵

在春秋人的精神世界里，自殷周时期就开始占主导地位的宗教信仰功能逐渐弱化。伴随着信仰功能的衰颓，道德的精神力量开始显现，并逐渐在人们的精神生活中占据了最为核心的地位。先秦儒道哲学的本原进路，主要致力于解决道德存在的合理性问题。重新厘清并从理论上夯实道德的价值源头构成先秦儒道道德本体论共同的致思方向。

殷商时期的"天"象征着整个宇宙时空中最高的权威，"天"的绝对命令亦即"天"的意志通过天命直接体现出来。作为弥漫于人类精神世界的一种不可抗力，天命中隐含着带有必然意义的规定性，成为宇宙间尤其是人类社会中一切规律、法则以及行为方式的终极价值依据。在宗教神学观念的支配下，天命（或直接称之"命"）思想成为殷商时期流行的社会思潮。一直到春秋战国时期天命思想依然发挥着非常大的影响力。人间政权的根基不在人间而在天上，其合法性系于天命的获得。人间势力

---

① "礼、乐，德之则也。"见于《左传·僖公二十七年》。

无论通过继承或者权力斗争的方式获得最高统治权只是意味着暂时获得天命的认可，而不可能是永久性的占有。按《诗经》载，周虽旧有邦国但却禀受了新的天命①，这是一次典型的关于天命转移的大事件记载。显然，守持住天命并非是一件容易的事情。天命从来都不是恒久如一的②，它可能会在不同的政权之间转换降临，降临的依据就是人间政权的德性是否充足。对天命的极其敏感决定了对德性的高度重视。"德"是天命实质内容的落实体现，保有充足的德性是尽可能长久持守天命以维系政权的唯一途径③。一个政权一旦失德无德，那么便离天命的庇佑越来越远，最终的结局只能是丧失其政权的合法性。伊尹告诫太甲先王在世时无时无刻不谨记上天赋予的天命④，这是先王所表现出对天命应有的敬畏。这种敬畏又直接反照出人内心对德性的审慎与渴求。尽管人们已经逐渐意识到自己内心隐含的巨大的德性力量，但是德性的发掘仍然需要从向"天"回溯的过程中寻求动力支持，天命笼罩下天人之间的纠葛仍难以实现彻底的剥离。

一　道德本体的基本内涵

作为专门研究终极实在的一门学问，道德本体论逻辑地决定了道德的基本内涵。讨论先秦儒道的道德本体论，我们首先需要确定儒道道德的基本内涵，也就是揭示儒道道德究系什么样的道

---

① "周虽旧邦，其命维新。"见于《诗·大雅·文王》。
② "惟命不于常。"见于《尚书·周书·康诰》。
③ "皇天无亲，惟德是辅。"见于《尚书·周书·蔡仲之命》。
④ "顾諟天之明命。"见于《尚书·商书·太甲》。

德。通过对儒道道德基本内涵的反推剖析，有助于揭示儒道本体论哲学的思想基调和治思路径。

《论语》中孔子曾多处直接谈到"德"，这些"德"概念大都关乎道德范畴。孔子首先确定"德"是专属于精神层面的价值追求。与小人念念不忘土地财用不同，君子更看重自身是否有内在的德性①，由此君子与小人境界高下立判。道德与物质层面的土地财用的多寡无关，它的内涵只通过在精神世界发生的各种价值判断获得实现。不仅仅直接依靠"德"概念，孔子更是主要通过对"礼"和"仁"两个概念的重新阐释使得道德内涵获得本质上的呈现。"礼"最早起源于与祭祀有关的宗教仪式，按《说文》："礼，履也。所以事神致福也。从示从丰。"② 与现实生活密切相关的一系列宗教仪式和禁忌逐渐与血缘亲情基础上建立起来的宗法制度融合到一起，形成一种脱胎于宗教禁忌与社会习俗的新模式。以孔子为代表的先秦儒家所传承的"礼"主要是指周礼③，周礼是在分封制基础上建立起来的一整套礼乐文化制度，涉及饮食、起居、婚嫁、丧葬、祭祀等社会生活的各个方面。"礼"在精神实质上是用以区分社会等级，稳定社会秩序，并明确社会成员相应的义务，甚至具体化为现实生活中各种行为方式的当为与不当为④。合于"礼"的行为在道德上就是善的行为，是"礼"所引导社会成员集体努力的方向。既然"礼"确

---

① "君子怀德，小人怀土。"见于《论语·里仁》。
② （汉）许慎撰，（宋）徐铉校定：《说文解字》，北京：中华书局，1963年版，第7页。
③ "周监于二代，郁郁乎文哉！吾从周。"见于《论语·八佾》。
④ "宗庙之礼，所以序昭穆也；序爵，所以辨贵贱也；序事，所以辨贤也；旅酬下为上，所以逮贱也；燕毛，所以序齿也。"见于《礼记·中庸》。

立了一种牢固不易的正当性，那么对每一个社会成员来说，不合于"礼"的事情当然不应该去看、去听、去说，更不应该去做①，要做的只能是合于"礼"的事情。一切行为方式都要接受"礼"的审判，"礼"逐渐固化为笼罩社会生活方方面面的网状的客观法则，对社会成员产生带有强制性的外在约束。但对于维护社会的稳定"礼"并不是全能的。"礼"作为"一种外在于人的力量，这种力量在道德领域献是引人向善。于是，礼就成了道德上的他律。作为他律礼只能着重关乎人的行为本身，至于行为的动机，即人的内心是否向善，作为他律的礼是很难透视到的"②。孔子当然看到了"礼"作为道德外在约束存在的缺陷，所以对于"礼"孔子心存敬畏却又持一种不完全信任的态度。在这个基础上，孔子丰富发展了"仁"的思想。

　　"仁"在《论语》中出现的频率非常高，总共出现约一百次。通观整部《论语》，仿佛总能看到一个喜欢随处谈"仁"的孔子形象。对于"仁"概念，孔子的确赋予了相当丰富的思想内涵。孔子之前，"仁"已经是一个时代流行词汇。这些"仁"多用来形容人敦厚守礼、品德优美的性格。如"予小子即获仁人"③与"其人美且仁"④中的"仁"都是在人的品德修饰意义上来使用的。显然，这些"仁"意域都相对较窄，"仅作为一般道德规范而隶属于礼和德"⑤。当"仁"的概念进入孔子的思想

①　"非礼勿视，非礼勿听，非礼勿言，非礼勿动。"见于《论语·颜渊》。
②　张题：《论先秦儒家的道德本体论》，《社会科学家》1992 年第 2 期，第 69 页。
③　见于《尚书·武成》。
④　见于《诗经·国风·齐·卢令》。
⑤　张跃：《儒家"仁"学的现代意义》，载于《儒学与道德建设》，国际儒学联合会学术委员会主编，北京：首都师范大学出版社，1999 年版，第 462 页。

世界，它的内涵不再仅仅局限于品德修饰的意义层面，开始获得了极大丰富。《论语》中孔子大多是随处释疑的问答方式谈自己对于"仁"的见解，而且这些看法几乎都各有侧重、不尽相同。子张向孔子问"仁"，孔子的回答是恭敬、宽厚、诚信、聪慧又能施惠于人，依靠这五种品质能够自由畅行于天下，也就意味着"仁"的价值实现①。孔子还说过，刚强、坚毅、质朴、寡言，这些都是接近"仁"的品质②。"仁"的内涵囊括了上述这些道德品质，就其意义的涵容性而言"仁"当然还可以包涵更多的优秀品质。按牟宗三先生的观点，"浅讲，此即视仁为德目的意义"③。也就是说，这些德目意义上的"仁"与孔子之前出现的"仁"概念并没有本质上的不同，都是在道德修饰意义上使用的，孔子只是在之前概念的基础上作了总结引申。樊迟向孔子问"仁"，孔子直接回答"仁"就是"爱人"④。显然，"爱人"的解释与道德条目意义的内涵明显不同，对"爱"内涵的凸显意味着"仁"完全融进了人的感情因素，而不再是单纯的道德修饰意义上的审视。孔子的"爱人"不是世俗意义上的男欢女爱、亲情关爱，而是以个体为中心的道德情感光辉的普照。从几千年历史沉淀下来重血缘亲情的社会形态中萌生的儒家思想极其看重血缘的远近，"爱人"不是像墨家主张的无差别的"兼爱"，而是由近及远有差等地爱。从身边至亲开始，按照血缘关系的亲疏逐层推进，爱家人→爱国人→爱天下人，一直延伸至整体宇宙间

----

① 见于《论语·阳货》。
② 见于《论语·子路》。
③ 牟宗三：《中国哲学的特质》，上海：上海古籍出版社，1997 年版，第 97 页。
④ 见于《论语·颜渊》。

的大爱。孔子的"爱人"主张将仁学内涵提升到道德思想的新高度，成为儒家仁学解释的一个新起点，并在孟子那里得以继续发扬丰富。孟子在"存心"思想的基础上将儒家"爱人"的思想升级为一个成熟的道德思想体系。"君子所以异于人者，以其存心也。君子以仁存心，以礼存心。仁者爱人，有礼者敬人。爱人者，人恒爱之；敬人者，人恒敬之。"①　君子之所以能成为异于常人的表率在于其"存心"的工夫。"存，在也。君子之在心者，仁与礼也。"②　将"仁"存于心中的君子即仁者自然能爱人，也必然能获得人爱；将"礼"存于心中的君子即有礼者自然能敬人，也必然能获得人敬。在存"仁""礼"之心的主导下，人人互爱互敬，社会将到处洋溢着人道主义的温情。"'仁者爱人'集中表现了仁的人道主义性质，仁就是人类之爱，一种人类的同情心。"③　"仁"对整个社会起着道德调节的作用，如果所有社会成员都能"以仁存心"、互敬互爱，那么这个世界将不再有冲突和纷争。但现实却是，不是每一个社会成员都能真正做到"以仁存心"，也就不能进一步去"爱人"。而作为社会精英阶层的君子能做到这一点。所以无论孔子还是孟子都极其看重君子作为道德表率的社会地位。就像孔子所比喻的那样④，君子的德行如同一缕缕道德春风撒播在民间，对其他社会成员进行着道德感化和精神指引，使得社会整体的道德实践的努力始终有着明确的价值趋向。

---

① 见于《孟子·离娄下》。
② （汉）赵岐注，（宋）孙奭疏：《孟子注疏》，见于《十三经注疏》（下），上海：上海古籍出版社，2001年版，第2730页。
③ 牟钟鉴：《儒学价值的新探索》，济南：齐鲁书社，2001年版，第59页。
④ "君子之德风，小人之德草，草上之风必偃。"见于《论语·颜渊》。

　　对于道德概念的本质内容，道家哲学有着与儒家哲学不同的理解，这也使得儒道的道德具有了不同的思想内涵。基于"道"概念在道家哲学中的思想统摄地位，对"德"的理解尤其离不开作为本体之"道"的特殊观照。关于"德"，王弼注："德者，得也。常得而无丧，利而无害，故以德为名焉。何以得德？由乎道也。"① 作为道家哲学中的终极实在，"道"内在规定了它所观照的宇宙间一切名物的内涵，"德"由乎"道"，"德"的内涵必然地也来源于"道"的内在要求。在老子的哲学视域下，"道"首先具有自然无为、柔弱不争的内在品格，这些品格隐含着"道"之于宇宙一切存在的合理引导，并通过得自于"道"的"德"的形式表达出来。世间万物本性各异，老子尤其喜水。在老子看来，水德就是接近于"道"内涵的一种德性。老子赞誉最高的善就像水的性格那样，虽然时常处于人们所不屑的境地，但却能因任现状随性流淌，滋润万物且没有一丝一毫争心，在老子看来，这正是一种极为接近于"道"内在要求的高贵品质②。"道"之所以被人尊崇是因为它因任万物自由发育而不发号施令、横加干涉，万物自由生长的过程内在契合了"道法自然"的内在要求，同时也是道德在自身的实现。

　　显然，老子并非反对一切现有的"德"。在老子思想体系内部，有一种"德"获得了极高的推崇，这种"德"就是"上

---

　　① （魏）王弼注，楼宇烈校释：《老子道德经注校释》，北京：中华书局，2008年版，第93页。
　　② "上善若水，水善利万物而不争。处众人之所恶，故几于道。"见于《老子》第八章。

德"①。上德之人顺应"道"的要求能做到自然无为，因其不自恃有"德"反而能体现出虚怀若谷、谦退包容的德性。相反下德之人无所不为，竭力抱守已有的"德"实质上却失掉了"德"的精髓，因此并未体悟或把握真正的"德"。老子所提出的"上德"符合道家"道法自然"的精神内涵，是本体之"道"在现实世界的完美体现。可以看出，老子道德主张的提出有着明显的针对性，他所反对的只是道家之外的道德——"下德"，尤其是儒家所主张的道德。相反，对道家所主张的"德"老子持明确肯定的态度。老子曾描绘过一幅发人深思的社会现实图景：大道废弃之后，仁义法制开始泛滥；聪明智巧流行，人与人之间的伪诈行为开始涌现；家庭内部出现纷争不和，孝慈显出存在的必要；朝廷奸臣当道、国家混乱不堪，忠臣挺身而出②。仁义、孝慈与忠诚这些被视为儒家道德主要内涵的呈现与大道衰颓的社会现实几乎是前后相随的，它们显然构成以清净自然无为为主要内涵的道家道德的反面。在老子看来，儒家以仁义为核心的道德都是人为矫饰（"伪"）下的产物。本质上是对"道法自然"的根本原则的背离，不是真正意义上的道德。如果说从"道"到"德"已经不可避免地造成了"道"部分的缺失，那么在"德"之后从"仁"到"义"再到"礼"，它们的精神内涵则离"道"越来越远，甚至完全背离了"道"指引的人生努力方向，最终把整体社会秩序和个人的精神世界引向混乱。所以老子直接断

---

①　"上德不德，是以有德；下德不失德，是以无德。上德无为而无以为；下德无为而有以为。"见于《老子》第三十八章。

②　"大道废，有仁义；智慧出，有大伪；六亲不和，有孝慈；国家昏乱，有忠臣。"见于《老子》第十八章。

言：社会只有摒弃仁、义、礼、智这些矫饰的内容，民众最终才能恢复孝慈淳朴的自然原始状态①。先秦道家所主的道德是包含自然无为思想特质的道德。道家的圣人行不仁之教，以自然无为的态度对待百姓，就像天地以自然无为的态度对待万物，因任万物自由变化发展。道家所行的仁义是不仁之仁，道家所持守的道德是不德之德。

庄子在老子思想基础上对道德内涵继续作了发挥。《在宥》篇中，庄子由对治国之道的阐发引出了他的道德主张。庄子描述了最理想的国家治理状态不是有目的地去进行人为的干涉，而是实行无为而治，尽可能维持它的自然原始，这样才能使社会的每一个成员都能保持天然的本性，不改变常德。尧与桀，儒家历史视野下两个对立的人物。尧作为儒家所尊崇的圣王，让百姓沉浸在仁义浸淫人性的欢愉中不得安宁；桀作为儒家所贬斥的昏君，使百姓心神劳累不得欢愉。这样"不恬不愉"的生存状态在本质上是违背常德的。表面上看两者治国方式各有不同，但就客观上对人性造成的戕害而言他们的治国之道同样都是失败的，而且注定是不能长久的，因此也就是不道德的②。相反只有倡行道家的无为而治，才能从根本上解决国家治理的问题。庄子对儒家所主张的以仁义为核心的道德进行了猛烈批评。他通过老子之口道出三代圣王行仁义之政最终失败的历史事实，指出尧舜以仁义治国不但没有给百姓带来福利，反而在客观上带来了无尽的束缚和争斗。庄子更是借老子之口直接斥仁义为"撄人之心"的"桎

①　"绝仁弃义，民复孝慈。"见于《老子》第十九章。
②　见于《庄子·在宥》。

梏凿枘"①，虽有"圣知"之名，于百姓根本没有益处。儒家所推行的仁、义、礼、智、信一系列道德条目，使百姓陷入无休止地好恶爱憎、纠葛纷争当中，给百姓精神上造成无尽的困扰。而在庄子看来，"至礼有不人，至义不物，至知不谋，至仁无亲，至信辟金"②。庄子用"至"字做前缀来修饰以区别于儒家所谓仁、义、礼、智、信。"至礼"不分别人情亲疏，"至义"不分辨物我彼此，"至知"不需要用计谋，"至仁"不表露爱憎，"至信"也不需要以金钱作担保。"至"字的使用意味着仁、义、礼、智、信五种道德条目已经跳出了现实对待层面的狭小意域，具有了超越的意义，从而直接否定了儒家所主张的这五种道德内涵。既然儒家所标榜的仁义不能解放人心相反却给人心带来无尽的束缚，那么儒家以仁义为核心的道德也就不成其为真正意义上的道德，而只能看作是一种"伪"的道德。真正的"德"应该顺应"道"的要求，至少在精神实质上倡导心灵的自由解放。"故君子不得已而临莅天下，莫若无为。无为也，而后安其性命之情。"③ 庄子延续了老子无为的思想，但其思想重点并未仅仅停留在治国的实用层面，而是进一步深入到人的精神层面，将无为的精神实质安置于人的内心世界。庄子认为，既然天下已经进入君子治国的时代，退而求其次，无为而治是最理想的治理状态。因为无为符合"道法自然"的内在要求，无为治下的社会百姓精神不会受到侵扰而能保持自然闲适的本然状态，每个人的身心都是自由自在的。这本就是"道"自身所"期待"的生存

---

① 　见于《庄子·在宥》。
② 　见于《庄子·庚桑楚》。
③ 　见于《庄子·在宥》。

状态，它当然是合乎道德的。

　　庄子关于道德的真实内涵体现在他对于宇宙万物尤其是人的现实生存境遇和应然之道的整体看法中。"一之所起，有一而未形。物得以生，谓之德。"① 庄子眼中的"道"最初是一种混沌未分、不着形迹的原始状态。"物得此未形之一以生，则性中各有一太极，故谓之德。"② 表面来看，"道"落实于万物使得万物得以生成，"德"就意味着万物由"道"而获得了实现形式。但庄子意识到，一旦"道"落实于有形而成就万物，万物也就必然地囿于外在的约束，这种状态下的生命显然难以臻于绝对纯粹，是不自由的。而确实有一种"物"，在普通事物存在状态的衬托下能够实现绝对的自由。它生成万物但却不囿于物的羁绊牵累，故能真正地支配主宰万物③。这背后主宰万物的"物"肯定不是物，只能是"道"本身。如果一个人能够明白其中的道理并与道保持内在的同一，那么治理天下对他来说似乎没有什么困难，他只需顺应道的要求践行无为而已。难得的是他的精神能够自由出入于上下四方，悠游于四海之内，与天地精神相交流。这种畅达的生命状态源自与"道"同体的最深刻的精神体验，是"游心于道"之后的生命畅然自得，也是庄子哲学视域下道德生命的真实呈现。庄子为世人描绘了一个度化众生的"大人"形象④。"大人"通过自己切实的生命实践和人生体验为世人作最

---

　　① 见于《庄子·天地》。
　　② （清）王先谦撰：《庄子集解》，北京：中华书局，1987年版，第103页。
　　③ "物而不物，故能物物。明乎物物者之非物也，岂独治天下百姓而已哉！出入六合，游乎九州，独往独来，是谓独有。"见于《庄子·在宥》。
　　④ "大人之教，若形之于影，声之于响。有问而应之，尽其所怀，为天下配。"见于《庄子·在宥》。

高的道德宣示，揭示深层意义的道德内涵。以前的所谓君子患得患失，执着于外在的有形型相的区分，精神囿于孤立的单一个我，使得源初意义上畅达的生命失却了自在本真，与本应贴近生命的道体渐行渐远，在日渐紧张拘迫的生存状态下慢慢消逝殆尽。而最为真实的境地没有声音回响，没有痕迹和方所，也没有开始和终点，"大人"就处身并游荡于这样一种完全超越了有形对待的境地，并在其中使自身的生命图景完全自然铺开。他要引导浑浑噩噩的众生进入无始无终、无方无所的境地，彻底打破个我执着，将自身容貌形体视为整体宇宙天地的一部分，契合于"大同"的真实境界①。在"大同"境界中的人不会局限于个我，也不再囿于有形的羁绊，"合乎大同"之人已经实现了与"道"同体，能够成为宇宙天地真正的朋友。庄子还细致描述了"大同"境界中人真实的生存状态。他们能"独与天地精神往来，而不敖倪于万物，不谴是非，以与世俗处。……上与造物者游，而下与外死生、无终始者为友"②。"道"观照下的宇宙天地中一切存在都自然运行、和谐完满。"至仁"的境界中所有事物都处于"无亲"的存在状态，事物之间无分高低贵贱、多寡差等，也就不会互相崇拜或者相互轻薄。庄子眼中，这种人能够实现独自与宇宙天地的精神自然交往，不轻视一切事物，不计较是非得失，与世俗相处圆融无碍。在上能与"道"同游，在下能与淡忘生死、打破终始的人做朋友。他们的生存状态在根本上契

---

①　"处乎无响，行乎无方。挈汝适复之挠挠，以游无端，出入无旁，与日无始，颂论形躯，合乎大同，大同而无己。无己，恶乎得有有! 睹有者，昔之君子; 睹无者，天地之友。"见于《庄子·在宥》。

②　见于《庄子·天下》。

合于"道"的内在要求，他们的精神获得了来自于"道"的精神特质，这种生活正是庄子所无限憧憬的生活状态。正因为他们的存在最贴近于道体的真实，庄子将这种人称为"真人""神人""至人"。作为体"道"、行"道"过程中最理想、最神圣的楷模，"真人"已然被视为"道"的化身和承载者，"真人"的行为方式和思想内容揭示出庄子道德哲学的真实内涵。可以看出，与儒家以"爱人"为核心的道德情感和以"礼"为表征的秩序规范明显不同，庄子的道德内涵充满了对一切对待关系的超越祈求和对精神自由的无限向往。

　　道家哲学发展到稷下道家，更多地把思想的焦点集中到世俗的人文日用上来。道德的思想内涵逐渐下移，并且在道德概念的使用上出现了与儒家等非道家学派道德概念的重合。当然在道德的实质意义上稷下道家仍然保持了道家哲学的基本特色。稷下道家的主要思想体现在著名的《管子》"四篇"（《心术上》《心术下》《白心》《内业》）中。"道不远而难极也，与人并处而难得也。……正人无求之也，故能虚无。虚无无形谓之道，化育万物谓之德，君臣父子人间之事谓之义。登降揖让、贵贱有等、亲疏之体谓之礼。简物小未一道，杀僇禁诛谓之法。"①"道"虽隐而难寻，却并不与人隔绝，甚至就在人的身边随处存在。孔子也讲"道不远人"，两个"道"在内涵上虽有本质的不同，却都旨在强调"道"不离人的事实。稷下道家仍然坚持肯定了"道""虚无无形"的本质内涵，"道"因其虚无而能无欲无求向万有完全敞开，又因其无形而能不囿于形迹成为万有之本。"道"下坠落

---

① 　见于《管子·心术上》。

实的过程就是"德"不断实现的过程。在对"道"作了"虚无无形"的规定之后，稷下道家对"德""义""礼""法"进行了扼要阐释。"道"无为无形，故能周遍于万物而不显露痕迹。在"道"的整体观照下，"德"就是"道"体流行化育万物的整个过程，或者是在这个过程中隐含的大生之义；"义"是使以君臣、父子为代表的一切人际关系保持合宜的状态；"礼"是维持长幼有序、尊卑有别、亲疏有距的人类生存状态；"法"则是从否定意义上对违背义和礼的行为的惩治。显然，"义""礼""法"都是为了人类始终保持在最合理的生存境遇中，这在本质上仍然合于道体流行的大生之义。在以"道"为体的背景下，"德""义""礼""法"的主要内容是包含于稷下道家的道德内涵之中的。但是，"德""义""礼""法"的思想内涵仍然要统一于"道"的内在要求，具体而言就是要顺应"道"自然无为的精神实质。所以，"道"化育万物之"德"不带有任何目的性；"义"要求社会成员都在自己职分范围之内各行其宜；"礼"则是为了维护等级秩序的自然合理存在。"义"和"礼"保证所有社会成员按照"道"无为的要求自然而然地做自己分内的事情，不妄为、不逾矩。稷下道家的道德内涵从"道""虚无无形"的精神实质出发，却作了直接向现实下坠的努力，对原来老庄所痛斥的"义""礼"概念作了道体观照下的新阐。显然，稷下道家以"德"为代表的"义""礼""法"不仅没有违背"道"，反而体现了"道""无为而无不为"的内在要求。稷下道家的道德内涵已经融进了儒家道德哲学的内容，开始了儒道会通的积极尝试。

二　道德观念的价值来源

道德作为一种社会意识形态可以具体化为特定的社会典章制度、风俗习惯甚至渗透进人的精神信念，成为调整人与人、人与社会、人与宇宙自然之间相互关系的行为规范的总和。道德的发展与人类理性的不断觉醒保持同步演进，道德观念之所以能在相当程度上规范社会所有个体成员的行为活动，其背后必然有支配人类精神信念的价值依据。尽管先秦儒道哲学有着各自不同的道德内涵与道德主张，但他们在精神领域共同进行的努力就是寻求并夯实道德观念终极的价值来源。这一方面是基于儒道哲学各自道德本体论体系建构的理论需要，另一方面更是出于道德观念现实实现的迫切要求。

（一）作为儒家道德价值来源的"天"（"天命"）

儒家哲学对道德价值源头的追寻，开始并没有完全跳出殷周以来天命神学思想的窠臼，而是习惯性地延续了向"天"看的思维传统。孔子生活的时代，天命神学的观念还没有从春秋人的精神世界完全彻底地褪去。尤其是当思想活动进入超验层面寻求意义的开显时，"天"时常会再次作为精神支点被推到意识领域的最前端。孔子寻求道德来源的努力仍然带有向"天"回溯的痕迹。在孔子坎坷曲折的人生旅途中，桓魋是一个形象极其突出的负面角色。为阻止孔子入宋，他不仅在声名上诋毁孔子，更直接亲自带兵马追杀孔子①。面对桓魋的发难，孔子表现出异于常

---

① 见于《史记·孔子世家》。

人的冷静。在肉体生命受到威胁时孔子反而因其对精神生命的更加看重保持了必要的清醒。于是他自信地说："天生德于予，桓魋其如予何?"① 这次遇险只不过是孔子周游列国所经历的诸多磨难之一。个体的自然力量总是有限的，面对生命中遇到的种种不可抗力，孔子难免会感受到无奈。但依靠理想信念的支撑，孔子的内心已经做到足够强大。孔子的坚定信念从根本上源自"天生德"意义上的道德自信。"天生德于予"解决了两个问题，一是回答了"德"的来源在于"天"，二是强调了作为类本质的人的神圣使命。孔子接受了天赋予的"德"，他意识到自己的使命是在成就自身德性的基础上去唤醒世人开启德性之门，让普天下的人都意识到自身所具有的天赋之德并义无反顾地去实践它。这种德性力量的本质当然不会因为自身名声受损或生命受到外在威胁而有丝毫改变的。我们与其认为这是孔子对桓魋所代表的世俗力量的貌视，倒不如理解为是孔子对德性来源理性把握基础上的高度自信。

儒家极其重视"礼"在道德思想体系中的架构作用，作为道德思想领域最具代表性的外在表征，"礼"在先秦儒家道德哲学体系中承载了足够丰富宽广的思想内涵。这不仅得益于夏商周三代文明历史积淀的深厚，更是因为"礼"的形成有着牢固而深邃的思想根源②。宇宙万物的变化发展时时刻刻在发生着，而且有着可以为人所能把握的客观律则。天时地利的运转、鬼神屈伸的轨迹、民心向背、万物运行的轨迹，对这些客观现象内在隐

---

① 见于《论语·述而》。
② "礼也者，合于天时，设于地财，顺于鬼神，合于人心，理万物者也。是故天时有生也，地理有宜也，人官有能也，物曲有利也。"见于《礼记·礼器》。

含的自然法则的合理析取构成了制礼过程中最为核心的环节。正如人类文明史上任何一项伟大的文化创造都有其集表里内外于一体的精神属性，华夏文明的先觉者们在制礼的漫长过程中为"礼"注入了丰富的道德内涵，使得"礼"的存在方式具有了内容和形式上的双重意蕴。这其中，"忠信"构成"礼"内在的精神实质，"义理"成为"礼"外在的形式表征①。周代相当长的一段时期内，"礼"作为隐性的社会规范维持着等级内部的稳定和等级间的和谐。但春秋时期随着周天子的式微和诸侯势力的崛起，"礼"的权威受到了挑战，逐渐失去了对社会各阶层的约束功能，社会上甚至出现了以"礼"作乱的行为。针对这一社会现象，老子做出猛烈的批评。老子认为失去以"仁义"为核心的道德内涵的支撑，"礼"逐渐沦为一种徒有形式的制度外壳。"礼"的存在正是"忠信"缺失的结果，社会混乱的源头②。老子的尖锐批评切中问题的要害，孔子也意识到"礼"在复杂的社会现实中所面临的困境，同时在积极地寻求问题的解决思路，致力于"礼"在他所处时代的复兴。在这样一种背景下，孔子将理论落脚点放在"仁"这一春秋时期早已流行的概念身上。在孔子之前，尽管"仁"与"礼"都已经具有了道德的内涵，但两者的义域并未发生实质性的内在关联。在孔子看来，"仁"与"礼"二者在意义上根本是不能剥离的。孔子曾经坦言，一个人若没有"仁"的品质如何能有效地实施礼乐呢?③ 孔子对

---

①　"先王之立礼也，有本有文。忠信，礼之本也；义理，礼之文也。无本不立，无文不行。"见于《礼记·礼器》。

②　"故失道而后德，失德而后仁，失仁而后义，失义而后礼。夫礼者，忠信之薄而乱之首。"见于《老子》第三十八章。

③　"人而不仁，如礼何? 人而不仁，如乐何?"见于《论语·八佾》。

"仁"与"礼"的关系进行了反思，他认为在道德实践的领域"仁"相对于"礼"而言更具有基础性的地位。从孔子开始，"仁"与"礼"在儒家哲学中的思想地位已悄然发生了实质性的变化，"仁"成为孔子哲学思想的核心，而"礼"依托"仁"的概念体系重新获得了价值认定。

几乎可以肯定的是，在孔子的哲学思想体系中"仁"的思想核心地位尤其突出。孔子的道德思想通过"仁"这个概念载体得以丰富放大了，"仁"作为孔子哲学视野中一种源出性的道德形式几乎渗透进孔子哲学思想体系建构的整个过程，孔子也正是通过仁学思想的阐发来表达其道德哲学的本体论诉求。商周早期的"仁"作为一种品格与寻常百姓的精神生命是完全不相挂搭的，它是流行于贵族阶层精神世界的德性概念。① 到了周代，"仁"的观念已不再是贵族精神世界的专属，而已经开始在普通人的精神世界逐渐流行开来，其适用范围也变得更加宽泛。如"卢令令，其人美且仁"②，原本用来表述上层贵族品格的"仁"在此却用来表述身处社会底层的猎人的品行，显然已经超越了其原有的意义领域。但现实生活中，涉及作为道德的"仁"一般民众仍会认为它高高在上，甚至遥不可及，实践起来一定非常困难。这样一种成见一方面使人难以把握道德实践用力的方向，进而容易丧失道德自信；另一方面又会成为一般民众放弃道德努力的说辞。针对这一困境孔子提出，"仁远乎哉？我欲仁，斯仁至

---

① 如"予仁若考，能多材多艺，能事鬼神。"见于《尚书·周书·金縢》。其中的"仁"正是史官借周公姬旦口吻对自己品性所作的描述形容。

② 见于《诗经·国风·齐风》。

矣。"① 显然，"仁"与主体意识密切相关。我想要"仁"，"仁"
当下就会呈现，何必苦于求"仁"的烦恼之中？孔子通过这样
一种动态表述只为证明"仁"作为一种道德精神品质其实离我
们并不遥远，它就隐含在我们内心的深处，只待个人道德情感的
自然唤醒。按朱熹注："仁者，心之德，非在外也。"② "仁"本
质上就是内在于人心的一种有待激发的德性。孔子认为，就像对
美色和美食天生的敏感一样，每个人天生就有潜在的对真善美的
本能冲动。作为一种道德情感，人的向"仁"意识就隐含在对
善的本能冲动之中，每个人都能够实现对"仁"的自由掌控。
这样一来，孔子"把蕴含于社会典章制度和行为规范中客观化
了的礼乐精神内化为'仁'的本质，也就是把外在的伦理道德
变成人的内则，使人不再被动地而是主动自觉地按已化作人的本
质的'仁'来行事，真正做到'为仁由己'"③。那么问题是：
隐含在内心深处的"仁"到底是哪里来的？"仁"又是如何能发
生并呈现于人的内心？孔子依然延续了春秋早期的思维传统，把
答案放在了高高在上的"天"那里，所以他才坚称"天生德于
予"。这个"生"已经不再是商周时期流行的"君权神授"意义
上的神圣馈赠，当然也不是在生物学意义上作为繁衍继承之义来
使用的，而是逻辑意义上的推定完成。它意味着天在人类这一宇
宙间特殊群体客观存在的基础上所进行的德性预设，使得人类生
就具备了承载一切德性的可能。所以，这个作为德性来源之
"生德"的"天"并非神学意义的"天"，而是满含大生情怀的

---

① 见于《论语·述而》。
② （宋）朱熹撰：《四书章句集注》，北京：中华书局，1983年版，第100页。
③ 王先亮：《孔子仁学思想探微》，《中国德育》2007年第9期，第60页。

道德之天。

《中庸》接续了孔子"天生德"的思维传统，开章明义讲"天命之谓性，率性之谓道，修道之谓教。道也者，不可须臾离也；可离非道也"①。朱熹注："性，即理也。天以阴阳五行化生万物，气以成形，而理亦赋焉，犹命令也。于是人物之生，因各得其所赋之理，以为健顺五常之德，所谓性也。"②"天"禀赋于人内在是为"性"，因循内在本性去行事亦即顺应天理当然就是"道"，"道"一旦内化于人的生命片刻都不能离开。"这就把老子韩非那种君临万物、冷漠无情的客观规律性的'道'化而为与人的每一刻的存在、作为、修养、意识相贯通交融而合一的'道'。"③"道"因与人生命的融合而变得丰富而鲜活。就五常之德的内涵来说，"性"中已然含有道德之属。《中庸》援引《诗经》"嘉乐君子，宪宪令德，宜民宜人。受禄于天。保佑命之，自天申之"④，意在说明君子得到上天的护佑和信任，治下民众安居乐业、尽享天赐福禄，其根本原因在于君子自身怀有的美好德行。《中庸》由此得出的结论是："故大德者必受命。"⑤简言之，有高尚德行之人一定禀受了天命。《中庸》还讲"诚"，"诚者，天之道也；诚之者，人之道也"⑥。按朱熹注："诚者，真实无妄之谓，天理之本然也。"⑦"诚"是大化流行的宇宙精神，浑然全体，不含一丝一毫杂质。"诚"就是天道本身。《说

① 见于《礼记·中庸》。
② （宋）朱熹撰：《四书章句集注》，北京：中华书局，1983年版，第17页。
③ 李泽厚：《中国古代思想史论》，北京：三联书店，2008年版，第135页。
④ 见于《诗·大雅·嘉乐》。
⑤ 见于《礼记·中庸》。
⑥ 同上。
⑦ （宋）朱熹撰：《四书章句集注》，北京：中华书局，1983年版，第31页。

文》解古"诚"字为"信也，从言，成声"①，带有言说的意味。孔子又曾表达过"天何言哉"的感叹，所以，作为天之道的"诚"通过不言而言的方式显示天道的存在及其流行，即不靠任何外力资助，只任道体自然流行。又朱熹注："诚之者，未能真实无妄，而欲其真实无妄之谓，人事之当然也。"② "诚之"表达的是人向真实无妄之天道努力贴近的期待。"诚"自上而下昭示天道之流行，"诚之"自下而上表达人向天道的趋近，一字之差决定完全不同的运动方向，在这个闭合的双向回环中，作为天道的"诚"构成至善德性的逻辑起点。《中庸》又讲："自诚明，谓之性；自明诚谓之教。诚则明矣；明则诚矣。"③ 圣人与"诚"同体无间，诚体自然会明并呈现为圣人本性，故圣人之性能蕴含天道内涵。将至善之诚体推广落实于大众体现出人道教化的路径。实则诚体无不明，明则臻于诚境。一切至善德性都从诚体源出，最终又复归于"诚"。孟子在《中庸》讲"诚"的基础上延续对"诚"的理解。获于上必须信于友，信于友必须悦于亲，悦亲必须诚其身，诚身必须明乎善④。各种常见的道德人伦可归于一条线上，并从"明善"处找到了逻辑上的价值起点。明乎善之本义并充实内心到极致，一切人伦皆可有秩铺开：事亲自然会悦，交友自然会信于友，居下位自然会获于上。所以孟子接着讲，"是故诚者，天之道也；思诚者，人之道也。至诚而不

---

① （汉）许慎撰，（宋）徐铉校定：《说文解字》，北京：中华书局，1963 年版，第52 页。
② （宋）朱熹撰：《四书章句集注》，北京：中华书局，1983 年版，第31 页。
③ 见于《礼记·中庸》。
④ 见于《孟子·离娄上》。

动者，未之有也；不诚，未有能动者也"①。孟子在继承《中庸》讲"诚"的基础上继续对"诚"的思想作了更加具体的发挥。"诚"是天道之本然，但对人而言"诚"又可以成为"思"的对象，通过人对"诚"的"思"而化为人道之当然。"至诚"亦即"诚"到了极致也就达到了无有不善的状态，世间一切人际关系都在和谐而善的框架内自然开展。本然之道向当然之则的落实正反映出道德由作为"诚"的天道向人间的贯注路径。

从孔子的"天生德"说到《中庸》的"天命"说以及《中庸》与孟子"诚"的思想都带有明确的指向性，都是一种由上（"天"）而下（人）贯注的姿态。先秦儒家将道德的源头从人心一直追溯到"天"，"天"成为终极意义上的道德源头。但在事实上，由于自身长期具有的神性色彩使得"天"相对于人类总是呈现一种高高在上的压迫姿态，人不敢怀疑"天"作为一切存在价值源头的权威地位，信仰一度完全取代了理解。因此，对于道德源头的设置"天"更像是虚设意义上的存在。人心使得道德内涵与道德实践融于一体，"天"与人心相比远没有后者来得真切，人心似乎才是儒家所认定的道德来源的真实所向。

（二）作为道家道德价值来源的"道"

老子对道德来源的思索坚持了道家哲学一贯的自然倾向。在老子哲学中，"道"作为最核心的概念自始至终处于思想基础的地位，老子哲学的整个观念体系都在以"道"为核心的思想架构下展开。老子对道德思想的探究坚持了"道""德"分说的传统，但言"德"不离"道"构成老子道德哲学的语言风格。从

---

①　见于《孟子·离娄上》。

语言形式到思想内容,"德"观念的建构都离不开"道"的理论支撑①。假设大德具有某种形态,那么只有"道"能决定其内容的变换,反过来便意味着"道"的真实内涵可以通过"德"的形态获得体现。作为宇宙间最高的实体,大道无形无相、难以把捉,但它又实实在在地对万物施加着影响,决定着宇宙万物的存在、变化、发展。宇宙万物因"道"作用于自身而发生的存在变化以"德"的形式体现出来,人们通过"德"能够真实无妄地感受"道"的奇妙功用,于是"德"自然地成为人们把握"道"的一个通孔。"德"与"道"的内在关联在"道"生万物的过程中得以体现。"道生之,德畜之,物形之,势成之。是以万物莫不尊道而贵德。道之尊,德之贵,夫莫之命而常自然。故道生之,德畜之;长之育之;亭之毒之;养之覆之。生而不有,为而不恃,长而不宰,是谓玄德。"② 大"道"自性无为,因任自然,所以生成万物却不占有物自身,孕育万物却不贪念功劳,促成万物生长却不为之主宰。在"道"的观照下,万物能够自然生长发育,生命保持适然畅达,丝毫感受不到"道"的参与甚至存在,但"道"却是实实在在地存在着的。这正体现了"道"内在玄妙的大德,换言之,"玄德"正是对"道"内在品质的最高称谓。显然,作为"玄德",自然无为的德性内涵来源于"道"的自性本身。

老子哲学中,玄之又玄的"道"作为最高的整"一"隐含着与人疏离的倾向。庄子哲学中的"道"已经开始下坠分化,

---

① "孔德之容,唯道是从。"见于《老子》第二十一章。
② 见于《老子》第五十一章。

表现出更加明显的人间性色彩①。至少从表面上看，原本在老子那里作为最高本体的"道"在庄子哲学中发生了分化，有了"天道"与"人道"之分。"天道"自然无为而显尊贵，"人道"孜孜作为使人拘累。显然庄子眼中的"天道"与"人道"是对立的。就其本质内涵而言，庄子的"天道"就是老子哲学中"道"的一种特殊称谓。之所以不称"道"而言"天道"，是为了与"人道"作区分，并在此基础上指出"人道"对"天道"（本质上就是"道"）的违背。"有为而累"的"人道"在偏离"道"的过程中离"道"的本质越来越远，已经不能得到"道"的真实内涵。如此一来，人类的道德已无法实现与"道"本质上的同一，不再是真正意义上的道德。显然，庄子所说的"人道"主要是指社会上流行的以儒家为代表的非道家学派所主的"人道"，他们与"道"的精神实质背道而驰，他们的道德只能是虚伪的道德。真正意义上的"人道"本应该与"天道"保持内在的根本一致，摈弃有为，倡导无为。真正的道德也应该是以自然无为为内涵的道德，它来源于作为最高本体的"道"。

　　稷下道家哲学中的"道"延续了老子"道"一贯的以"无"为内涵的精神特色，其思想的重点仍在强调"德"之与"道"的统一。现实中人们常容易混淆"道"与"德"的差别，针对这种"言之者不别"的现象，《管子》指出，"天之道，虚其无形。虚则不屈，无形则无所位连，无所位连，故遍流万物而不变。德者道之舍，物得以生生，知得以职道之精。故德者得也。得也者，其谓所得以然也。无为之谓道，舍之之谓德，故道

---

① "何谓道？有天道，有人道。无为而尊者，天道也；有为而累者，人道也。"见于《庄子·在宥》。

之与德无间，故言之者不别也。"①"天道"自性虚无，因其虚空
而保持内在势能的不可穷竭；因其无形而能了无挂碍，进而能周
流于万事万物中又能保持本质的内在同一。按《管子》的理解，
假设将"德"视为一座房屋，那么"道"就存在于这个屋子里，
"德"是作为"道"的载体而存在的。我们要看清"道"的真
实面目，只能通过这个叫作"德"的屋子向里看。"德"作为
"道"的现实载体是用以体现"道"的，从根本而言"道"与
"德"一体无间，"道"通过"德"这个载体使得万物生生不
息。"无为"即"道""道"即"无为"，无为之道构成"德"
的唯一来源。作为载体，"德"理所当然地也承载了来自于
"道"的无为特质，因此"德"也就内在地获得了"无为"的
精神内涵。在强调了"道"对"德"的统摄、"德"对"道"
的承载以及"道"与"德"的一体无隔关系之后，紧接着《管
子》在概念阐释的基础上对"道""德""义""礼""法"进
行了逻辑上的梳理。《管子》引入了"理"的概念，并在上节
"义""礼""法"的解释基础上对上述概念进行了更加具体的
阐释。"义"就是要求每一个社会成员各行其宜，"礼"则是根
据人际关系的实际情况通过义内涵的规范来约束社会成员的行
为，并形成相应的制度条文。所以，"礼"本身隐含着条理。
"理"也就是明确各自职分以显示"义"的本来内涵。所以它们
之间的关系可简单概括为："礼"出自"理"，"理"出自
"义"，"义"就是因其宜行事。"法"是为了规范统一所有社会
成员的行为而不得不推行的举措，所以任何事情都要接受"法"

---

① 见于《管子·心术上》。

的约束，"法"是权衡利弊的结果，而权衡的根本依据就是作为宇宙最高法则的"道"。所以，归根结底"道"才是一切道德内涵终极的价值来源。

很明显，在儒道哲学探究道德价值终极来源的过程中都涉及了"天"和"道"的概念，但儒道哲学对两个概念的使用却不尽相同。"儒道两家的差异在一定意义和范围内，表现在'天'、'道'两个范畴的高低上。在道家，'道'是最高功能和实体，'天法道'（《老子》），'道'高于'天'；儒家则相反，'天'高于'道'。"① 对儒家哲学而言，道德的价值源头在"天"，"道"是"天命"下贯的体现；对道家哲学而言，道德的价值源头在"道"，"天"只是人法"道"的一个中间环节。

三　人本质上是道德的存在

宇宙时空中的任何事物都有相对于他物的特定的存在方式，尤其有生命之物其生存特征的表征更加明显。孔子曾经感叹人不可能与鸟兽过群体生活②。显然在孔子心中人与鸟兽客观存在的本质差别是不能泯除的，二者之间横亘着一条根本不可能逾越的道德界限。鸟兽本质上是动物性的存在，一切生存方式都是本能反应的呈现，跟道德没有丝毫关联。而人虽然在生理上并未失去动物性特征，但在本质上则是道德性的存在。人的道德性使得人类从一般动物中超脱出来，从行为动机到行为方式人类行为的合理性都离不开道德的证成。道德相对于其他一切人化的存在始终

---

① 李泽厚：《中国古代思想史论》，北京：三联书店，2008 年版，第 134—135 页。
② "鸟兽不可与同群。"见于《论语·微子》。

具有价值本体依据的意义。子游问孔子什么是孝，孔子的回答显示出其作为一名智者所具有的高超的语言艺术技巧："今之孝者，是谓能养。至于犬马，皆能有养。不敬，何以别乎?"① 孔子并未下定义地直接回答什么是孝，而是从实践层面讲如何能做到孝。宇宙间一切生命个体都需要源源不断地从外部世界获取生存资料以维持自身的持续生长直至生命的终结，犬马需要饲养，父母需要赡养。就生命繁殖意义而言，从表面上看对人与动物的养没有什么本质上的区别。但人与动物毕竟不属同类，犬马被动接受人的饲养是基于人的功利性目的，对父母的赡养是人在恭敬之心这一道德情感的驱使下以"孝"的实践为特征的主动行为。恭敬之心的呈现使得孝敬父母这一行为进入道德实践的范畴，进而从本质上与犬马的饲养行为区别开来。从人禽之别的刻意区分中不难看出孔子对道德标准的格外重视，这一区分方式成为儒家学派一贯奉行的思维传统。

《大学》仍然延续了儒家思想对德性的重视，将德性置于凌驾于其他一切人化存在之上的根本性地位。"是故君子先慎乎德。有德此有人，有人此有土，有土此有财，有财此有用。德者本也，财者末也。"② 人特有的道德性使得人能够获得价值认同和行为方式的一致趋向，并以"群"的方式聚集生活在一起。"德"与"财"的本末关系是在价值意义上相对呈现，而不是在生成与被生成的意义上确立。德性中的情感因素能够转化成巨大的感召力量，使得四周的人力物力得以集中优化，原本中性意义的土地财用获得价值内容上的极大丰富，"德"因此成为真正价

---

① 见于《论语·为政》。
② 见于《礼记·大学》。

值意义上的逻辑起点。

　　先秦儒家关于人本质的探寻努力最著名的莫过于孟子所作的人禽之辨，即尝试通过对比彰显人与禽兽的根本不同来凸显人的独特本质。孟子意识到，从外在的生理感官看人与一般动物一样都有眼、耳、鼻、舌、身、意，饿了知食，渴了知饮，冷了知暖，几乎看不出实质性的差别。仅从这些方面无法对人与动物进行本质上的区分。但孟子却以敏锐的眼光洞察到人在本质上与禽兽存在的"几希"差别，这一差别就在于是否保留有道德心①。就像大舜一样，明晰物理，察知人伦，按照根植于本心的仁义去行事，成就自身的道德本质。相反，人若只追求吃饱穿暖过安逸舒适的生活而不接受道德教化，那就和禽兽没有什么差别了②。与孟子相似，荀子的人禽之辨依然延续了儒家一贯的道德标准。人之为人不是因为人有两只脚和身体不长毛这些外部生理特征。人生来就有追求饱暖安逸生理诉求和趋利避害的倾向，这些特征是无论圣人、暴君还是普通民众甚至禽兽所共有的。禽兽和人一样也有父子和牝牡之别，仅从这些特征却是不足以将人类与禽兽区别开来。但是禽兽虽有父子关系，却不像人类那样讲究含有道德内涵的父子之义；虽有牝牡之分，却不像人类那样重视含有人伦内涵的男女之别，人类社会最突出的特点是"有辨"③。何为

----

　　① "人之所以异于禽兽者几希，庶民去之，君子存之。舜明于庶物，察于人伦，由仁义行，非行仁义也。"见于《孟子·离娄下》。
　　② "人之有道也，饱食、暖衣，逸居而无教，则近于禽兽。"见于《孟子·滕文公上》。
　　③ "人之所以为人者，何已也？曰：以其有辨也。饥而欲食，寒而欲暖，劳而欲息，好利而恶害，是人之所生而有也，是无待而然者也，是禹、桀之所同也。……故人之所以为人者，非特以其二足而无毛也，以其有辨也。夫禽兽有父子而无父子之亲，有牝牡而无男女之别，故人道莫不有辨。"见于《荀子·非相》。

有辨？"辨"就是明确不同事物之间的界限，比"辨"更重要的是"分"（确定名分），比"分"更重要的是"礼"（遵循礼法），比"礼"更重要的是效法圣王，而圣王正是人类道德领域的最高楷模①。所以，人只有通过接受圣人的道德教化，使自我意识注入道德内涵进而成为道德的存在，才能彻底凸显自身异于禽兽的特殊本质。

老子并未像儒家那样直接揭示人的本质是什么，但他却为世人指出了一条人之所以为人所应当遵循的应然之道，这条道路的终极指向就是最高道德。人取法于地，地取法于天，天取法于"道"，而最终"道"取法于自然。在老子视域中，自然的就是合乎道德的。人与物不同，万物生就符合自然之道，它们的本性是天然的，它们的生灭路径都是在自然范围内展开。所以，天地不需干预万物变化发展，只任其自生自灭②。老子喜欢以"赤子"和"婴儿"称喻道德深厚的人或者德性淳厚的状貌③，他相信未经聪明智巧沾染的赤子之心是纯粹无瑕的，饱含着道德的淳厚。作为生命的初生阶段，婴儿正处于一个人最原始淳朴的生命状态，最接近于本体之道赋予生命的本真状态，当然也是合乎道德的人生态势。因为有智识，人在生命之初保留了顺应自然实践道德的能力；也还是因为有智识，人在后天也隐含着偏离自然违背道德的隐患。所以宇宙万物当中，老子对人类自身的情感是极其复杂的，既表现出忧虑又给予了最高的期待。从人到"道"，

---

①　"辨莫大于分，分莫大于礼，礼莫大于圣王。"见于《荀子·非相》。

②　"天地不仁，以万物为刍狗。"见于《老子》第五章。

③　如："如婴儿之未孩"，见于《老子》第二十章；"常德不离，复归于婴儿"，见于《老子》第二十八章；"含德之厚，比于赤子"，见于《老子》第五十五章。

中间虽隔了天、地，但最终的指向都是自然。与万物生就客观地"法自然"不同，人可以在自由意志的参与下主动地去"法自然"。"人法自然"是本体之"道"对人的要求，也是人内在本质的诉求。老子认定人就应该是"法自然"的人，在本质上也就应该是合乎道德的人。老子曾满怀期待地描绘了一个"小国寡民"的理想社会图景。在"小国寡民"的社会形态中，人们能够避免一切文化智识的侵扰，保持内心世界的静谧和生存状态的纯粹。生产和生活中虽有各种便利器具但却不去使用它，这样便可以避免巧诈算计之心的滋生。每一个社会成员的生存都能实现自给自足，根本就没有交换甚至交流的必要。整个社会运行和谐有序，人们惬意淳朴，安居乐业，享受生活的自然本真。人们的视、听、言、动等一切行为方式都是既出乎自然又入乎自然，完全在道体观照下运行展开。民众的这样一种生活状态顺应了"道法自然"的内在要求，最接近于本体之"道"的真实。在老子的视界里，这样一种社会形态正是完全符合道德的社会形态，而这个社会中的民众都是真正意义上具有道德的人。

　　庄子笔下描绘了许许多多畸形人，他们或者相貌丑陋，或者肢体残缺。相貌丑陋者如哀骀它①从不主导他人而只是去应和他人。一方面，哀骀它看破生死、存亡、穷达、贫富等一切相互对待关系，不使事物变化搅扰内在本性的平和通畅，与外在自然和谐共处。另一方面，哀骀它能保持内心平静到极致，不为外界事物所动。"德"就是最纯粹的修养，"德不形"就是万物自然亲近不离。因此哀骀它总是能得到众人的信任亲近，成为真正意义

---

① 见于《庄子·德充符》。

上的"才全而德不形者"。肢体残缺者如兀者（断脚者）王骀①
能看透死生、超越对待，内心笃定不受外物左右，通过行不言之
教使求教者"虚而往，实而归"，因此被孔子称之为"圣人"，
足以成为天下人的楷模。再有兀者申徒嘉②面对子产的轻视进行
反驳，声称自己接受老师伯昏无人引导以善道洗涤心灵，使精神
"游于形骸之内"，最终达到"知不可奈何而安之若命"的精神
境界，这种境界的实现"唯有德者能之"。又有兀者叔山无趾③
因为早先犯错被斩断脚趾受到孔子奚落。叔山无趾回答说自己先
前因为轻贱自己的身体而断了脚，但现在已经意识到还有比脚更
尊贵的东西需要保全，这个东西就是内在的德性。从外在形象来
看哀骀它、王骀、申徒嘉、叔山无趾这些人都属于肢体畸形之
人，但在庄子眼中却又是有德之人。因为他们的境界完全超越现
实中的对待关系，理所当然也就超越了自身的生理缺陷，从而能
不被外物左右自己的心灵，实现内心的自然平和。或者可以说，
王骀等人形体上的残缺丝毫不影响他们内在道德的整全。庄子喜
欢用"真人""天人""神人""至人""圣人"指称道德整全之
人。具体而言，何谓"真人"？"真人"就是忘掉生死返璞归真
之人，他不使用机心损害道，也不通过人为辅助道④。从"真
人"身上看不出丝毫天人对立的痕迹。至于后面四种，庄子解
释道：不离本体之"道"是谓"天人"；不离"道"的精微是
谓"神人"；不离"道"的本真是谓"至人"；以自然为宗，以

---

①　见于《庄子·德充符》。
②　同上。
③　同上。
④　"不以心捐道，不以人助天，是之谓真人。"又，"天与人不相胜，是谓真
人"。见于《庄子·大宗师》。

"德"为根本，以"道"为妙门，察知宇宙万物的细微变化，是谓"圣人"①。庄子自己总结道："至人"不执着于个我，"神人"毫无功利之心，"圣人"不眷恋名声②。实际上"真人""天人""神人""至人""圣人"只是一种人，他们本质上的共同点就是超越对待、贴近本体。所以像哀骀它、王骀、申徒嘉、叔山无趾他们虽然身体畸形却能超越对待、保持本真，因此具有完满的德性，完全配得上"真人"等称谓。"故德有所长而形有所忘"，也正因其保有德性并使内在德性不断升华，人们只记住了他们的"德"而完全忘记了他们畸形的外在肢体。相反，叔山无趾认为身体完整的孔子向老聃请教实际上对名声有所求，由此陷入了自我造就的枷锁，被束缚于相互对待之中，因此孔子称不上是"至人"，其道德是并不完满的。在庄子看来，真正意义上的人就应该是有道德的人，也就是超越对待、因顺自然、精神自由畅快的人。

总起来看，无论儒家还是道家都视人的存在本质上是道德的存在，都视"圣人"为道德人格的最高标准。但儒道哲学有着各自不同的道德内涵，这使得儒道视野下所期待的道德人格呈现出不同的精神面貌。儒家所期待的理想人格是内含道德情感、恪守道德秩序的"君子"形象。相反道家所祈求的理想人格明显透露出对道德秩序的排斥，主张超越一切现实对待的拘迫，体现为追求自然无为与精神自由逍遥的"真人"形象。

---

①　"不离于宗，谓之天人；不离于精，谓之神人；不离于真，谓之至人。以天为宗，以德为本，以道为门，兆于变化，谓之圣人。"见于《庄子·天下》。

②　"至人无己，神人无功，圣人无名。"见于《庄子·逍遥游》。

第三节　先秦儒道道德本体的基本特征

儒家哲学对现实生活的关注与参与表现出积极的热情，尤其是它对现实生活细节的处理方式是先秦诸子哲学的其他流派所不及的，这使得儒家哲学的表达方式经常会呈现生活场景化。即使是最高意义上的道德本体仍然被置于具体的生活情境之下，所以儒家哲学视野下的道德本体总是散发着既内在又超越的意味。对儒家道德本体特征的揭示仍然绕不开这样一种生活化的致思路径，需要通过现实场景的还原以及背后的理性省思来完成。表面上看，道家哲学与现实生活保持了一定程度的疏离，但本质上并不是对现实生活的排斥，而是站在现实生活的外围进行理性直观并对生活深入剖析之后呈现的超拔态度。所以，道家哲学的思维表达常直接以"道"为核心来展开。道家哲学对道德本体特质的揭示在许多情境下都是通过对"道"特征的描述实现的。先秦儒道道德本体的内涵决定了儒道道德本体呈现出不同的特征，先秦儒道道德本体特征的对显有助于揭示儒道道德本体论哲学各自不同的思想风格。

一　道德本体的"形上"特质

"形（而）上"是中国哲学领域的一个重要范畴。从字面来看，"形上"就是形器之上，或者说超越形质，实质上是指无形质或者不落于形质的性状，显然它的指称对象是指与"形而下"

相对的那一类存在。在整个哲学领域，"形上"特性是本体固有的内在特性。而落实到道德本体论的思想境域，这种"形上"特性的呈现变得尤其突出。道德本体作为一切现实世界存在的价值源泉和终极依据，它不可能共享现实世界的一切品性，只能通过与现实世界特征的对立或者互补关系的展开来彰显自身存在的合理性。《庄子》书中曾两次提到其著名的"物物者非物"理论。一次是在《在宥》篇中庄子谈"治道"时提出："夫有土者，有大物也。有大物者，不可以物；物而不物，故能物物。明乎物物者之非物也，岂独治天下百姓而已哉！"① 另一次是在《知北游》篇中，庄子通过虚构一段孔子与冉有的对话并借孔子之口提出："有先天地生者物邪？物物者非物。物出不得先物也，犹其有物也。犹其有物也无已。"② 不同场景下的两段话有一个共同的思想主旨："物物者非物"——化生并主宰万物的终极实在一定不是物。譬如我们将宇宙间一切事物的生成关系全部归结为 A 生成并决定 B，那么在最终极意义上 A 事物与 B 事物必然不会同质，否则只会陷入解释循环的悖论。只有在 B 与 A 完全不同质的前提下二者发生的化生与主宰关系才真正支撑起一个鲜活的宇宙时空。也就是说，"物物者"之能够"物物"，首先基于其与物不同质的前提。如果一切物都是 A 的样态，那么"物物者"就是而且只能是非 A 的样态。所以从逻辑上来看，现实世界的一切事物都真实地在形而下的领域存在并展开，作为现实世界存在何以可能以及如何存在的终极依据，道德本体自然地与现实世界保持了异质关联，内在地获得了形而上的独特品格。

① 见于《庄子·在宥》。
② 见于《庄子·知北游》。

由于脱胎于朴素的原始宗教和氏族部落习惯的遗俗，中国早期社会的"礼"不可避免地首先与至上神信仰和祖灵崇拜发生了纠葛，并因此天然地获得了形上超越意义的内涵。社会生产的不断扩大和社会结构的急剧变化造成了社会成员思想上的混乱起伏，春秋战国以降，传统的礼乐精神体系几近崩毁。对站在整个时代前沿的儒家人物而言，历史落在他们肩上的首要任务就是重新诠释"礼"的来源和内涵，恢复社会群体对道德法则的信心，安顿每一个社会成员陷入窘困的心灵。在这样一种背景之下，"礼"的道德本体的功能重新得到确证，它的形上特性也得以自然实现。子贡，为孔子"受业身通"弟子之一，在孔门十哲中以擅言语著称，悟性极高，颇受孔子喜爱。即便聪明如子贡，仍不免会感叹老师学问之高深①。孔子以"六艺"（礼、乐、射、御、书、术）授徒讲学，通过技艺展示和经典研习的形式传播儒家义理，弟子们耳闻目见可得精要。但是孔子所言的"性与天道"，却无法通过耳目感官轻易获得。孔子曾说"天生德于予"②，在孔子的视域下，"性"与以"仁"为核心的德性内在关联，天道囊括了"仁"与"礼"的内涵，所以"性"与天道并非遥相孤立，而是完全打通的。天道以一种终极观照的姿态回应德性对它的内在遥契，由此凸显其作为道德本体的形上特征。孔子之后，儒家主流的思想流派仍然坚持延续了这样一种思维传统。《大学》讲"诚于中，形于外"③，强调内在的道德本体对

---

①　"夫子之文章，可得而闻也。夫子之言性与天道，不可得而闻也。"见于《论语·公冶长》。

②　见于《论语·述而》。

③　见于《礼记·大学》。

人行为方式的内在引导。《中庸》讲"天命之谓性；率性之谓道；修道之谓教"①，强调天道下贯的道德本体活动路径，又讲"诚者天之道也，诚之者人之道也"②，孟子接续《中庸》的思路也讲"诚者天之道也，思诚者，人之道也"③，强调"诚"就是天道本身，而且天道与人道相互贯通。在《中庸》与孟子那里，"诚"就是最高的道德本体，占据着形上地位自上而下观照并决定着一切现实存在活动。"形而上者谓之道，形而下者谓之器"④ 是儒家关于道德本体形上特性的认定最直接的表述。《易传》以"形"为界限对"道"与"器"作出了上下之别，其本质实际隐含了有形与无形、显与著、超越与内在等等内涵区别。"道"作为道德本体最核心的表达被《易传》直接贴上了"形而上"特征的标签。总的来说，儒家关于道德本体的形上特性坚持了对立凸显的思维传统，通过道德本体与现实存在的二元对立来揭示。一方面，现实存在的一切活动都是在形下之域充分展开；另一方面，作为现实存在终极依据的道德本体的存在范围必然是形上之域，这使得它必然地获得了形上的内在特质。

　　相对于儒家而言，道家哲学视域下的道德本体从道家思想流派呈现伊始就裹挟着一层神秘的光环。老子对"道"的详细描述直接将这种神秘引入了哲学的境域。老子清晰地意识到人类语言使用过程中存在着根本无法克服的局限性，任何对于"道"的描述最终不可避免地都会使"道"囿于有限的特定意域而丧

---

① 见于《礼记·中庸》。
② 同上。
③ 见于《孟子·离娄上》。
④ 见于《易传·系辞上》。

失无限的意义①。这种被语言描述的"道"可以是现实层面的某种自然律则或者人为约定俗成的规则形式，但它绝对不可能是那种作为最高本体的真正的"道"。所以本体之"道"本身必然是不可言说、不可名状的。尽管很可能并非出于情愿，老子终究还是用了一个"玄"字来形容道体。一个还不够，要"玄之又玄"，用后一个"玄"克掉前一个"玄"，如此反复，以至于无穷。通过这样一种努力，老子希望格去强加于"道"的所有的语言痕迹，最终只保留道体意义的纯粹。考虑到正面描述对所描述对象意义整全所造成的危害，老子在语言表述方式上还常常坚持"正言若反"的解释学方法，通过对正反不同事物或特征进行对映自然呈现意识对象的特质，对"道"的揭示尤其需要运用这样一种思维方式。"明道若昧，进道若退，夷道若类。上德若谷，大白若辱，广德若不足，建德若偷，质真若渝。大方无隅，大器晚成，大音希声，大象无形。道隐无名，夫唯道善贷且成。"② 吝惜言语的老子一连用了"明昧""进退"和"夷类"三对意义相反的词汇来修饰形容"道"，又用"上"与"谷"、"广"与"不足"以及"建"和"偷"三对意义相反的概念来修饰形容"德"，意在强调"道"与"德"含蓄内敛、不显扬的精神特质。紧接着老子借用"大音希声"和"大象无形"的比喻来揭示"道"不囿于某种现实规定性的特质。宇宙间一切事物必然地会囿于某种声音或形象，"道"完全从这些形象的匡范中超拔出来，进入形上的境域。"道"是没有声音的声音，没有形象的形象。在道德本体的层面，它涵括了一切事物的规定

① "道可道，非常道；名可名，非常名。"见于《老子》第一章。
② 见于《老子》第四十一章。

性，同时又完全超越了一切现实层面的规定性。道德本体的形上特质，使得它对现实规定性的既涵括又超越成为可能。无论是老子对"道""玄之又玄"的描述还是"道隐无名"的直接表达，都进一步凸显了老子哲学中道德本体的形上特质。

庄子继承了老子"道"的思想，并对"道"的内涵作了进一步的哲学发挥。庄子哲学中道德本体的形上特质在庄子对"道"本真情状的描述中得以继续呈现。"夫道有情有信，无为无形；可传而不可受，可得而不可见；自本自根，未有天地，自古以固存；神鬼神帝，生天生地；在太极之先而不为高，在六极之下而不为深，先天地生而不为久，长于上古而不为老。"① 在庄子的视域下，"道"是真实存在的，但它同时又是无为无形的。"道"虽然没有任何形迹，看不见、摸不着、说不出，通过一般感官根本无法把捉到它，但它确实是无处不在的，只能通过内心去体验它的存在。在时间上，没有比"道"更早的；在空间上，也没有超过"道"之外的存在。在整个宇宙中，"道"不仅是自己的本根，还是生成天地万物的根源，"道"就是宇宙整体大全。所以，作为道德本体的"道"并不是置身事外的孤立实存，它的实存性和遍在性保证它真实无妄地圆融于宇宙间的事事物物中。同时，作为道德本体的"道"又不泯然同于物，它自身内在的形上特质使得它超越一切形象，由此构成宇宙万事万物的终极依据和价值根源。

---

① 见于《庄子·大宗师》。

二　道德本体论的思辨特色

思辨性作为哲学的性格几乎贯穿哲学运思的全过程。与哲学体系中的一般概念相比，道德本体的思辨特色尤其明显。先秦儒道道德本体论面对的是先秦整体历史环境下共同的社会形态和人类群体，但是在理论架构完成的过程中却表现出明显不同的叙述风格和思想特色。整体来看，先秦儒家的道德本体架构多立足于人类当下的情感体验，是每个人都能以主体在场的姿态感受到道德本体的先在，带有浓重的情感色彩；而先秦道家道德本体的背后更多的是冷观性的审视，少有涉及个体当下心理层面的细微活动，呈现出明显的理性直观特征。

根据现存已确证的史料不难看出，孔子在许多场合下都为后人呈现了一个性情中人的儒者面孔，其个人思想情感的内容非常丰富。现实中的孔子面对不同身份的人也常常会采用相应不同的情感表达方式，时而温和木讷；时而惜言谨慎；时而和气欢愉；时而刚强正直；时而恭敬不安①。各种不同的情感内容汇集在一起共同表露出孔子在情感表达上的细腻。得知自己的得意弟子颜渊不幸早逝，孔子喟然长叹②，极度的悲痛之情溢于言表，充分展现了孔子性格特点中重感情的一面。孔子情感的表达没有任何矫饰的痕迹，完全属率性而为，然而其所率之本性不是感性的肆

①　"孔子于乡党，恂恂如也，似不能言者；其在宗庙朝廷，便便言，唯谨尔。朝，与下大夫言，侃侃如也；与上大夫言，訚訚如也。君在，踧踖如也，与与如也。"见于《论语·乡党》。

②　颜渊死。子曰："噫！天丧予！天丧予！"见于《论语·先进》。

意挥发，而是其本性中隐含的道德情操的自然呈现。道德本体内置于人的本性之中，即使是人的情感表达仍摆脱不了道德本体的特殊观照。孔子关于"三年之丧"的理论阐释将儒家道德本体的情感色彩鲜活地呈现出来。弟子宰我曾经向孔子抱怨"三年之丧"的期限过于长久，其陈述理由是"君子三年不为礼，礼必坏；三年不为乐，乐必崩。旧谷既没，新谷既升，钻燧改火"①。依照旧例来看，君子服"三年之丧"期间不参加礼仪活动，不练习乐器、演奏音乐，很可能会造成对礼乐的生疏甚至荒废，最终导致礼坏乐崩的严重后果。所以宰我认为服丧期限不宜太长，只需要一年就可以了。仅从表面来看，宰我的分析有事实上的依据。但在孔子看来，宰我的陈述实际上并未触及问题的实质。问题的关键并不在于服丧是三年还是一年的合理性辨析，而在于明确服丧行为背后所寄托的最根本的精神内涵是什么。于是孔子反问宰我："服丧满一年就开始吃米饭、穿锦缎，是否感到心安？"宰我的回答并不出孔子的意料之中，"安！"于是孔子按照宰我的思维逻辑接着说"女安则为之！"实际上交谈到这里宰我的言行已经受到孔子的批评否定，甚至是鄙弃。"夫君子之居丧，食旨不甘，闻乐不乐，居处不安，故不为也。"② 真正的君子在居丧期间吃到美味觉不出香甜，听到美乐不觉得高兴，生活起居都不心安。为何？"子生三年，然后免于父母之怀。夫三年之丧，天下之通丧也。"③ 每个人从小在父母家人关怀抚育下生存成长，一旦有一天他们的生命溘然逝去，做子女的心中必然生

---

① 见于《论语·阳货》。
② 同上。
③ 同上。

出沉重的悲痛之情。在这一刻，对生命的难舍与告慰完全盖过了对生命自然死亡的理性理解。正常情况下，人在父母亲人去世后的相当一段时间内会处于悲痛中，服丧不单纯是一种礼仪形式，它真正流露出的是对逝去亲人的追思和对后人的警醒。"不安"实质上描述的正是满怀对生命敬畏之心对生命逝去的惶恐局促之貌。"不安"之心实质上就是一颗道德心，是内在于人的道德根源的安置之所。从这个根源处源源不断地生发出维系人类社会的一切人伦律则，并以"礼"的形式固定下来。"孔子将'礼'（'三年之丧'）建立在心理情感原则（'心安'）上。于是儒学第一原则乃人性情感。"① 从这个意义上来讲，人类社会成员对道德习惯的依循表面上看是对礼法的遵守，而实质上却是对自己内心深处生就存在的道德情感的持守。

在先秦儒家的诸多代表人物中，孟子以善辩著称。他性情豪爽、思维敏捷，与人交往刚烈直率又不乏理性沉着，留给后人一个儒家人物的典型面孔。孟子认为世上每一个人都会有"不忍人之心"②。在先王主导国政的时代，"不忍人之心"构成"不忍人之政"的必要前提，善政依赖于先王内在的善心。道德本体的发散不仅成为善政甚至是一切善行的价值源头。孟子对人人都有的这颗"不忍人之心"抱有百分百的信任，他举了"乍见孺子将入于井"的事例，让每个人作设身处地的思考。当突然发觉一个素不相识的孩童正处于极其危险的状态，所有人都会在第一时间生出惊恐、怜悯之情，进一步思索该如何去帮助。孟子

---

① 李泽厚：《论语今读》，北京：三联书店，2007 年版，第 488 页。
② "人皆有不忍人之心。先王有不忍人之心，斯有不忍人之政矣。以不忍人之心，行不忍人之政，治天下可运之掌上。"见于《孟子·公孙丑上》。

的本意就是要让人扪心自问，从而发掘那颗埋藏于自身的怵惕恻隐之心——至善的道德本心。作为道德本体的主体承担者，人又无时无刻不在进行着情感活动。道德本体的发散与人自身情感的微妙变化几乎是同步交织在一起的。儒家并不反对人对于情感的执着，只是要求情感的表达输出要在某个约定许可的范围之内。《中庸》关于中和之道的阐发将人类自我意识中隐含的情感因素作了彻底的升华。"喜、怒、哀、乐之未发，谓之中。发而皆中节，谓之和。中也者，天下之大本也。和也者，天下之达道也。致中和，天地位焉，万物育焉。"① 现实中生存的动物个体尤其包括人在内几乎都具有情感表达的功能。情感的表达并未使人类完全剔除其动物性的那一面，人类之外的许多动物都能够进行情感的表达甚至交流。在充满生命的宇宙世界，情感的表达关乎个体的存在本身，从本质上构成个体的特殊生存方式。然而，现代生理学和神经科学的实验发现早已经证明，无论在内容还是形式上，人类的情感表达比地球上生存的其他任何动物都丰富得多，这也使得人类作为特殊群体与一般动物有所不同。更为重要的是，人类关于自身情感的发散具有比其他一般动物更加强大的控制能力。喜、怒、哀、乐以及爱、恶、惧等，都是人类所具有的较为常见的情感表达形式。这些情感类型在现实呈现之前是潜伏于作为主体的人的意识中的。《中庸》将这些情感的"未发"状态称之为"中"。按朱熹注："喜、怒、哀、乐，情也。其未发，则性也，无所偏倚，故谓之中。发皆中节，情之正也，无所乖戾，故谓之和。"② 情感的形式及其发散实质上大多属于人类感

① 见于《礼记·中庸》。
② （宋）朱熹撰：《四书章句集注》，北京：中华书局，1983 年版，第 18 页。

性层面的思维活动，它构成人类这一特殊群体鲜活生命主体的重要内容。但儒家尤其强调，感性活动背后必须要有理性律则的观照以保证其运行在确当有效的范围之内展开，而正是这一点把人类的形象从一般性物种中烘托出来。《中庸》开篇就扣住了这一问题的本质，将中和之道彻底推升至本体的高度，不只为与人类自身相关的一切行为，甚至为宇宙整体包括天地间一切事物的存在变化奠定了本体论意义上的价值支撑。这其中隐含了儒家对个体生命存在形式的细微洞察和深切体悟，更流露出儒家哲学对宇宙万物倾注的无边大爱。

与儒家人物情感丰富的形象特色相比，道家人物则大多表现得较为"寡情"。在其思想表达的过程中更少有情感因素的掺入，于是他们总会给世人呈现出一副冷静得甚至有些冷酷的面孔。《庄子》里记载了一则为后人所熟知的庄子丧妻却鼓盆而歌的典故①。庄子的老朋友惠施得知庄子妻子去世后前往吊唁，当他怀着悲悯心情到达庄子家中，却意外发现庄子正叉开腿坐在棺材旁，不但面无戚色，反而一边敲盆一边歌唱。惠施当然非常气愤，当即质问批评庄子无情无义，与自己朝夕相伴为自己生儿育女的结发妻子去世，不为其悲伤痛哭也就罢了，居然还敲盆而歌，这在惠施看来实在太过分了！亲人去世之后为之悲痛怀念是绝大多数人的自然选择，惠施的第一反应的确符合人之常情，毕竟人是情感动物。退而言之，即使禽兽在面对自己同类的死亡时也会自然地发出哀号。儒家尤其重视面对亲人亡去生发的哀恸之情，《礼记》更有专门篇章详述"奔丧之礼"的整个过程②。相

---

① 见于《庄子·至乐》。
② 见于《礼记·奔丧》。

反，这些在儒家视域下庄严而神圣的礼节反被道家斥为"忠信之薄，而乱之首"①。这背后是道家人物带有"寡情"特征的理性冷静。庄子为自己的行为作了辩护②。他首先承认了面对妻子去世难免会有的悲伤感慨，但随后其思想的重点落在叙述生命的自然生灭过程上面。庄子陈述人的生死本质上就是从无到有、从有到无循环往复的过程，就好像春夏秋冬四季的变化轮回。而且人死之后从有回到无的状态，意味着进入一个无限广阔的天地空间，获得了绝对的自由境地。既然这样，也就没有必要为之恸哭，而应庆幸其有一个命中注定的合理归宿。显然，在庄子那里，理性运思是凌驾于情感的自然宣泄之上的，一旦前者完成那后者就是去了存在的合理性。所以，道家哲学也就自然而然地将道德本体置于纯粹理性分析的牢固基础之上，并且摒除其并不信任的情感因素。

　　尽管先秦儒道的道德本体都呈现出明显的思辨特征，但儒家的道德本体并不排斥人的情感，反而是直接诉诸情感之基础上的理性，这使得儒家道德本体的思辨特征中带有浓厚的情感色彩。而道家的道德本体则相对"寡情"，呈现出更多的理性静观特征，这也使得道家哲学道德本体论的思辨色彩更加浓厚。

三　道德本体的实践特性

　　就自身的本质内涵而言，本体是最高的、唯一的、绝对的整全。在概念层面，本体又是一个具有相对意义的概念，本体之为

---

① 　见于《老子》第三十八章。
② 　见于《庄子·至乐》。

本体相对于本体之外的其他存在（尤指现实世界）而言得以成立。但本体与现实世界的关系并非体现为隔岸对立般的疏离，而是呈现出融为一体的相互对待关系。道德本体的形上特性与现实存在的形下特性正是在相互对待中各自成就自身意义。道德本体内在蕴含于现实存在之中构成一切存在的终极依据，决定了一切存在之存在成为可能。道德本体内在的实践特性使得它的精神旨归总是面向现实世界，并与现实一切存在保持了稳定的张力，成为连接形上形下、打通道德本体与现实世界的唯一一条思想进路。

（一）儒家道德本体的实践特性

历史所描绘的孔子一生的生活轨迹，或忙于收徒讲学、宣道明义，或忙于周游列国、推行主张，或忙于著书立说、诠释经典，呈现出一幅又一幅孜孜忙碌的生命图景。孔子思想学说有着明确的指向，其"整个思想体系说到底就是教人如何成君子、做圣人，以便治国、平天下"①。窥其一生，他正是义无反顾地燃烧自我生命以践行自己的思想主张。在孔子的整个哲学体系中，重"行"的意识几乎贯穿始终。孔子曾说过一个识人的重要标准："始吾于人也，听其言而信其行；今吾于人也，听其言而观其行。"② 类似表达透露出的重"行"风格几乎成为孔子哲学上的一个标签，象征着孔子精神气质中包含的实践倾向。对孔子道德本体的实践特性进行发掘，绕不开"仁"这样一个孔子思想体系的精神内核。"仁"作为孔子道德本体论视域下的功能性载体，它的精神实质承载了孔子道德本体的大部分特性，孔子

---

① 孙熙国：《论孔子思想的实践指归》，《哲学研究》2000年第12期，第30页。
② 见于《论语·公冶长》。

道德本体论的实践特性正是透过其"仁"的学说得以呈现出来。
"志于道，据于德，依于仁，游于艺。"① "道"是人生必然的终
极指向，"德"是生命活动的根本依据，道德使人的存在本身得
到了最彻底的夯实。牟宗三先生谈"仁"时讲道："浅讲，此即
视仁为德目的意义。"② 德目意义的"仁"囊括"忠""恕"
"孝""悌""恭""宽""信""敏""惠"诸德，为人的当下生
存提供现实可靠的价值依循。人成就自我的过程也是"仁"实
现的过程。"'仁'的实践是一个学'仁'、知'仁'、行'仁'
的后天过程，是一个由'修己以敬'到'修己以安人'的过程，
是一个不断践'仁'复性以遥契天道的过程。"③ 孔子一生中被
从不轻易许人以"仁"，他从一开始就认识到"成仁"的艰难。
孔子通过自己一生的生命活动切实体验到"仁"落实的道路上
从来都是布满荆棘，但正是"成仁"过程中那些无法预料的艰
难反而升华了"仁"的境界，愈发使得"仁"的实现显得弥足
珍贵④。在孔子眼里，那种经历艰苦卓绝的生命实践证成的
"仁"才是真真正正的"仁"。另一方面，"成仁"的艰难并不
能为一切世人所能理解和承受，它常常会使人在"成仁"的道
路上产生懈怠甚至退却的心理波动。所以孔子激励世人去做真正
的仁者，并赋予仁者以"勇"的性格⑤，仁者的"勇"当然不
是匹夫之勇，而是充满智慧的实践之勇。勇气的背后以人内在的

---

① 见于《论语·述而》。
② 牟宗三：《中国哲学的特质》，上海：上海古籍出版社，1997 年版，第 97 页。
③ 王先亮：《孔子仁学思想探微》，《中国德育》2007 年第 9 期，第 60 页。
④ "仁者先难而后获，可谓仁矣。"见于《论语·雍也》。
⑤ "仁者必有勇。"见于《论语·宪问》。

生命本质为依托，"志士仁人，无求生以害仁，有杀身以成仁"①。当肉体生命与"仁"的实现产生矛盾冲突时，真正的仁人会把"成仁"看得比生命还重要，义无反顾地以牺牲生命来成就"仁"，这种大无畏的勇气正是来源于道德本体的实践精神赋予人精神生命中的高度自信。

《大学》开篇就讲："大学之道，在明明德，在亲民，在止于至善。"② 作为道德本体的天理流行一刻不曾止息。大学之道上应天理流行的应然之道，当下观照现实人间的实然。从"明明德"到"亲民"再到"止于至善"，构成大学之道的三阶演进的实践形式，一步一步向着最高的天理作逻辑升进的道德努力。到达"至善"的层面，这种道德努力已经完全臻于天理流行的应然之境。紧接着，《大学》将"三纲目"进一步落实为格物、致知、诚意、正心、修身、齐家、治国、平天下八条更为切实的道德实践路径，透露出大道自上而下落向人间的磅礴气势，使大学之道呈现出一个层次分明、升降有序、结构严谨的道德思想架构。天理向人间回落的动势正是来源于其作为道德本体内在含有的实践性格，大学之道将道德本体的实践性格落到实处，将天理的应然引入人间的实然。《中庸》赋予"中""和"以普天之下最根本、最普遍的内涵，中和之道随之承载了道德本体的担当③。宇宙时空的一切存在形式的实现都无逃乎中和之道的观照。大舜是《中庸》所推崇的力行中和之道的道德楷模，孔子

---

① 见于《论语·卫灵公》。
② 见于《礼记·大学》。
③ "中也者，天下之大本也；和也者，天下之达道也。"见于《礼记·中庸》。

盛赞大舜的"执两用中"是一种最高的实践智慧①。通过"执两用中"于民，舜将自己熟谙的中和之道自然纯熟地运用到自己的人生实践当中，由此将个体的小我升进至同于宇宙整体的大我。圣人之不同于普通民众特别之处在于道德的高度自觉和宏大的宇宙视野，而一般民众更需要外在启发以觉醒内在的智慧。但"道不远人"，大舜作为圣人典型并不因此独得道之偏爱，虽普通民众也能知之行之。君子之道至广大而精微，普通民众即使愚昧也能对其通晓，即使不贤仍能对其践行。但在最高的境界，圣人也有不知晓和做不到的地方②。虽然如此，君子之道仍然时时刻刻观照着现实世界的一切存在及其活动，为人的道德实践提供一切可能的途径。君子之道贯通上下、横亘古今，从普通男女开始到天地的最高境界，无所不包、无所不至，穷尽一切可能之境③。人若好学就能接近最高的智慧，亦即对道德本体的彻悟洞察；努力践行就能接近最高的仁德，直接同于道德本体指向现实人生的应然④。

《孟子》书中描述记载了数次孟子与梁惠王、齐宣王、告子等人的辩论场景，论辩中孟子多保持先入的主导姿态，显示出孟子对时代热点问题的强烈关注以及对现实事件的积极参与意识。"人禽之辨"是孟子哲学中最著名的命题之一，也是孟子道德本体论思想建构的重要组成部分。孟子极其肯定地作出"人之异

---

① "舜其大知也与！舜好问而好察迩言，隐恶而扬善，执其两端，用其中于民，其斯以为舜乎！"见于《礼记·中庸》。

② "君子之道费而隐。夫妇之愚，可以与知焉，及其至也，虽圣人亦有所不知焉；夫妇之不肖，可以能行焉，及其至也，虽圣人亦有所不能焉。"见于《礼记·中庸》。

③ "君子之道，造端乎夫妇；及其至也，察乎天地。"见于《礼记·中庸》。

④ "子曰：好学近乎知，力行近乎仁，知耻近乎勇。"见于《礼记·中庸》。

于禽兽者几希"① 的论断，并附理由若干。从表层的人伦关系看，人类社会有君父、有教化；从深层的人性内涵看，人有仁、义、礼、智"四端"。这些特征足以把人与禽兽区别开来。"四端"根植于人心，成为人的一切道德行为的价值根基②。在对待"四端"的态度上，人有充分的自由去求舍③。或求或舍，都在于人的自主选择。但是，孟子明确了关于对待"四端"的应然。人之"四端"处于潜的状态，只有时刻意识到自身内在的禀赋，并不断地付诸"求"的道德实践，才真正彻底地把人与禽兽区别开来。孟子还指出了道德实践的具体路径，"仁，人心也；义，人路也。舍其路而弗由，放其心而不知求，哀哉!"④ 既然仁义内在，那么在这条路径上唯一合理的选择就是由仁义行，而不是行仁义。"凡有四端于我者，知皆扩而充之矣，若火之始然，泉之始达。苟能充之，足以保四海；苟不充之，不足以事父母。"⑤ 知是天赋的道德良知，是道德本体的应然之道所唤起的人内心的道德自觉。"扩而充之"是继"求放心"之后进一步的道德实践，二者都是孟子哲学视野下道德本体实践特性的具体呈现与展开。"孟子哲学的精神并没有脱离实践性，恰恰就在他的实践性（practicality）中并与他的现世性（this-worldliness）关联。"⑥ 从道德本体的最高点开出来，自觉发用内心的良知良能，经过内求与扩充"四端"的道德实践，实现近可事父母、远可

---

① 见于《孟子·离娄上》。
② "仁、义、礼、智，非由外铄我也，我固有之也。"见于《孟子·告子上》。
③ "求则得之，舍则失之。"见于《孟子·告子上》。
④ 见于《孟子·告子上》。
⑤ 见于《孟子·公孙丑上》。
⑥ ［美］华霭仁著，蔡世昌译：《〈孟子〉的实践性与精神性》，《中国哲学史》2004 年第 2 期，第 120 页。

保四海的宏愿，同于道德本体的应然诉求，完成与物同体、与"道"同体的道德理想。《中庸》和《孟子》都讲到"诚"，而且两者都是在道德本体的意义上来使用"诚"的概念，围绕着"诚"建立起一套道德本体论的完整思想体系。《中庸》认定诚体是的天道流行本身，这是道德本体的自然呈现，不用勉强刻意，只自然发用流行就完全契合中和之道；努力做到"诚"是人道的内在要求，这是人道顺应天道应然的道德实践，选择符合善的目标去坚守追寻是道德实践的实现形式。从"诚"到"诚之"或者从天道到人道存在着绝对必然的逻辑关联，这是由道德本体的实践特性向现实回落的内在要求所决定的。所以，《中庸》接着讲"自诚明，谓之性；自明诚，谓之教"①。"自诚明"是道德本体实践特性的自然呈现，"自明诚"则意味着道德本体实践特性的现实完成。《孟子》几乎沿用了《中庸》的讲法，在思想上与《中庸》保持了高度一致②。"诚之"换成了"思诚"，突出了"心之官"在道德实践中的特殊功用。但就基本内涵而言，"诚者"依然隐含着道德本体实践性的自然展开，而"思诚"也同样意味着人通过后天的道德实践向道德本体趋近的努力。

　　荀子认为，人生来就有认知能力。人不仅能够凭借"心有征知"的思维能力去认识宇宙自然及其变化发展规律，而且还能在认识的基础上进一步去利用和支配宇宙自然。荀子"制天命而用之"的哲学表达出人类对探索、利用甚至征服外部世界

---

　　① ［美］华霭仁著，蔡世昌译：《〈孟子〉的实践性与精神性》，《中国哲学史》2004 年第 2 期，第 120 页。
　　② "诚者，天之道也；思诚者，人之道也。"见于《孟子·离娄上》。

的渴望，体现了荀子哲学中隐含的刚健进取的精神气质。而且人
不仅能认识外在自然，还能认识内在于自身的人性。荀子认为人
性就是人天然的自然禀赋①。而且这种"不事而自然"的"性"
充斥着贪欲，生来就是恶的。如果人人都顺任自己的本性，那整
个社会就会到处发生争执。所以荀子主张对人性进行必要的引导
和改造，办法就是"化性起伪"②。即通过圣人的教化——礼义
法度的规范与引导，使人变化性情，进而去恶向善。荀子鼓励世
人做道德实践的工夫，他确立"成圣"作为道德实践的最高目
标，圣人同样是通过后天努力以成就自身的③。圣人与众人并没
有本质上的不同，只是付出的道德努力比众人多④。所以，只要
人人都能积极地开展道德实践，切实用力做为善去恶的工夫，那
么人人都是圣人，圣人就是人人⑤。荀子对人类自身具有的道德
认知能力抱有高度的自信，这种能力首先源自于作为道德本体的
天给予人特别的馈赠，是道德本体的实践特性在人身上的落实
体现。

（二）道家道德本体的实践特性

道家哲学道德本体的实践特性因道家哲学的整体自然风格并
未获得格外彰显，但它仍然隐含于道家道德本体论哲学的思想内
涵中有待于进一步揭示。在老子哲学中，"道"是一切存在终极
的价值源头，永远象征着宇宙天地最高的存在。"道"就像一座
用以确定航标的灯塔永恒地矗立在宇宙时空中，为一切存在的存

---

① "性者，天之就也。"见于《荀子·正名》。
② "圣人化性而起伪，伪起而生礼义，礼义生而制法度。"见于《荀子·性恶》。
③ "圣人者，人之所积而致矣。"见于《荀子·性恶》。
④ "所以异而过众者，伪也。"见于《荀子·性恶》。
⑤ "涂之人可以为禹。"见于《荀子·性恶》。

在方式提供便利的借鉴。老子曾描绘出一条趋近于"道"的实践进路："人法地，地法天，天法道，道法自然。"①　人—地—天—"道"—自然，层层递进。表面来看，天、地、人效法的终极对象是"道"，而实质上取法的是"道"顺任自然的内在品质。老子哲学视野下的"道"总是呈现出柔弱不争、自然无为的谦退姿态，这也是老子为世人当下确立的生存之道。老子用"道常无为而无不为"② 为"道"作了本质上的剖析。此刻如果把"道"设定为一个能动的主体，那么"无为"就是一种主观呈现的人生态度，而"无不为"则是"无为"的人生态度完成后最终实现的客观结果。有感于社会当下思想混乱的现状，老子在高扬"道"自然无为特质的同时又对道家之外的"有为"现状和倾向进行了彻底揭露。老子习惯于通过"正言若反"的表达方式，引导人们透过表面现象进入到事情的本质层面，让问题实质在矛盾对立中自然凸显。他认为上德之人不自恃有德反而是真正有德，下德之人自以为不离德本质上却是无德。上德之人顺任自然无心作为更加契合"道常无为"的精神实质。从下德之人到上仁之人到上义之人再到上礼之人，他们的有为之心愈来愈重，离"道"的本质也愈来愈远。最终，缺失忠信内涵的"礼"成为造就祸乱的根源，完完全全地背离了本体之"道"的原始诉求。尽管老子哲学自始至终总是呈现出自然无为的态势，但无论作为态度的"无为"还是作为结果的"无不为"，在本质上都是一种实践形式和结果。而且它们都是从老子哲学的道德本体——"道"的内涵中直接引出的。换言之，老子道德本体的自

---

① 见于《老子》第二十五章。
② 见于《老子》第三十七章。

然内涵决定了老子哲学采取了"无为"的实践形式。

庄子哲学道德本体的内涵完成了对老子哲学道德本体论的继承和阐扬，庄子道德本体的实践特性也随之获得了新的实现形式和揭示方式。与老子相类似，庄子也视"道"为宇宙时空中最高的范畴。万物皆有存在的缘由，宇宙一切事物都有其是与不是、可与不可。把莛草和房梁放在一起，明显能辨出大小；让一位丑女和西施并排而立，当下就能分出美丑。但是这些关于大小、美丑的分判都是在相对意义上做出的，经验世界的一切事物包括所有稀奇古怪的东西在内，尽管它们都各自有不同的特征，可一旦归结到最高的"道"那里，这些不同完全被化掉并升进为整全的"一"①。换言之，以"道"来审视宇宙时空中一切经验存在，不仅所有事物之间的区分甚至事物自身的本质都可以被消释掉。因此，事物之间的分判就失去了真确的意义，变得毫无必要。明白了这些道理如果还孜孜计较事物之间的差别，最终只能是徒劳伤神。所以，庄子呼吁人们跳出经验分判思维的精神羁绊，彻底摆脱"有待"世界无尽的烦扰，进入到"无待"的真实世界。但是，作为生活在经验世界的特殊群体，人无可逃避地生存在与他人或者他物的对待中，所以总不免会受到世俗的拘累。更为危险的是，人在对待关系中常常容易陷于执着个我的陷阱。庄子按照有待的程度为世俗之人做了分类，从"知效一官，行比一乡"之人的偏于一隅到宋荣子之流的看淡是非荣辱，他们受到的拘迫逐渐减少。再到列子御风而行，虽然超越是非对

----

① "物固有所然，物固有所可。无物不然，无物不可。故为是举莛与楹，厉与西施，恢诡谲怪，道通为一。其分也，成也；其成也，毁也。凡物无成与毁，复通为一。"见于《庄子·齐物论》。

待，看似逍遥自在，但终究还是免不了"有所待者"。三者仅仅是受拘迫程度的轻重不同，本质上都还是有待的。只有顺任天地自然的正道，掌握六气变化的规律，遨游于无穷之境，才真正进入了"无待"的境域①。至人不执着于个我，神人不贪恋功利，圣人不着意虚伪的名分。至人、神人、圣人，庄子所推崇的这三种人分别通过去己、去功、去名的人生实践，彻底摆脱有待关系的束缚，进入到无拘无束的无待之境。"上与造物者游，而下与外死生、无终始者为友。"② 从此不用再遭受现实世界是非名利的搅扰，只因任生命自然而然地敞开流行。"独与天地精神相往来，而不敖倪于万物。"③ 他们的生存境域正是庄子所向往的逍遥境界，也是"无名人"口中的"无何有之乡"④。逍遥游的生存方式，是对最高道德本体实践性的直接回应，已经无限接近于道体的本真状态。逍遥游折射出无待之人摆脱世俗羁绊之后的自由洒脱，透露出生命流行舒展于"道"周围的无限畅快。

（三）儒道道德本体的实践特性对显

通过儒道哲学道德本体实践性格的对比可以看出，儒家道德本体的实践特性透露出刚健奋进的精神内涵，是一种有为的实践。孔子怀揣"天下为公"的大同理想，以"知其不可而为之"的精神气魄，或奔波劳累游说列国，或收徒讲学传道解惑，或整理典籍承续道统，他一生的生命活动正是儒家刚健有为的实践精神的真实写照，他的自信和执着来自于"天生德于予"的道德

---

① "若夫乘天地之正，而御六气之辩，以游无穷者，彼且恶乎待哉！故曰：至人无己，神人无功，圣人无名。"见于《庄子·逍遥游》。
② 见于《庄子·天下》。
③ 同上。
④ 见于《庄子·逍遥游》。

信念。《大学》开篇提出的三个纲领层层递进上升，在至善的层面接近道德本体的圆满。接着下一步阐明了完成三纲领的具体路径，设定了格物、致知、正心、诚意、修身、齐家、治国、平天下八条目。《大学》引《太甲》"顾误天之明命"①，强调要时刻谨记上天赋予的光明禀性。无论是明明德的意旨还是格、致、正、诚的工夫都起于人的天赋禀性，它使得道德本体的实践特性有了现实的落脚点。人应当以积极有为的姿态，把天赋的禀性彻底激发出来并落实到三纲八目的具体实践中去，向至善的目标竭力迈进。《中庸》开篇从最高的天命处着眼，由命而性、由性而道、由道而教，逻辑地向下回旋，本质上却是向上回应天命的本然诉求。《中庸》在道德本体的意义上讲"诚"，"诚"是天道本然，"诚之"是人道应然，即选择至善的目标坚持不懈地去实践。一个"固"字体现了儒家哲学在道德实践上的执着信念。孟子强调"尽心"—"知性"—"知天"的道德实践路径。不论是"尽"还是"知"的能力，都来自于人天赋的"良能""良知"，它象征着道德本体对于人的特殊观照。孟子认为，人人都应该竭尽全力地去体认并发挥自身的"不学而能""不虑而知"的"良能""良知"，并将"四端"扩充至尽可能大的领域。另一方面，一旦道德心有所丢失，就要积极地"求其放心"。无论"扩而充之"的道德努力还是"求其放心"的内省工夫，都体现出孟子道德本体实践性格中积极作为的精神特质。《易传》从"自强不息"的刚健到"厚德载物"的坤厚完全呈现出有为进取的姿态，透露出君子在宇宙本体大化流行中强烈的

---

①　见于《尚书·太甲》。

参与感，体现出儒家道德本体实践性中的外向企求。

与儒家刚健有为的性格迥异，道家道德本体的实践特性透露出更多谦退保守的精神内涵，本质上是一种自然无为的实践。老子直接点明"道常无为而无不为"的特质，揭示"道"以自然无为的消极姿态实现了无所不为的积极效果。管理者如果能彻底持守"道"的"无为"精神，万物（包括百姓在内）就会自然生长化育。"道"从一开始就处于"无为"的状态，不仅万物产生之初而且在万物生长发育直至走向灭亡的整个全过程道丝毫都不加干涉，自然无为就是最高的德性内涵。与"道"的"无为"特质逻辑伴生的是柔弱不争的品德。老子喜欢以水德喻"道"德，认为最高的德性就像水的性格一样。老子通过水滋润万物而不与万物争利的品德揭示出最高的德性就是不争。不仅不争，还要做到不自我显扬、不自以为是、不自我夸耀，彻底格除一切争心。人人都没有争心，事事都顺其自然，宇宙间万事万物都在道体观照下自然流行化育，各得其所，这是天道应然的内在企求。天道不与万物争利，反而运行不已，万物各得其所①。落实到现实人间就是"圣人之道，为而不争"②。圣人之道遥契天之道的真实内涵，是天道在人间世界树立的实践标杆，成为道家道德本体自然无为的实践性格向现实世界下坠的一个落脚点。而庄子的"道"已经完全超越了一切现实对待关系并由此获得了绝对的意义，所以纠缠于现实世界的一切是非对待中根本无法把捉到道体的本义。现实世界中的人由于客观上生存于与他人或他物的对待之中，又加之主观上放不下个人的荣辱得失，难免会受到现实世

---

① "天之道，不争而善胜。"见于《老子》第七十三章。
② 见于《老子》第八十一章。

界的拘累。"有己""有待"成为束缚人自身的主要根源，要摆脱束缚只能打破有待置于自身的局限性，像至人、神人和圣人那样，作"无己""无功""无名"的工夫，超越一切现实对待，实现与"道"的同一。但庄子也意识到人由于自身的现实条件使得其与外在世界的客观对待关系是无法完全消除的，人彻底地超越对待只能是一种美好的愿望。即使像隐士般逃离闹市隐居山林深谷，仍没有跳出即世间与出世间的对待。因为他们选择的是出世间，本质上却是在逃避世间。孔子曾经慨叹"天下有道则见，无道则隐"①，而且隐的具体方式就是"道不行，乘桴浮于海"②。似乎指的就是这种逃避式的"隐"。庄子认为这种"隐"只能是"小隐"。真正的"隐"是确实那种隐于市朝的"大隐"，"大隐"之人不是站在自我角度而是完全基于"道"的立场来看待处理问题。他们就是庄子借孔子之口所描述的"圣人仆也"之类③。他们名声虽然沉寂，志向却极其远大；口虽言语心却永远保持寂静。虽然身处市朝之中，却无心于世俗的是非、善恶、名利，不与俗世同流，一心向往归于道体自由之域的逍遥境界。庄子为此总结道："独与天地精神相往来，而不敖倪于万物；不谴是非，以与世俗处。"④ 可以看出，庄子道德本体的实践特性仍然部分地继承了老子哲学谦退保守的性格，但是他对俗世保持了若即若离的复杂关系，透露出不得不与世俗相处却又游戏其中的自由精神。

----

　　①　见于《论语·泰伯》。
　　②　见于《论语·公冶长》。
　　③　"是自埋于民，自藏于畔。其声销，其志无穷，其口虽言，其心未尝言。方且与世违而心不屑与之俱。是陆沉者也，是其市南宜僚邪?"见于《庄子·则阳》。
　　④　见于《庄子·天下》。

第四节　先秦儒道道德本体论的落实

先秦儒道哲学的视域之下，形上与形下、本体与当下并非截然对立二分，而是无时无刻不在发生着对立统一的内在关联。本体正是因其与形下世界的相互对待关系天然地保持着与宇宙时空当下的"亲近"。道德本体作为关乎人类存在的终极依据始终不能脱离人类生存于其中的现实世界，它尤其需要在与现实世界的内在关联中彰显自身存在的特殊意义。道德本体的形上特性使其能超越于人类现实世界，却又能观照人类存在，牢牢构筑人类存在的价值根基；道德本体的实践特性又使其与人类现实世界之间保持着某种张力，无时无刻不内在地隐含着向下落实的动势。先秦儒道道德本体的内在诉求隐含于道德的基本内涵之中，因此，儒道道德本体的落实通过儒道哲学具体的道德主张呈现出来。

一　从孔子的"仁"到荀子的"礼"

在先秦诸多思想流派中，儒家尤其注重社会责任的历史担当。儒家哲学不仅致力于秩序的理论创建与维系，更是对与人类存在本身相关的本质问题表示出关切。儒家哲学思想体系的形成主要是建构性的，其道德本体论的完成同样有着成熟的思想框架。儒家道德本体论的向下落实正是通过与道德本体密切相关的一系列概念体系呈现出来。

儒家道德本体论向下落实的实践努力首推孔子。在孔子的哲学体系中，"仁"普遍被认为是其中最核心的一个观念。"仁"确实也是孔子哲学中一个极其复杂的概念，甚至围绕着"仁"能够提炼出一个较为完整的仁学思想体系。"仁"有时会被孔子当作一般道德纲目来使用，有时也会被提升到道德本体的意义层面来确立，有时又会被当作道德实践的具体路径和操作方式来指认。所以，探究孔子道德本体论的落实必须透过"仁"这个概念通孔来完成。儒家格外看重存在于人类群体中的血缘亲情，对孝悌之道的尊崇被认为是儒家哲学的一个重要的思想特色。孔门弟子有若曾经说过："其为人也孝弟，而好犯上者，鲜矣；不好犯上而好作乱者，未之有也。君子务本，本立而道生。孝弟也者，其为仁之本与！"① 做事情一旦确立了根本，其他一切困难都自然得解。做人也同样是这个道理，只有把做人最基本的如孝敬父母、尊敬兄长做好了，其他一切行为才有牢固合理的出发点。如果说"仁"是人之为人的根本特征，那么孝悌之道又是"仁"的根本。孔子自己曾对社会成员个体生命活动遵循的应然轨迹作过引导性的概括，首先就从孝悌开始谈起："弟子入则孝，出则弟，谨而信，泛爱众，而亲仁，行有余力，则以学文。"② 这段在一千多年后被清代李毓秀拓展为蒙学经典《训蒙文》的纲领性语录涵盖了关于弟子德行和智力培育的思想主张。显然，孔子把最重要的"孝悌"置于整个道德实践逻辑关系序列的最前端，由它自然引出后面围绕"仁"开展的一系列实践活动。"仁"在孔子那里本身就具有"德目"的意义，它几乎可以涵括一切诸德于自身的意义框架内。子张向孔子请教如何是

---

① 见于《论语·学而》。
② 同上。

"仁"，孔子回答说："能行五者于天下，为仁矣。……恭、宽、信、敏、惠。"① 回答简单明了，"恭""宽""信""敏""惠"五种德性流行于天下就是"仁"。樊迟向孔子请教如何是"仁"，孔子回答："爱人。"② 回答更加直截了当，爱人的实践就是"仁"。孔子关于子张与樊迟问仁的回答简单明确，就内容所属而言，"谨而信"和"泛爱众"都属于"仁"的范畴，具体来说它们都是"仁"的实现形式。"学文"的开展是在之前的德性实践彻底完成之后得以继续进行的，对"文"的把握仍然是为了进一步夯实自身的德性修为，学文仍属于"仁"的实践范畴。所有这些行为的继续完成都要建立在"孝悌"的基础之上，孝悌之道的有效执行是后面包括"谨而信""泛爱众"以及"学文"活动在内的一切关于"仁"的实践的逻辑起点。基于族群繁衍的现实需要，当人类进入氏族社会以后血缘亲情在维系家族部落稳定中的重要性愈来愈突出。经过漫长的社会历史发展，以孔子为代表的儒家延续了华夏文明长久以来重血缘亲情的思维传统。以任何一个社会成员的个体生命为中心辐射开去，其血缘关系总会呈现出远近亲疏的序列。立足于血缘亲疏的事实以及个体的道德行为能力，儒家坚持爱有差等的主张，要求首先从爱身边最亲近的人开始，将爱人之心由近及远推及出去。对身边人的爱正是通过孝悌的道德实践方式来完成的。"君子务修孝弟，以为道之基本。基本既立，而后道德生焉。"③ 一个人如果不能行孝

---

① 见于《论语·阳货》。
② 见于《论语·颜渊》。
③ （魏）何晏等注，（宋）邢昺疏：《论语注疏》，见于《十三经注疏》（下），上海：上海古籍出版社，2001 年版，第 2457 页。

悌之道亦即连自己最亲近的父母兄弟都不去爱，那么又如何能做
到"泛爱众"，这样的人又如何能做到"谨而信"，他"学文"
又有何意义？这样一来，孝悌之道直接被孔子推到了接近于道德
根本的地位。孝悌之道的有效执行使得包括"仁"在内的其他
一切诸德的实现有了牢固的价值根基。孔子从人类最基本的常情
出发指导人的行为，为人的道德实践确立了一个亲切而从容的切
入点，由此帮助人们树立坚定的道德自信心，并内在培育着道德
实践的持续动力。

　　事实上，孔子本身就是一位道德实践坚定的奉行者。孔子一
生的实践活动，无论是授徒讲学还是著书立说，无论是为官从政
还是游说列国，都带有强烈的道德实践色彩。孔子曾这样概括自
己一生的成长轨迹："吾十有五而志于学，三十而立，四十而不
惑，五十而知天命，六十而耳顺，七十而从心所欲，不逾矩。"[①]
十五、三十、四十、五十、六十、七十岁，这是孔子按年龄增长
以及相应的心理变化为自己一生总结设定的六个自以认为最重要
的人生节点，事实上对绝大多数人而言总会有几个生命节点具有
人生里程碑的意义。在孔子十五岁之前的童年时代，作为后人眼
中"生民未有"的至圣先贤，他就已经有着超越同龄人的思想
智慧。当同龄伙伴忙于追逐嬉戏时，孔子却沉迷于原本应该是成
人才可执行的"演礼"活动[②]。孔子演礼的行为很可能源于春秋
时代尚礼思想的盛行，以及孔母颜徵在对其良好的家庭教育。但
更为重要的是，孔子年少时心中就已经种下对礼仪道德特殊敏感
的智慧种子。孔子三岁丧父，在十六七岁的年纪母亲又溘然逝

---

①　见于《论语·为政》。
②　"孔子为儿嬉戏，常陈俎豆，设礼容。"见于《史记·孔子世家》。

去，他不得不孑然一身去坚强面对将来的人生。孔子自己曾说过："吾少也贱，故多能鄙事。"① 至亲的亡故给孔子带来了沉重打击，却又磨炼出了早熟的性格，孔子通过一般的生存技能演练努力获取超拔于现实生活的人生智慧。从十五岁开始有志于学，孔子逐渐形成了自己的道德理想和人生目标。孔子所学乃君子之学、大人之学、圣人之学。孔子所忧的不是现实生活的艰辛，而是对"道"的持守是否足够彻底②。通过不断的学习实践将生命提升至最高的善的境界成为孔子学习用力的终极指向。到三十岁时孔子已经能够做到将礼乐文化的精神实质融会贯通，基本完成了道德人格的自我确立，为后来的人生道路奠定了坚实的基础。之后孔子经历了自鲁适齐又返鲁的变故，逐渐涉足政治领域，并对古音乐产生了浓厚兴趣。此时的孔子经受了复杂的政治、生活环境的洗礼，对社会人生有了更深层的体悟。通过理性反省看透了宇宙人生的真义，所以在四十岁时他已经几乎没有什么疑惑。从三十岁到五十岁的二十年间，坚持不懈的学习实践使自身的思想德行获得了全面的提升，孔子宣称自己在五十岁时已经获知天命。从其五十一岁左右出任中都宰的历史事实来看，孔子已经领悟了天道与性命的相互贯通，将对天命的认知诉诸政治管理的行为实践。但政治斗争的复杂完全超出预料，一次次的碰壁迫使孔子不得不放弃鲁国的官职去寻求另一条实践路径。最终孔子选择了周游列国去推行自己的思想学说。孔子的六十岁大概是在卫国或陈国度过的，此时他的思想主张已经在许多国家的政治实践中

---

① 见于《论语·子罕》。

② "德之不修，学之不讲，闻义不能徙，不善不能改，是吾忧也。"见于《论语·述而》。

得到检验。对于随之而来的赞许或者批评，他仿佛已经看淡。在获知天命的基础上，孔子对于各种不同意见已能做到完全包容，"耳顺"也理所当然地成为他真实的人生状态。石门看门人曾评价孔子为"知其不可而为之者"①，对孔子而言，"不可而为"之事正是天命应然引导下的所当为之事。孔子自己曾经说过："道不远人。人之为道而远人，不可以为道。"② 对人而言"道"是对象性的客观存在，人在面对"道"时有充分的选择自由。一旦选择了"道"，就要在"为道"的实践道路上永远保持积极主动。所以，尽管道德实践过程中会面临不期而遇的批评、非议甚至辱骂和生命威胁，虽知其不可仍要义无反顾地去为之。"不可而为"的背后绝对不是孔子对于现实的无奈，而是他在获知天命基础上实现的充足道德自信建立起的信念支撑。在七十岁生命即将行进到终点的时候，孔子结束十几年漂泊生涯回到了生养他的鲁国故地。此时的孔子已然洗尽生命中的铅华，彻底透悟宇宙人生的奥秘，牢固树立内心深处的道德法则，进入与天地万物融为一体的生命境界。个体生命完全舒展于道德本体的观照之下，即使纵心驰骋都是在道德的应然境域之内，而不会违背最高的道德律令。至此，孔子的生命实践经历了这样一个完整的过程：道德本体的逐渐明晰—道德本体的获得确证—道德本体的随意呈现。从十五岁开始一直到七十岁这段几乎占据孔子生命大部分的时光，真正见证了孔子生命过程在不断的道德实践中走向圆满。基于孔子哲学在先秦儒家哲学中的特殊地位，孔子道德本体论的思想建构无疑具有奠基性的思想史意义。孔子道德本体论的

①　见于《论语·宪问》。
②　见于《礼记·中庸》。

落实为先秦儒家道德本体论的实践展开奠定了一个基本的思想基调，并深刻影响了孔子之后的儒学发展道路。

孔子之后，《大学》为道德本体的实践路径做了更加清晰的设计。《大学》开篇谈到"大学之道，在明明德，在亲民，在止于至善。"① 一个"在"字，体现出"大学之道"向下落实的倾向，"明明德"—"亲民"—"止于至善"的三位一体模式构成大学之道落实的具体内容。道德实践是一个循序渐进的过程，道德本体的落实遵循本末终始、轻重缓急的原则顺序②。以"明明德"为终点逆向反推，《大学》为此设计了一套前后连贯的实践路径："古之欲明明德于天下者，先治其国；欲治其国者，先齐其家；欲齐其家者，先修其身；欲修其身者，先正其心；欲正其心者，先诚其意；欲诚其意者，先致其知。致知在格物。"③要实现"明明德于天下"的宏伟目标，反而要由个体当下的细微处做起。由最细致入微的环节切入，最终进入无限博大的道德理想境地。即从格物开始，经历致知、诚意、正心、修身、齐家、治国以至于平天下的理想实现一系列步骤。这其中，修身被认为是至关重要的一环。修身是道德实践的基始，修身这个根本环节做不好，其他如齐家、治国、平天下几个步骤更不可能实现④。通过"如切如磋，如琢如磨"般修养身心、磨砺品性，形成作为一名齐家者管理家族必备的道德素质，为实现治国、平天下的宏图打下坚实的基础。修身的首要前提是"正心"——通

---

① 见于《礼记·大学》。
② "物有本末，事有终始。知所先后，则近道矣。"见于《礼记·大学》。
③ 见于《礼记·大学》。
④ "自天子以至于庶人，壹是皆以修身为本。其本乱而末治者否矣。其所厚者薄，而其所薄者厚，未之有也。"见于《礼记·大学》。

过端正心态，使各种情绪的发作保持在理性控制的范围内，进而形成对于物物事事的合理决断。《大学》尤其提出了"慎独"的修养工夫，"诚于中，形于外，故君子必慎其独也"①。朱熹注："独者，人所不知而己所独知之地也。"② 人的内心与言行相互关联，内心的真实必然会通过外在的形象表现出来，根本无法掩盖。在缺乏外在监督的情境下，看不见的心灵深处意念究竟如何流行（流于善抑或流于恶）最能考验个体生命内在的真实品质。"慎独"不仅是一种修养工夫，更是检验修身效果的重要途径。如果做不到"慎独"，那便意味着修身工夫没有做彻底，偏离了"道"所规定的实践方向。如《中庸》所讲，即使一刹那的不尽心就意味着已经完全偏离了"道"的根本③。所以《中庸》又重复强调"慎独"："是故君子戒慎乎其所不睹，恐惧乎其所不闻。莫见乎隐，莫显乎微。故君子慎其独也。"④ 道德实践完全是由自而非由他的自主行为，戒慎恐惧的心理情感不是源于外在的是非得失，而是出于自身对道德本体把握的力度是否足够。《大学》和《中庸》都重视道德实践在生命开展过程隐微处的用力，已经将道德实践的工夫发挥到了人生的极致。

《中庸》开篇讲"天命之谓性，率性之谓道，修道之为教。"⑤ 由命而性—由性而道—由道而教，这是《中庸》为道德本体的向下落实所做出的清晰的设计。"道"天然地隐含在"天命"当中，自然随着"天命"下贯到人性当中。由此一来，人

---

①　见于《礼记·大学》。
②　（宋）朱熹撰：《四书章句集注》，北京：中华书局，2005 年版，第 18 页。
③　"道也者，不可须臾离也；可离，非道也。"见于《礼记·中庸》。
④　见于《礼记·中庸》。
⑤　同上。

不需要再靠遵从"天命"来开展道德实践，只需直接依循内在
的人性来行事同样可以实现对"天命"的遥契。"天命"的内涵
中已经预设了对中庸之道的持守。在孔子看来，古圣先贤几乎都
能真正理解并推行中庸之道。其中，大舜就被孔子视为贯彻推行
中庸之道的典范①。舜被孔子奉为大智之人，不仅仅是因为大舜
有着谦虚好问、体察入微的性格，更重要的是他能客观对待他人
的善与恶，隐藏掉别人的坏处而宣扬别人的好处。过激与保守的
建议总能够处理得当，并谨慎选择适中的方法去推行。执两用中
是中庸之道在方法论意义上的真正落实。即使在自身生活的当
下，孔子依然能察觉到颜回践行中庸之道的实践努力②。颜回作
为孔子最喜爱的弟子，其言行举止自然会受到孔子的关注。颜回
在做人的方法上选择了中庸之道，通过行中庸之道积累善端。孔
子盛赞颜回对中庸之道的持守和对善的不懈追求，并肯定其人生
态度上的谨慎。在行为方式上大舜与颜回的不同在于，大舜通过
治理国家展现其高度的人生智慧，而颜回则通过个人的道德修养
实现生命的内在提升。但实际上，关于对待中庸之道的态度，大
舜和颜回并不存在本质上的差异，他们都将最高的道德本体通过
中庸之道的实践路径加以落实，中庸之道的实现也就意味着道德
本体向下落实的完成。《中庸》极其重视个体生命内外两重意义
的夯实。一个人，如君子所为首先要做好自己的分内之事③。无

---

①　"舜其大知也与！舜好问而好察迩言。隐恶而扬善，执其两端，用其中于
民，其斯以为舜乎！"见于《礼记·中庸》。

②　"回之为人也，择乎中庸，得一善，则拳拳服膺而弗失之矣。"见于《礼
记·中庸》。

③　"君子素其位而行，不愿乎其外。素富贵，行乎富贵；素贫贱，行乎贫贱；素
夷狄，行乎夷狄；素患难，行乎患难；君子无入而不自得焉。"见于《礼记·中庸》。

论处在什么地位上或处境中，首先要保证自己的行为方式与所处地位和处境相契合。"素其位"是君子在获知"天命"基础上实现的自我认同，"素其位而行"意味着生命在现实的畅行自由无碍，它是君子道德修养功夫的自然呈现，"无入而不自得焉"象征着这种功夫已经达到了极致。实际上，围绕着道德修养而展开的一切行为实践都要自然而然地去进行，并不需要计算任何现实成本和回报。一般认为，儒家始终坚持奉行"内圣外王"的道德理想。"内圣"和"外王"本来就是逻辑同一的，"内圣"在前首先确立道德根本性的基础地位，构成"外王"的必要前提，"外王"的实现意味着"内圣"的有效扩充并成就"内圣"的价值内涵。由内而外，由外而内在根本上相互贯通无碍。但实际上，一直以来儒家对"外王"的处理相对薄弱，而对于"内圣"却做足了功夫。任何宏观的社会活动譬如整个国家的治理，它的有效实现仍然要微缩到每一个社会成员个体的现实人生的实践，无论是《大学》还是《中庸》，都坚持了这样一种思维模式。"在下位不获乎上，民不可得而治矣；……不信乎朋友，不获乎上矣；……不顺乎亲，不信乎朋友矣；……反者乎身不诚，不顺乎亲矣；……不明乎善，不诚乎身矣。诚者，天之道也；诚之者，人之道也。诚者不勉而中，不思而得，从容中道，圣人也。诚之者，择善而固执之者也。"① 和《大学》一样，《中庸》也开出了"诚"的思想。作为天道与人道的扭结，"诚"一旦实现，善自然会明，亲自然会顺，朋友自然会信，上自然会获，民自然可得而治。"诚"是天道本身，将诚体内化为人心成为人

---

① 见于《礼记·中庸》。

道，人道的内涵直接关乎善的持守，人道推行以实现最高的善为终极目标。诚体流行使内心豁然澄明是"天命之谓性"的自然呈现，彰明诚体的内涵是道德教化推行的目标。诚体大化流行一切生命之境自然会澄明，内心澄明自然也会获知诚体。个体道德实践的推行使得道德本体与个体生命之间的彻底打通成为可能，生命个体的内在性与道德本体的超越性得以实现圆融统一。诚体贯穿事物发展始终的全过程，它助益事物开端，又参与事物的终结。所以君子应该始终保持与"诚"同体，对内不仅要完善自身，对外更要成就万物，参与到诚体大化流行的过程去。就生命个体的道德实践而言，对内对外没有绝对的界限隔阂。君子完善自我是"仁"的实现，君子成就万物是"智"的完成，皆是道德本体向下落实所呈现的不同侧面。"仁""智"本为一体，是"天命之谓性"中已然存在的道德品质。作为君子，要真正做到尊崇德性与追求学问并重，宏大与精微兼顾，洞悉万有并能持守中庸之道。在成己的基础上成物，在成物的过程中成己，物我一体，相互成就，把道德本体的向下落实真正转化为生命主体的道德实践。

先秦儒家的道德本体论发展到荀子那里，向当下落实的倾向更加明显。荀子哲学延续了先秦儒家重秩序的思维传统，他对人类社会以及整个宇宙运行秩序化的认同感尤为强烈。在荀子眼中，从每一个社会成员个体到宇宙整体都应该是秩序化的存在，这完全符合道德本体的应然诉求。荀子认识到人本质上是社会性动物。人与草木、禽兽最大的不同在于人"有辨""能群"，即人能够区别事物之间界限，人与人之间能集合到一起形成秩序化的社会群体①。一方面，人如果脱离社会甚至不如自然界中的一般动物，根本就无法生存下去；另一方面，人生来就有喜好"利"的倾向，在群体生活的状态下如果没有"分"的约束就会发生争斗。因此要想从根本上去除争斗带来的祸患，没有什么比明确所有社会成员的名分和等级更有效的了②。名分代表了每一个社会成员个体在秩序中的人生应然，一旦确立，个人与整个社会便归于秩序化状态，向着积极的方向变化发展。名分如何得以确立？依靠"礼"③。人生来有区别事物的能力，这是人获得存在本质的基础。在区别事物中最重要的是确定名分，确定名分的根本就是荀子所推崇的礼法。对生命个体的人而言，"礼"是安身立命的生存之道；对国家社会而言，"礼"是维系秩序的治国之本④。"礼"不仅是约束人内心欲望的道德律令，还是协调社会成员之间关系的制度法则。通过"隆礼重法"的实践，荀子进一步夯实了人的存在本质，透露出浓厚的理性色彩。"礼"的实践也成为荀子道德本体向现实世界落实的根本途径。

二　从老子的"自然无为"到庄子的"独与天地精神往来"

在先秦诸多思想流派中，道家哲学和儒家一样致力于承载社

---

①　"离居不相待则穷，群居而无分则争。穷者患也，争者祸也，救患除祸，则莫若明分使群矣。"见于《荀子·富国》。

②　"人之生，不能无群，群而无分则争，争则乱，乱则穷矣。故无分者，人之大害也；有分者，天下之大利也。"见于《荀子·富国》。

③　"人道莫不有辨。辨莫大于分，分莫大于礼，礼莫大于圣王。"见于《荀子·非相》。

④　"礼者，人之所履也……礼之于正国家也，如权衡之于轻重，如绳墨之于曲直也。故人无礼不生，事无礼不成，国家无礼不宁。"见于《荀子·大略》。

会存在发展的历史担当。尤其针对社会和人心存在的弊病，道家哲学表达出对社会和个体命运的急切担忧，并从思想上为之提出了拯救的良方。

站在道家哲学的视角上，老子把希望寄托在对最高本体"道"的真正理解和把握上。天地都无法使风雨雷电无休无止地发作，而人也只是宇宙时空中一个又一个有生命始终的过客。若要使人的生命价值实现长久，唯有走"同于道"的路径。① 然而在人与"道"之间，一方面是"道"的绝对性、无限性和超越性，另一方面是个体的相对性、有限性和现实性，两者存在着天然的矛盾冲突。对作为生命个体的人来说，唯一的出路就是化相对为绝对、化有限为无限，从现实中超拔出来，进而实现与"道"保持同一。如何实现与"道"的同一？在老子看来，只有通过道德实践依"道"而行来完成。老子明确确立了"道"作为最高的道德本体，人的一切行为都应以"道"作为终极依据。道德本体的落实意味着人的道德实践由作为最高本体的"道"的内涵而开出。自身之外的一切有规可循的客观事物都可以成为人效法的对象，但一切客观事物尤其包括天地在内都接受来自"道"的整体观照，所以人从根本上唯一应该效法的就是"道"。"道"虽然莫可名状、质朴无痕但却是宇宙万有的根本，一切存在都无法驾驭它。如果最高统治者能守住"道"，按照"道"的内在要求去行事，那么一切事物将自然生灭②。"道"的根本内

---

①　"故从事于道者，道者同于道，德者同于德，失者同于失。同于道者，道亦乐得之；同于德者，德亦乐得之。"见于《老子》第二十三章。

②　"道常无名，朴虽小，天下莫能臣也。侯王若能守之，万物将自宾。"见于《老子》第三十二章。

涵是因任自然，所以循"道"而行首先要效法的是"道"的自然无为特质①。

自然无为是"道"的第一重特质，顺应"道"的自然无为，首先要做到少私寡欲。宇宙天地间一切事物的产生、存在、发展都离不开"道"，即使回到宇宙最原初的起始，仍然只有"道"在发挥着永无休止的创生功能。但是"道"的整个创生过程却是以消极的姿态显示其对于宇宙万物的特殊关怀。"道"生养万物却不占有或主宰万物，只因任万物自由生长，以避免给万物带来意外的伤害，体现出"道"最玄妙幽深的德性。"道"的"玄德"以自然为根本内涵，所以关于"道"的道德实践首先要以自然为精神旨归。有关于国家治理的状态，老子作了多种描述，其中最理想的状态就是国家管理机构运转井然有序，但百姓却根本感知不到管理者的存在②。事实上百姓本来就保持一种自然的生存状态，管理者要做的只是延续这种状态，而不是去强行作为发号施令，引来百姓赞美、害怕甚至轻侮的对待。作为"道"的载体，整个天下都是"道"的体现。因此对天下的有效治理不能通过强力实现，而应该以顺应"道"的态度去治理天下，否则只有得到失败的结果③。圣人与"道"同体，以无为的态度处理世事，不妄为、不偏执，言行举止都在"道"的内在观照下展开，完全契合"道"自然无为的精神实质。所以也就不会有失败，更不会失去什么。自然与无为是老子思想中的两个重要

---

① "人法地，地法天，天法道，道法自然。"见于《老子》第二十五章。

② "太上，下知有之。其次，亲而誉之。其次，畏之。其次，侮之。信不足焉，有不信焉。悠兮其贵言。功成事遂，百姓皆谓我自然。"见于《老子》第十七章。

③ "将欲取天下而为之，吾见其不得已。天下神器，不可为也。为者败之，执者失之。"见于《老子》第二十九章。

的核心观念，自然是从正面来讲凡事要自然而然，因任情势和事物自然本性的变化发展；无为是从反面看要不妄为、不做作，不随意参与事物的生长进程。自然无为从正反两方面反映出"道"的精神特质，同时也是"道"对人类活动的应然诉求。所以，道德本体的向下落实首先要实践"道"自然无为的精神特质。老子反复强调"道"的无为特质，同时也看到了无为所实现的无不为的客观效果。简言之，"道"无所作为却成就万事万物。管理者如果能持守无为之"道"，事事物物将自然而然地健康成长。用"道"的浑朴来观照万物的生长发育，天下自然运行有序。

　　老子之所以指斥道家之外尤其是儒家所主张的仁义道德，就是因为在他看来所谓的仁、义、礼、智本质上都是人为造作的表现形式。表面上看它们是对现有文化人为进行加工包裹的产物，实际上会对人性产生巨大的戕害，更为严重的是对"道"本身产生严重的侵蚀。所以老子规劝那些社会管理者，果断放弃那些仁、义、礼、智包裹的虚饰而选择无为，民众自然会保持孝慈的本性；抛弃相互之间的欺诈和对利益的追逐，社会上也不会再有盗贼存在①。在老子看来，社会混乱的根源正是虚伪的仁义和私欲。仁义道德迷乱了人原本自然质朴的心性，对虚名和利益的贪恋不断引起人与人之间的纷争。圣人将体道工夫做到极致，崇尚自然无为，所以不会贪恋世人所贪欲的名利，更不会看重世人所看重的各种珍奇物品。作为国家社会的领导者和管理者自己首先做到没有私欲，所领导的民众自然会熏习渐染，去除欲望。一旦

---

① "绝圣弃智，民利百倍；绝仁弃义，民复孝慈；绝巧弃利，盗贼无有。此三者，以为文不足，故令有所属，见素抱朴，少私寡欲。"见于《老子》第十九章。

民众摆脱欲望对身心的侵扰，自然而然地就归于本性淳朴。少私寡欲另一种表现形式就是知足，知足本质上就是对欲望的克制。知己知彼是学做圣人所应具备的基本素质，老子更倾向于自知和自胜，即自己了解自己的缺点并能进一步去克服，这其中理所当然地包含了被视为人性弱点的内在欲望。所以老子进一步指出知足的人才是最富有的①。这种人的精神气质内在地契合"道"的要求，总是能沿着"道"指引的轨迹行事，所以他们即使死去了，也仅仅意味着肉体生命的终结，其精神信念却永恒地归于"道"，真正实现"身没而道犹存"②。道家所崇尚的圣人学问与一般人不同，其工夫致力于自然无为、少私寡欲的道德实践，因任百姓以及万物自然生长发育而不妄加作为。道家的学问与一般世俗学问由此发生了明显的分野③。"为学"的学问旨在增加经验常识，当然包括仁、义、礼、智等世俗道德形式在内；"为道"的学问正相反，旨在不断去除人们经验知识中的成见和贪欲，最终以无为的姿态接近于道体的真实。道家的学问正是"为道"的学问，道家之外的学问却大都只是"为学"的学问。所以，道家的道德实践本质上就是"为道"的实践。

　　老子曾经形象地描绘了一个"小国寡民"的乌托邦式理想社会形态。在这个社会里没有礼仪道德和法制约束，民众秉性淳朴、无欲无求。他们总是能够自给自足，不需要多余的生产资

---

　　①　"知人者智，自知者明。胜人者有力，自胜者强。知足者富，强行者有志，不失其所者久，死而不亡者寿。"见于《老子》第三十三章。

　　②　（魏）王弼注，楼宇烈校释：《老子道德经注校释》，北京：中华书局，2008年版，第84页。

　　③　"为学日益，为道日损。损之又损，以至于无为，无为而无不为。"见于《老子》第四十八章。

料，也就不存在对外交往的必要，彻底避免了纠纷与争斗。尤为可贵的是，民众在精神上无比享受当下自然质朴的生存状态。这个寄予了老子人生理想的社会形态是老子对当下不合理的社会现实心生不满后催生的美好幻想，其中逻辑地隐含着老子对于改变社会现实的冲动。所以就人生态度而言，老子自然无为的哲学主张并非绝对的无所作为。老子反对一切肆意妄为带有人为做作色彩的情事诸如礼仪、法制，主张利用自然无为的诉求化掉人类实践进程中一切矫饰造作的成分，通过"无为"达到"无不为"的客观效果，这与儒家学派所呈现出来的积极有为的人生态度形成明显的对比。孔子有感于卫国人口众多，冉有请教其关于国家实现人口众多之后再如何进一步去做。孔子的回答完全表露出积极有为的倾向："富之"，然后"教之"。① 人口众多之后还不够，还要使百姓富足；百姓富足还不够，还要对其进行礼乐教化，让他们知晓并遵守礼仪。尤其对于国家管理者来说，这是必须要做到的。对个人修养来说，从"修己以敬"开始，然后到"修己以安人"，再到"修己以安百姓"②。显然这也是孔子为当权者修身努力所设定的目标路径。通过修养身心形成严肃恭敬的处事态度，然后循序渐进，通过修身去安顿身边的人，再进一步去安顿所有的百姓。由内而外，由近及远，将个体的内在价值尽最大可能地释放于社会群体的共同提升进程当中去，整个过程不容许有丝毫的懈怠甚至放弃，即使遇到困难也要迎难而上，就像石门看门人对孔子的评价"知其不可而为之者也"③，这正是典

---

① 见于《论语·子路》。
② 见于《论语·宪问》。
③ 见于《论语·宪问》。

型的儒家式的有为进取精神的体现。然而在道家的视域下，儒家的进取有为与自然无为的精神旨归完全是扞格不入的，更重要的是它彻底背离了"道"的基本精神，所以同时意味着在实践的层面与"道"渐行渐远了。

柔弱处下是"道"的第二重特质，顺应"道"的柔弱处下，首先要做到谦退不争。"贵柔"[①] 是道家哲学所呈现出来的一个重要的思想特征，"道"自然无为特质的背后必然是其柔弱的性格，柔弱正是"道"本然的功用。老子极为看重"道"的柔弱，"道"正因其柔弱特性而得以保持其功用的长久。从反面来看，一切刚强的事物反而都是不能保持长久的。以人和草木的生命为例，人生来躯体柔软，死后尸体逐渐变为僵硬；草木生长过程中枝干柔脆、迎风摇曳，死后变得干枯腐朽[②]。老子根据这些宇宙自然中每天都在发生的极其平常的生命现象总结出：刚强预示着死亡，柔弱象征着生的希望。于是看似强大的事物往往处于下面的位置，而柔弱的事物反而常常占据上面的位置。最终的结果只能是"柔弱胜刚强"，水就是柔弱事物的典型代表。水是现实世界中最为常见的事物，却又是普天之下最柔弱的东西，但征服刚强事物却没有能胜过它的。柔弱胜刚强的道理天下人都知道，但却几乎没有人能够贯彻执行，这也是老子所忧虑的。最高的善就像水德一样。水不但天性柔弱，还善于处下。水润及万物却从不与万物争利，存在于众人所厌恶的场所，所以水德极为接近"道"的内在特性。老子迫切希望世人能够效法水德。人的一切

---

① "老聃贵柔"，见于《吕氏春秋·不二》。
② "人之生也柔弱，其死也坚强。万物草木之生也柔脆，其死也枯槁。故坚强者死之徒，柔弱者生之徒。"见于《老子》第七十六章。

行为都要合于时势并遵循相应的规则，切忌有贪欲。有贪欲便有争心，有争心就会引来怨恨、造成祸患。老子通过水德揭示出"道"柔弱处下的特质，形象直观生动，易于为世人所接受。世人只要观察并领悟到水柔弱处下的性格并去效法实践，也就意味着实现了对"道"精神实质的落实。

如果说柔弱处下是"道"呈现出的一种本然姿态，那么谦退不争则是这种姿态下的行为表达，二者本身从根本上代表了"道"的无为性格。完成道德本体的向下落实，必然要实践"道"的谦退处下。"道"观照天下万物就好像山川河流汇集于江海一样。老子以江海喻"道"，旨在说明"道"的含混包容，实际上这背后隐含了"道"以谦退成就万事万物的思想内涵。江海之所以能汇集众流以成其博大，只因其能容。江海之能容又因其总是处于低下的地方。水往低处流只是物理学发现关于万有引力定律中地球引力作用的一个极为普通的现象。老子借此警谕世人尤其是国家社会的最高管理者，要学习水的甘于低下以成就事业。相对于民众而言，管理者因其权位总是容易使自身处于高高在上的压迫态势。圣人意识到权位的弊病，所以作为管理者要实现对民众的有效管理必须保持谦退的品格，始终把民众的利益放到最前面。虽然圣人处于上位，民众却丝毫感受不到拘迫；圣人在前面引领着民众前行，民众却不会受到伤害。所以圣人能受到普天之下民众的衷心拥戴。社会的混乱常常起于人与人之间对于名利的争夺，而争夺从根本上源于人内心无尽的欲望。老子清醒地认识到人内心的私欲所产生的严重危害，所以他给出了治乱去祸的建议：不推崇贤德百姓就不会争名，不珍爱财货民众就不会夺利，不炫耀引起欲望的东西民心就不会混乱。所以圣人治理百姓的方法是让百姓填饱肚子、增强体魄，同时引导百姓保持内心的虚静，去除智巧、弱化欲望，彻底消除社会混乱的思想根源①。圣人的治理举措从根本上说是顺应了"道"的无为特质，"无为而无不为"，通过无为的方式因任百姓自由发展，从而实现天下太平的理想社会状态。老子告诫世人尤其是当权者，一定要时刻警惕外界无处不在的诱惑，对名利保持高度清醒的认识，看轻财货与名位。还要适时抑制骄傲自满的心态，隐藏自己的锋芒。使自己的行为与"道"的运行轨迹保持内在一致。因此，真正的体"道"之人成就功业之后能够懂得顺应时势功成身退，而不是盲目追求盈满，以契合天道自然无为的内在要求。

世上的纷争常起于财货资源的稀缺，随着人口的不断增加资源分布不均成为常态。人与人、国与国之间围绕着资源占有展开的争夺活动也逐渐频繁，体力与智力、政权与国力的强弱时常主宰着争夺的结果，反过来进一步加剧了资源分配的不均。这些肆意妄为的活动在老子看来已经背离了"道法自然"的基本精神。"道"对于宇宙天地间的万有整体观照，所以自然的法则从来都是去除多余以补充不足。而人类社会却正好相反，常常是牺牲掉不足的去供奉有余之类。作为体"道"者，圣人有感于天下的不公，依"道"而行以多余弥补不足。他们成就万事万物的生长发育却不依恃自己的功劳，认为一切都是"道"观照下宇宙化育运行的自然结果。天道从来都是助益万物生长而不生害，圣人积极参与其中。无论对于名还是利，圣人常怀有不争之心。以

---

① "不尚贤，使民不争；不贵难得之货，使民不为盗；不见可欲，使民心不乱。是以圣人之治，虚其心，实其腹；弱其志，强其骨。常使民无知无欲，使夫智者不敢为也。为无为，则无不治。"见于《老子》第三章。

不争之心去观照天下，万有本就与我一体无碍，天下没有什么能够与之争的了①。老子希望社会的每一个个体成员都能去除争心，人人内心恬淡无欲互不相争。可以看出，同样是对于社会资源的合理分配，道家主张通过化掉所有社会成员的争心使民众回归淳朴的途径自然而然地实现。而儒家则主要是以制度化的形式②通过人为强制推行的手段来完成。

战争是儒家和道家共同反思的对象。放眼整个天下，老子旗帜鲜明地反对肆意发动战争，就这点而言老子与孔子似乎并无二异。老子尤其告诫那些掌握国家权柄的管理者，对待战争必须慎重。从"道"的视角来看，战争主要靠强力手段征服对方获取胜利，崇尚刚强暴力，本质上与"道"柔弱不争的内在特质正相违背。而且就结果来看，战争作为人间争斗的一种极端形式对整个国家社会生产生活的破坏性影响极其巨大，甚至足以阻碍社会发展的进程。因此战争被老子视为凶险邪恶的象征。老子甚至对用于杀人的兵器明确表达了鄙弃的态度，行"道"之人从来都是远离这些不祥之物的③。老子尤其告诫那些君主身边的重臣们，若依"道"而行就不要给君主灌输逞兵好胜的建议。如果迫不得已而发生战争，或止于治乱，或止于救危，只需达到目的就适可而止，不要再去炫耀逞强④。因为按照事物发展的一般规律，事物壮大到极限就会走向衰落，必须保持谨慎的态度。老子

---

① "圣人不积，既以为人，己愈有；既以与人，己愈多。天之道，利而不害。圣人之道，为而不争。"见于《老子》第八十一章。
② 如孟子提出的"八家皆私百亩，同养公田"的井田制。见于《孟子·滕文公上》。
③ "夫兵者，不祥之器，物或恶之，故有道者不处。"见于《老子》第三十一章。
④ "不得已而用之，恬淡为上。"见于《老子》第三十一章。

还对关系国家命运的战争指挥者的基本素质提出了要求①。一名优秀的战地指挥官必须能够清醒地分析战前形势并能准确预料战争结果，不莽撞武断地做出决策。更为重要的是能控制好自己的情绪，谦逊沉稳、知己察人。像圣人那样，按照"道"的内在要求去处理问题，尽最大的可能去避免纷争②。时刻都怀着一颗不争之心去对待战争，顺应客观情势，才能充分利用各种有利条件去完成使命。

"道"的柔弱处下与谦退不争的品质在本质上并无二异，其实践形式也会存在明显的趋同。柔弱性格好似谦退品质所呈现的外在情状，不争正是处下的价值抉择所要进一步需要表达的人生态度。而从根本上来看，无论是柔弱处下还是谦退不争都是由"道"自然无为的真正内涵所直接开出的。这是老子在深刻省思混乱复杂的社会现实之后为世人所指出的一条实现自我拯救的实践路径。一方面，社会成员可以通过这样一种柔弱处下的人生态度隔绝来自外界的侵扰伤害，实现身心自保，在乱世中求得生存的更大可能；另一方面，无论个体之间还是社会群体之间如果能够将谦退不争的人生态度落到实处，就可以直接有效地消解掉各种矛盾冲突，避免社会出现较大的混乱纷争。所以从本质上看，柔弱与谦退的人生态度是基于人类自身存在的基本问题所完成的价值选择，关乎每一个体和整个群体的共同命运。其背后并非是恶劣形势下消极的自我逃避，而是社会历史命运的崇高担当。就此而言，儒道两家自始存在着道德实践用力方向的一致，只是在

---

①　"善为士者，不武；善战者，不怒；善胜敌者，不与；善用人者，为之下。是谓不争之德。"见于《老子》第六十八章。

②　"以其不争，故天下莫能与之争。"见于《老子》第六十六章。

实践手段和操作方式上存在着相当的差异。与道家在哲学主张上明确所主的柔弱取向不太相似，儒家的柔弱最早是呈现于儒的人物性格当中的，而且其形成有着深刻的历史原因。《说文》对"儒"的解释是，"儒，柔也，术士之称。从人，需声"①。"儒"最早起于殷商时期从事主持丧葬礼仪的神职人员如巫师、术士，在整个社会阶层中地位非常卑微，历史地造就了谦卑柔弱的性格。所以，儒家人物性格中自始就已经植入了"柔弱"的因子。子贡曾赞美孔子具有温和、善良、恭敬、简朴以及谦让五种可贵的道德品质，在子贡看来孔子正是靠这五种品质获得各国国君的认可并得以参与国家的各项政事②。这五种品质几乎可以成为后来儒者的一个标签。随着儒作为一股社会力量逐渐崛起，儒者承载了越来越多的社会担当，其性格也不断注入了更多刚强的成分，历史地成就了其刚柔并济的性格特色。儒家开始一方面重视温和谦让德性的培育，但同时也追求刚健有为品质的积聚。如《易传》就劝导世人学做君子，不仅要效法天道的刚健有为，以奋发的姿态坚持不懈地成就自我生命的积极绽放；还要学习地道的坤厚温和，以宽宏博大的胸怀容载万有，助益宇宙大化流行的进程，实现刚健与坤厚两种品质的完美结合。

　　归根复命是"道"的第三重特质，顺应"道"的归根复命，首先要做到致虚守静。在老子视域下，"道"本就是不同于一般

---

　　① （汉）许慎撰，（宋）徐铉校定：《说文解字》，北京：中华书局，1963 年版，第 162 页。
　　② "子贡曰：夫子温、良、恭、俭、让以得之。夫子之求之也，其诸异乎人之求之与？"见于《论语·学而》。

事物的"物"①，"道"之能创生万物证明其不是一般的物质性实体。而"道"之所以能创生不已首先是因为其保持了内在的虚空状态。老子曾多次表达出对道体虚空的赞许。道体虽然呈现虚空但实际上完全充盈宇宙上下，就像一个无比巨大的风箱中间虚空，发动起来蕴藏着无限的生机动能。道体深渊辽阔，功用永远不会穷尽，就像玄妙的母性之门开合，孕育着无限的生机和妙用②。体"道"之人效法"道"的本质内涵，就要从根本上把握"道"的虚空妙用。通过对道体的深入省视，依"道"而行，作致虚守静的工夫。将内心的虚空推展至极限，去除各种私欲和成见的干扰；将生命的静谧持守至笃实，达到内心的澄明境界。虚静不仅是修身的重要途径，更是圣人用以治国的选择方式。对治国者而言，能真正做到清静无为，彻底摈弃烦琐芜杂的仁义法制对民众的侵扰，整个社会自然归于井然有序③；就天下万有而言，不生私欲而趋于清静，回归自然真朴，天下自然会达到安定和谐的状态④。

　　致虚守静是实践道体的工夫，归根复命则意味着道体观照下生命个体的终极命运指向了自我的源初境地，个体始终不断地朝向道体作复归的努力。道体是呈虚静状貌的，万物在根源处无限接近于道体的真实，自然也是虚静的。宇宙万物都在不停地向着根源处作复归的运动，人理所当然也在其中。复归本根达到静的

---

　　①　"道之为物，惟恍惟惚。惚兮恍兮，其中有象；恍兮惚兮，其中有物。"见于《老子》第二十一章。

　　②　"道冲，而用之或不盈。渊兮，似万物之宗。"见于《老子》第四章；"谷神不死，是谓玄牝。玄牝之门，是谓天地根。绵绵若存，用之不勤。"见于《老子》第六章；"大盈若冲，其用不穷。"见于《老子》第四十五章。

　　③　"我好静，而民自定。"见于《老子》第五十七章。

　　④　"不欲以静，天下将自定。"见于《老子》第三十七章。

状态，万有回归本性，顺应变化发展的律则。人应该把握宇宙万有的运动规律，贴近于道体的运行轨迹，不妄为、不做作，以静制动，实现个体生命的长久。老子所表达的"归根复命"一方面是要凸显万有在根源处接近于道体的虚静状态，另一方面还要明确道体所自有的朴性内涵①。按《说文》："朴，木素也。"②释德清注：木之未制成器者，谓之"朴"。"朴"本义指未曾加工过的原木，后衍生出事物未经受人为修饰的本然状态。在此却成为老子用以形容道体特质的一个特殊词汇。"朴"意味着道没有任何具体的规定性，使得"道"能够摆脱现实规定的拘限而不被任何外物所役使，相反她却能自由地助益万有的自然生长发育。老子"用朴来形容道体，目的是突出道的含混质朴性、自然无为性。正是因为道的含混质朴，使得作为宇宙创生原理的道可以涵容万物，且保持自性的稳定。也正是因为道的自然无为，使得作为万物本源的道可以不受拘束，顺其本性从容生物。"③万有的"归根"不仅要归于道体的虚静，更要归于道体的含混质朴、自然无为。虚静和含混质朴在"道"那里是完全相容的。"道"的虚空成就其自身无限的涵容，使"常德"能够达到绝对的充足状态。从而回归到质朴的境地。含混质朴的"道"散化为万有，成为万有终极的价值根源。效法"道"当然要效法"道"的质朴，就像圣人那样持守"道"的自然质朴，维护"道"的和谐整全，不妄为做作，只因任万有自然成长发育，顺

---

① "道常无名，朴虽小，天下莫能臣也。侯王若能守之，万物将自宾。"见于《老子》第三十二章。

② （汉）许慎撰，（宋）徐铉校定：《说文解字》，北京：中华书局，1963年版，第119页。

③ 王先亮：《孔老人性论思想探赜》，《东岳论丛》2016年第12期，第92页。

任民众自由真朴的生活，本然地回应"道"含混质朴的思想内涵，这才是接近于道体真实的最高智慧。国家管理者要清醒地看到，民众学会更多的智巧就会变得难以管理，所以有道的人治理国家不是通过传授给民众智巧而是通过引导民众去除机心回归淳朴来实现的。事实证明，用智巧治理国家只能给国家带来无尽的灾难，相反摈弃智巧伪诈通过引导民众回归自然真朴来治国才能实现国家的有效治理。治国者要善于总结正反两面的治理经验，把握国家治理的根本规律，把国家秩序和民众生活引入正途。

事实上，喜静并非道家的专属特性，儒家同样也有其好静的一面。孔子在对智者与仁者进行对比评价时明确表达出对仁者性格中"静"的品格的赞赏。智者思维活跃，故而喜欢水的灵动；仁者豁达稳重，故而欣赏山的静谧①。由于天地万物与我一体的天人合一的思维传统的影响，山水自然自古就是圣贤寄情达意的对象。"道德本乎人性，人性出于自然，自然之美反映于人心，表而出之，则为艺术。故有道德者多知爱艺术，此二者皆同本于自然。"② 孔子对于山水的热爱同样来自于天地间物我一体的情怀，他将仁者性格中的"静"移情于高山的踏实稳重、静谧空灵，让人直观地体验到仁者沉醉于静的情境。好静不仅是仁者的性格，还是仁者理解宇宙万有的途径。《大学》更是延续了这一思维传统，强调知晓"止于至善"的理想目标从而使志向坚定，进而使心灵归于平静以实现内心的安宁，在这种心理状态下思虑

---

① "智者乐水，仁者乐山。智者动，仁者静。智者乐，仁者寿。"见于《论语·雍也》。

② 钱穆：《论语新解》，北京：三联书店，2002 年版，第 115 页。

才有所收获①。"静"是内心思考发动之前所做的必要准备，在坚定意志的前提下过滤掉一切可能搅扰心灵的浮躁，使内心能够更加有力地实现对于"道"的把捉。同样是对于"静"的看重，老子的"静"在于突出道体的虚空妙用，不妄作。孔子与《大学》的"静"则在强调"静"作为人的性格和心理状态对于理解道德本体及其实践形式的重要性。

　　"朴"在老子本体论哲学中占据着特殊重要的思想地位，它被老子直接用来描述道体的本然状态，并被设定为道德实践的一个理想目标。老子语境下的"朴"是极其纯粹的，作为道体的特殊属性它拒斥任何人为矫饰成分的渗入。相对而言，儒家对于作为一种特性的"朴"的处理态度比较温和，在尊重朴性内涵的同时并不排斥礼仪文饰的介入。孔子十分重视对于周礼的发展传承，"礼"在本质上是文化人为加工后的产物，所以不可避免地沾染了修饰的色彩。无论是思想的实质内涵还是外表的修饰对于"礼"生命力的延续都极为重要。所以孔子认为两方面都不能忽视。孔子曾经评价作为君子的基本素质：质朴盖过文饰就会流于粗鄙，文饰盖过质朴就会变得虚浮，真正的君子不会居于一偏，从来都是质朴与文饰兼顾以成就自身②。君子形象正是孔子理想社会人格的一个缩影，隐含了孔子对于人类文明的深层设计和殷切期许。作为最高道德本体的现实落实，"礼"功能性地承载了儒家最核心的道德主张。孔子为此指出了国家治理的正道：

---

　　①　"知止而后有定，定而后能静，静而后能安，安而后能虑，虑而后能得。"见于《礼记·大学》。
　　②　"质胜文则野，文胜质则史，文质彬彬，然后君子。"见于《论语·雍也》。

"道之以德，齐之以礼。"① "德"体现道德本体的根本内涵，是埋藏于人本心指向至善的智慧种子，必须以质朴保证其内容的纯粹；礼通过外在的制度设计对人心归于道德进行匡范。在孔子看来，质朴和文饰并不矛盾，只是要掌握好分寸，二者在作为道德实践者的君子身上可以实现完美的融合。而在老子哲学中，质朴和文饰则完全是对立冲突的。质朴是道体最完美的样态，道德实践的正途只是自然而然地返璞归真，在整个过程中任何人为矫饰的进入都是对道德实践的破坏。老子对"礼"表达出不满，表面指斥其为祸乱的源起②，实质上是批评其作为一种人为因素施对人性所进行的钳制束缚以及更为根本的对道体质朴所造成的戕害。

在庄子眼里，现实中的每一生命个体生来就不可避免地陷入生存的悖论之中。一方面是生命中隐含的朝向绝对自由涌动的原始冲动，另一方面却是畸形的现实社会对个体生命肆意的拘迫束缚。于是，所有人不得不面对神往自由却又苦于不得摆脱现实羁绊的宿命。为了打破这样一种宿命，庄子就像一位勇敢执着的精神斗士，在现实批判中不断摸索走向自由世界的途径。通过对现实世界的破与立，庄子以精神实践的形式实现了他道德本体的现实落实。庄子与老子相似，延续了以"道"为宇宙的最高本体范畴。但是庄子视域下的"道"，一方面保留了老子"道"的实有性、本根性以及无为无形特质，另一方面更为重要的是它发展出了一套境界形态的形上学，将"道"的形态设定为道德实践的终极理想目标，使之成为人生境界层面最高的精神追求。庄子

---

① 见于《论语·为政》。
② "夫礼者，忠信之薄，而乱之首。"见于《老子》第三十八章。

认定只有在"道"的层面人才是绝对自由的，其道德实践的努力正是围绕着实现与"道"的冥合来展开。庄子首先要做的就是通过揭示人类知识的不确定性来证明由经验知识来实现道德理想之不可能。

庄子习惯于站在高处审视世间众相，他清醒地认识到经验世界事事物物之间客观存在着各种矛盾差异——"殊性"。譬如骐骥骅骝作为世间罕有的良马其专长仅在于日行千里地奔跑，如果用来捕老鼠它甚至不如野猫效率高①。显然，万有之间的矛盾差异在现实层面完全是不可调和的。通过揭露事物间的矛盾，庄子旨在凸显事物之间客观存在着的相对性，证明所有的事物无不是在相互对待中得以呈现自性，而且这种自性是极其不确定的。从相对的角度来看，宇宙一切事物既是"彼"又是"此"，"彼""此"相互对待。如果从"彼"处看不见，那么回到"此"处就能明白了。反之亦然。所以，"彼""此"正是在相互对待中互相成就对方的存在意义。没有绝对的"彼"，也没有绝对的"此"；没有绝对的"是"，也没有绝对的"非"。在现实经验层面上，宇宙间一切事物的彼此、是非都是相对的、不确定的。只有超越一切对待，才真正称得上进入"道"的境界。相反，也只有从"道"的角度去观照万有，才能齐同事物之间的差别，求得事物的确定性。现实世界中的人们总是习惯于给事物做出区分判定，从而形成事物之间关于大小、多少、是非、贵贱等等性质属性相互对立的价值判断。从事物自身的角度来看，这些分判是显而易见的。但是从"道"的角度来看，事物之间的差别根

---

① "骐骥骅骝一日而驰千里，捕鼠不如狸狌，言殊技也。"见于《庄子·秋水》。

本就不具有确定性，分判也就失去了意义①。在庄子看来，关于事物的判定纯粹是出于人的主观认知，但主观认知是极其不确定的，它会随着认知主体、认知角度以及认知对象的转换可能生成性质完全不同的认知结果。尤其是当人站在自己的立场上去看待事物，更是容易投射出带有自身主观色彩的价值判断②。事物的客观属性在相互对待的比较中被彻底掩盖掉了。所以，人们的主观判断并不能获得关于事物的真实意义，更难以实现对于道德本体的理性认知。只有跳出有限生命个体的视域，升跃至"道"的角度来观察万事万物，才能获得对于万有的正确认知，因为在"道"的视域下经验事物并不存在本质上的差别，而是"齐一"的。现实中任何事物无一例外地都有其"是"与其"可"的地方。从最高的"道"的视角来审视万有，在经验层面形成的差别无论是大小、美丑，任何稀奇古怪甚至事物的成毁都可齐同为一③。既然在"道"面前事物的种种差别都可以被化掉，那么人们所做的一切分判由此都失去了本真的意义。所以，忽略"道"的理性视角而仅仅执着于现实的经验分判，其结果只能是劳心伤神、徒劳无功的。

庄子认定经验层面的一切区分判断因其本质上的主观性和不确定性并不能获得本真的意义，这便意味着通过经验知识基础上的主观认知根本无法实现与最高本体"道"的冥合以获得绝对自由。经验世界中的人囿于各种对待关系注定是不自由的，唯一

---

① "以道观之，物无贵贱；以物观之，自贵而相贱。"见于《庄子·秋水》。

② "夫随其成心而师之，谁独且无师乎？"见于《庄子·齐物论》。

③ "物固有所然，物固有所可。无物不然，无物不可。故为是举莛与楹，厉与西施，恢诡谲怪，道通为一。其分也，成也；其成也，毁也。凡物无成与毁，复通为一。"见于《庄子·齐物论》。

的方法只能是超越经验层面的一切相互对待。庄子专门列举了两个人物事例用来说明，一个是关于宋荣子①。有的人其才智足以胜任某一官职，其行为足以契合一个地方的民情，其德性足以迎合一国君主的所好。这三种人非常满足自己的处境，却得到宋荣子的嗤笑。与其相比，宋荣子的工夫已经做到面对外界的赞扬和批评而不动心，定内外、辩荣辱，仿佛看透一切。但在庄子看来，宋荣子的境界仅止于此，其实践仍然有未曾达到的高度。另一个是关于列子②。列子乘风而行，非常遥远的距离十五天便可从容往返，看上去自由飘逸。但在庄子看来，列子出行方式虽然摆脱了用脚走路，却不免仍要借助风力。客观来说，宋荣子和列子已经是各自生存领域中的佼佼者，他们已经竭尽全力将"无待"做到自己能力范围内的极致，但最终仍无法彻底摆脱对待关系的拘囿。而对绝大多数普通民众而言，他们更是难以改变"有己""有待"的生存困境以获得绝对的自由。最终，庄子为世人指出了一条正道：果真能像至人、神人和圣人那样因顺天地自然的变化轨迹，了解六气的变化规律，遨游于无穷无尽的境域，由此天地与我一体无隔，六气与我并行不悖，哪里还需要依待呢？所以至人不执着于自我，神人不贪图功劳，圣人彻底看淡名位，正是因为他们能超脱于对待关系的束缚，才得以成就人生的自由逍遥。

事实上，在道家清静无为的思想感召下，历史上每个时代总会有一部分人群会选择远离闹市，逸居于山野之中，以迎合好静的精神祈求。通过"隐"的途径来逃避俗世中缠绕于自身周遭

---

　① 见于《庄子·逍遥游》。
　② 同上。

的种种束缚，以"有为"的方式寻求与道体"自然无为"精神实质的接近。唐白居易在其《中隐》诗中谈到关于"大隐"与"小隐"："大隐住朝市，小隐入丘樊。丘樊太冷落，朝市太嚣喧。不如作中隐，隐在留司官。"① 按大、小隐的区别，这种隐逸于"丘樊"（乡村园圃）的生活方式只能算是"小隐"。"小隐"代表着认知主体从喧闹的俗世中跳出来，进入到寂静的山野之中，从而实现个体生命在生存空间内与现实人群的剥离。表面上看，这种"隐"只是跳出了喧嚣下的俗世是非，却仍没有跳出俗世与山野的相互对待。而且，这种逃避在本质上只是身体的空间位移，如果内心并不能保持宁静并且破除一切现实对待，那么这种"小隐"便无法获得绝对的自由。与肉体生命的消极逃避相比，庄子更看重精神生命的自由追求。庄子曾虚构了一段子贡与浇田农夫的对话②，并借农夫之口表达了其对于"机心"的批评。子贡认为借助于一种叫"槔"的机巧装置来浇灌菜园既省时又省力，而相比之下农夫以罐取水的原始方法未免太辛苦。农夫并非不知机械装置带来的便利，但在农夫看来，使用"机械"（机巧之物）必然会导致人在行为处事上做出"机事"（投机取巧之事），而行"机事"又必然会在人的精神世界中催生出"机心"（机巧功利之心）。"机心"存于胸中则不能实现精神的纯洁整全，继而不能保持灵魂的安宁祥和，最终无法成为"道"的承载。对话结束之后子贡进行了自我反省，将听闻于老师孔子的圣人之道与从农夫处悟得的圣人之道做了对比，从中体

---

① （唐）白居易撰，朱金城笺校：《白居易集笺校》，上海：上海古籍出版社，1988年版，第1493页。
② 见于《庄子·天地》。

悟出了孔子与农夫各自圣人之道的不同。孔子主张的圣人之道在求事功，因此在实践过程中讲求省力求巧；而农夫身上所体现的圣人之道则在求全神，因此在实践中讲求"道""德"的整全。后者才是庄子眼中真正意义上的圣人之道。显然，庄子意图借子贡之口道出儒道两家精神追求的根本不同。保持精神整全的关键所在正是去除"机心"。对世人而言，"机心"不仅是追求精神自由的壁障，更是通过道德实践趋近于道过程中的绊脚石。相对于喧嚣的闹市、复杂的人间是非等表面的障碍，"机心"带给人类精神世界的危害性要严重得多。

当庄子设定追求精神自由的理想目标并诉诸道德实践的努力时，他同时意识到人类根本无法彻底摆脱自身与生俱来的现实性，即人首先是一个活生生（有思想活动、有肉体感官活动）的自然生命。这直接决定了人根本无法通过逃避俗世逸居山野的生存方式来实现出世的精神追求，退而求之只能在世间寻求出世间的解决途径。实际上庄子已经提供了一个本体论的视角，即如果能升跃至"道"的角度来审视当下，那么世间所有是非、善恶、美丑等等一切对待关系都可归于一贯，绝对精神的获得随即成为可能。宇宙寂寥无形、变化无常，超越生死对待与天地共存，神明无住，万物尽在其中无所归去，仿佛与"道"同体。这是庄子所欣赏的一种古代道术。在他看来，这也是实现与"道"契合的一条可能途径。既然无法真正逃离世间，倒不如重新审视与世俗之间的相处之道。庄子给出的答案是：独自与宇宙精神相互交流却不傲视世间万物，不介入俗世的是非之争以与世俗和谐共处①。从"道"的角度观照万有自然能实现与宇宙精神的同一，我与万物同生同化于"道"观照下的宇宙时空；从"道"的角度来看一切对待关系都可以化掉，是非关系也不例外。明白所有的是非、善恶、美丑之间的相互对待都毫无本真意义，理所当然地也失去了区别分辨的必要。身在俗世，却可以持一种"不谴是非"的处世态度，以"道"的眼光看待俗世的一切，以出世的态度实现在世的超脱，庄子笔下就有这类人的代表。庄子虚构了孔子在楚国的一段经历：孔子曾借宿于蚁丘的卖浆人家，邻居一家人爬上屋顶张望，随行的子路非常诧异，孔子却知道他们的真正身份，称他们为"圣人仆"。这些人紧紧追随圣人的脚步，隐逸于乡野民间。他们虽然名声沉寂但志向却无比远大；虽然表面有所言说内心却永远保持缄默。他们的精神旨趣异于世风，不屑于同流于世俗，很可能是隐藏于民间的楚国贤者宜僚一家②。如果说圣人是最高道德本体的化身，那么以宜僚为代表的这类民间隐士就是最接近于道德本体的人。他们虽散落生活于世间，却从来不会受到世俗的束缚。他们以"道"的视角来看待问题、处理事情，所以能超越现实对待，在趋近于"道"的过程中实现精神的自由驰骋。

自由意识是人类与生俱来的意识活动之一，对自由的本能向往构成人类思想活动和社会活动的重要动力。马克思曾经说过，"自由是全部精神存在的类本质"③。从某种意义上讲，自由就是

---

① "独与天地精神往来，而不敖倪于万物。不谴是非，以与世俗处。……上与造物者游，而下与外死生、无终始者为友。"见于《庄子·天下》。

② 见于《庄子·则阳》。

③ 中共中央马克思恩格斯列宁斯大林著作编译局：《马克思恩格斯全集》第一卷，北京：人民出版社，1956年版，第67页。

人的精神存在本身，人的一切行为活动都直接或间接受自由意识的支配。春秋战国时期尚没有明确的自由概念，但关于自由的基本精神（一切思想、行为都由自己做主，去除限制和束缚。）早已萌发于人心。其时，夏商周三代文化遗留下来的宗法制度在匡范人心的同时也演变成了束缚人心的精神枷锁。原本自然的生命变得不再自然，原本质朴的人性变得不再质朴。在这个背景之下，对自然生命的解放和自由精神的追求成为庄子赋予其哲学的神圣使命。自由的前提正是人本然生命的自然释放，庄子通过"独与天地精神相往来"的美好憧憬来表达他对精神自由驰骋的向往以及对道德本体的天然亲近。庄子无时无刻不在反感着现有文化对人类生命本真状态的侵蚀。然而现实境况却是，只有文化能把人与其他动物区别开来，同时文化又使人不可避免地陷入了对待关系的束缚之中无法自拔。庄子深刻地意识到人类生存的这一悖论，并最终选择了以游戏的态度面对现实人生，通过玩世不恭的心态掩饰内心被撕扯的矛盾。所以，庄子对现实所表现出的游戏态度本质上并不是消极意义的自我放纵，其背后隐含着庄子进行深层反省达到极高生命境界之后对现实世界的冷静反观。

　　对于道家所主张隔绝抛弃的束缚人天然本性的文化制度，儒家却表现出截然不同的赞成和利用的态度，这使得儒道两家对于自由的精神追求呈现出两条完全不同的实现路径。譬如对于人自身情感的表达，儒家主张有放有收、有发有止。《诗经》部分篇章描述了青年男子对心仪女子表达爱慕的复杂心理变化过程①。《诗经》时代的人们就已经开始注重男女之爱自然的情感表达，

---

① 见于《诗经·关雎》。

但在表达过程中会主动克制，这种行为已然成为那个时代约定俗成的社会美德。孔子评价《关雎》作为一篇记载男女情爱的诗歌作品表达快乐却不过于放荡，寄托哀愁却不过分悲伤①。《关雎》对于情感的表达总是在合理的范围之内完成，按《毛诗序》所言，"故变风发乎情，止乎礼仪"②。合理也就意味着合乎时代流行的礼仪规范。作为天地间唯一一种受理性支配的情感动物，人都会有情欲表达的冲动。虽然孔子因主张"克己复礼"而常被后人误解为禁欲主义，他也并不反对人正常合"礼"的情欲表达。《中庸》认为人情感未发时的情绪呈现本然状态是自由无拘束的，但情感一旦表达出来却都能符合礼仪的内在要求。人能够将情感表达有效控制在礼仪的范围之内，证明人在情感发出后同样是能够实现自由的。更为重要的是人通过情感在礼仪范围内的发出而获得精神自由的愉悦感，其背后隐含着生命主体经由中和之道趋近于道德本体的心灵体验。儒家的自由精神"更多地表现出的是一种心灵感受，而这种感受是要通过对礼的遵从或对自身私欲的克制才能达到的。也即通过《论语》中所谓'克己复礼'，从而使自我之心处于一种'自由'的感受之中，而这种感受便是超越了礼而不违于礼的一种心理快感，或者说是道德快感，从中可以获得某种精神的愉悦、欢乐或满足感"③。显然，对于"礼"的态度直接决定了儒道对于自由精神内涵和实现的不同态度。无论庄子还是孔子，对于自由的表达都是直接抛开肉

---

①　"乐而不淫，哀而不伤。"见于《论语·八佾》。

②　（汉）郑玄笺，（唐）孔颖达等正义：《毛诗正义》，见于《十三经注疏》（上），上海：上海古籍出版社，2001年版，第272页。

③　王开元：《〈论语〉自由精神新探》，《江苏广播电视大学学报》2012年第6期，第70页。

体感官层面的感受从更高的精神层面来实现的。但是在"礼"文化已经存在的前提之下，庄子的自由追求是在精神生命向外释放的过程中实现的，而儒家的自由精神则是理性情感向内收摄之后所获得的精神体验。

第五章　先秦儒道本体论视野下
"人"的"发现"

　　人类自从诞生之日起就注定成为宇宙时空中最为特殊的生命群体。千百万年来，人类在与宇宙自然以及人类自身打交道的过程中不断完善着体力与智力，成为宇宙演变进程中一股强劲的能动力量。人类自身的智识面对日新月异的宇宙时空激发出头脑探索一切未知领域的冲动，人在认识外部世界的同时也在不断地"发现"着自己，从多重视角深入观察着人类自身。从生物学角度来看，人是人属人科的灵长类动物；从文化人类学角度来看，人是会运用语言、拥有复杂社会组织的生物；在宗教上，人又被描述为能够使用各种灵魂的概念。透过哲学的视角，人对于自身的认识更加丰富，也更加深刻。人不仅是认识活动与实践活动的主体，同时又是认识与实践活动的客观对象。在属人的世界，一切存在者及其活动都需要透过人来彰显存在的价值。无论是相对于客观具体的宇宙时空领域还是相对抽象的道德领域，人从来都不是本体本身。但是在整个宇宙时空序列中，人却是与本体关系意义最为贴近的存在。在宇宙时空存在的一切事物当中，本体有且只有进入人的精神领域才获得了"存在"的价值和意义。巴门尼德曾经指出，寻找本体只有一条途径，即只能通过人类的思想认识活动进入超验领域去寻求。从这个意义上来讲，本体的本质意义只能通由人而不是人之外的其他任何经验事物而获得呈现，只有人才能依靠自身的思想活动成为本体呈现的唯一通孔。从本体的视角来看，人的确是宇宙时空中意义最为特殊的一类存在者。

先秦儒道哲学都意识到"人"不仅仅是宇宙时空中生活着的一个个生命个体，更是宇宙一切有生之物中的最有灵者。人类自诞生之初就凭借自身内在的创造力和德性力量积极参与到宇宙人生大化的洪流之中，不断地挺立起自身内在的主体性。人的"灵"性使其相对于本体的存在与彰显具有了特殊重要的意义。作为超越意义上的精神追求，无论是宇宙本体论还是道德本体论最终都要落实到人生的现实层面，通过属"人"的世界获得最终的落实。"离此人生而求超越，为儒学所不取。"① 道家哲学又何尝不是如此。在宇宙本体论的视野下，人不仅是整体宇宙的组成部分，更以积极的姿态参与到宇宙生化的进程当中。人类可以认识、顺应甚至可以利用宇宙运行的自然法则。在道德本体论的视野下，人不仅是道德本体的思想建构者，更是道德实践的主体参与者，道德本体论的实现过程中处处散发着人性的光辉。在本体论构建的过程中，儒道哲学在对本体进行理论探究的同时也在不断地发掘着人自身的内在价值。在先秦哲学思想的整体背景之

---

① 李泽厚：《论语今读》，北京：三联书店，2007 年版，第 55 页。

下，儒道本体论视野下人的地位和作用的确得到空前的凸显。

第一节　人主体性地位的凸显和确立

在现今存世的中国古代典籍文本中，汉语"主体"一词，最早见于《汉书》："（接舆、箕子）使遇明王圣主……上以安主体，下以便万民，则五帝、三王之道可几而见也。"[①] 此处"主体"很明显指国体亦即君主的政权统治。随着意义的不断嬗变，现代汉语的"主体"内涵演化固定为"事物的主要部分"。而在哲学意义上，主体（subject）与主观意义发生了语义关联，成为一个与客体（object）相互对待的概念，主要指对客体有认识能力和实践能力的存在者。主体不仅能认识和作用于客体，并且影响甚至决定着客体的存在意义。在整个宇宙时空中，这样的主体只能是人类本身。于是，哲学意义上的主体性（subjectivity）则是指作为主体的人"在实践过程中表现出来的能力、作用、地位，即人的自主、主动、能动、自由、有目的地活动的地位和特性"[②]。显然，人的主体性与人的存在密切关联。"从根本上说，中国哲学是关于人的学说，是关于人的存在、意义和价值的学说，为此，它要确立人的主体地位。"[③] 人类在认识世界、改造世界的进程中必然会逐渐确立一个以自我为坐标的清晰视界，并意识到自身存在正是人类认识与改造世界活动的出发点，围绕着

---

① 见于《汉书·东方朔传》。
② 见于百度百科辞条。
③ 蒙培元：《中国哲学主体思维》，北京：人民出版社，1993 年版，第 2 页。

活动而发生的人的能动性正是从这里发出，理论上人可以完全自主地支配自己的思想意识和行为方式。所以在关乎人存在的意义层面，主体性的凸显和确立构成了人类自由实现的前提，并进而构成人类道德实践活动得以有效开展的前提。

实际上，由于客观存在的自身生理特征和外在自然条件的种种限制束缚，早期人类在生存繁衍过程中首先感受到的是自身力量的渺小和外在自然力量的神秘与强大，逐渐形成了对于"天""帝"以及各种形式的人格神的信仰崇拜。"宗教的虔敬，是人把自己的主体性消解掉，将自己投掷于神的面前而彻底皈归于神的心理状态。"① 此时的人类完全是以匍匐的谦卑姿态保持对至上神的虔敬，几乎是没有什么尊严的。随着自身体力尤其是智力的不断进化完善，人类对外在自然的认知逐渐由初始的恐惧转化为努力探索的欲求。在认识外在世界的过程中，人类几乎同时在进行着进化史上另一项具有特殊意义的事情——认识人类自身。人类逐渐意识到自己首先是宇宙时空中与其他一切普通事物相似的存在物，尤其从生理特征来看与一般动物相比较并无本质上的区别。自然界的生物各有其不同的生存方式，虫鸟集阳气而生，且需要毛、羽才能生存；龟鱼集阴气而生，且需要甲、鳞才能生存。而人集阴阳之精气而生，且没有毛、羽、甲、鳞依旧能生存。② 诚然，人与一般动物相比直观区别非常明显，但这仍改变不了人和许多其他动物一样有着极为相似的生理构造，而且都具

---

① 徐复观：《中国人性论史》，上海：华东师范大学出版社，2005 年版，第 15 页。
② "毛虫毛而后生，羽虫羽而后生，毛羽之虫，阳气之所生也。介虫介而后生，鳞虫鳞而后生，介鳞之虫，阴气之所生也。唯人为倮匈而后生也，阴阳之精也。"见于《大戴礼记·曾子天圆》。

有饿而知食、渴而知饮以及其他趋利避害的自然本能。显然这种区分并不能凸显人作为特殊存在的类本质。随着自我意识的不断觉醒，人逐渐意识到自己身上不断涌现出的不同于万物的特殊品质。人类自身品质必须在人自主、自由的实践活动的开展过程中实现确证，所以，它的呈现首先依赖于人类作为宇宙间特殊存在的主体性的凸显与确立。正如同人类特殊本质的呈现是一个动态的历史事件，人类主体性的澄明同样是一个不断强化的历史变化过程。

一 早期人类自我主体意识的觉醒

从盘古开天地、女娲造人的上古神话中，我们已经能够感受到早期人类自身蕴含的无限创造力和想象力。人类怀着造福众生的美好愿望，主动将自身智识和体力投射到虚构的神话人物形象中去，并将其转化成超自然的神秘力量，用以解释宇宙天地间万事万物的生成源起。与希腊神话中常常表现为激情和放纵的英雄人物形象相比，中国神话人物身上却体现着浓厚的尚德精神。公元前三千年左右，中国远古社会逐渐进入统一的华夏部落文明时代。自华夏"人文初祖"黄帝始，作衣冠、建舟车、播百谷、定音律、创医学，华夏文明从形态的意义上开始逐渐走向成熟。黄帝不仅在军事、文化、技术层面著称于世，更重要的是依靠崇高的德行威望感召天下。黄帝通过广布德泽、惠及万民而感动天地①，他应该是中国历史上公认的第一位真正意义上"大写的

---

① "黄帝行德，天夭为之起。"见于《史记·天官书》。

人"。从黄帝时代开始，中华大地正式进入了人文化成天下的时代。黄帝不仅是文明早期开疆拓土统一华夏的圣王形象，更是中华文明背景下民众道德智慧的象征符号，其形象背后是作为众多个体的万千华夏民众集体智慧的结晶，他承载了早期民众自我确立为宇宙创造主体的美好期待。自黄帝之后，尧首推禅让、制定历法，舜巡行四方、选贤任能，禹治理洪水、划定九州。华夏先民的创造力随着历史记载的清晰愈加凸显，华夏文明的谱系被刻画得越来越完整。其中虞舜尤以宽德仁厚著称于后世，并且凭孝悌仁义位列"二十四孝"之首。虞舜不仅智慧深远，而且性格温良恭厚，故因此德行得以被帝尧悉知，承继大统①。虞舜作为部落联盟时期的道德楷模受到后人的追奉②。作为一个独立的生命个体，他能够完全主动地按照利他原则去行事，并在生活中实现自我约束和自我控制；作为部落联盟成员，他已经意识到自己对于部落联盟整体所应承担的责任和义务，自觉制定并引导民众遵守用以维系生存的社会规范。"人的精神，由散漫而集中，并消解自己的官能欲望于自己所负的责任之前，凸显出自己主体的积极性与理性作用。"③ 从虞舜开始，道德力量支配下的责任意识成为人主体性地位确立的一个重要标志。如果说农业生产方式的不断进步把人与禽兽的差别无限度地拉开，那么德性种子在民众心中的萌发则彻底实现了人与动物本质上的疏离。

《尚书》曾记载了嗣王太甲面对伊尹所进行的一段自我反省："予小子不明于德，自厎不类。欲败度，纵败礼，以速戾于

---

① "浚哲文明，温恭允塞，玄德升闻，乃命以位。"见于《尚书·舜典》。
② "天下明德皆自虞帝始。"见于《史记·五帝本纪》。
③ 徐复观：《中国人性论史》，上海：华东师范大学出版社，2005年版，第15页。

厥躬。"① 在这段自我检讨中，太甲勇于承认了自己所犯的错误，并理性分析了自身的过错在于没有昌明德行，反而放纵欲望、败坏礼制，因此招来了祸患。他最终总结出的人生感悟是"天作孽，犹可违；自作孽，不可活"②。面对上天带来的灾祸，人们可以根据征兆提前做出预判并可积极做好应对的准备。即使没有征兆，灾祸发生时人们仍可以采取应急措施最大限度地降低灾祸造成的损失。对人而言上天灾祸只是外在于自身的客观情势，人终究还有选择逃避的自由。人对于自己已经造成的祸患，一旦积累至深便很难逃脱掉。但是，人在自己造成灾祸之前是完全可以通过改变自身行为方式去除隐患，减缓甚至避免灾祸的发生。在太甲看来，行为方式的改变是围绕着彰明德性展开的。德性的储备正是彻底去除祸患的根本前提。无论是"天作孽"还是"自作孽"对人自身来说都会产生消极意义上的恶果，人都有趋利避害的本能，更有思想行为选择的自由。"自己对自己负责，而不是由上帝或别的外在权威来决定、主宰自己的命运，这正是人的主体自觉、理性自觉的表现，是人的主体性的首要特征。"③每一个有正常行为能力的人都完全能够成为自己行为方式的主导。对太甲来说，在"天作孽"之后他可以选择逃避祸患，也可以选择坐以待毙；在"自作孽"之前，他有选择不作孽的自由，也有选择作孽的自由。但是，道德力量的存在使得他的自由选择自然地趋于合理的方向。从某种意义上说，由着道德理性去做出选择看似陷入了外在的道德束缚，但当道德理性进入人的内

---

① 见于《尚书·太甲》。
② 同上。
③ 李进：《老子》哲学的主体性原则，《广西社会科学》2005年第8期，第27页。

心并成为人精神存在不可剥离的部分，那么这种基于人自身内部理性指引做出的选择本质上仍是自由的。在殷周先民自我意识不断觉醒的背景之下，先秦儒道哲学对人的主体性进行了深入的考察。

二　儒家哲学视域下人的主体性呈现

儒家从来都不否认个体相对于社会整体的存在价值，而且越是面对整体个体的功能价值越会被加以放大。每一位个体都应当受到重视，正是一个个活生生的生命个体组合成了一个完整的社会有机整体。尤其当生命个体与整体发生直接冲突时，牺牲个体以成就整体的稳定和谐被认为是天理当然。此时，更大的决策主导在于个体的价值选择本身。在大多数情况下，这种抉择的作出是受来自于主体自身的内部力量驱使完成的。

孔子以"仁"为核心的道德思想体系架构的前提正是对人主体性地位的积极认同。按《说文》："仁，亲也。从人从二。"① 结合甲骨文字体的𠔌字，从最初语义来看，"仁"主要表达为两个人一起进行某种活动，并且在活动过程中始终保持亲密友好的关系。相对而言，两个人进行什么样的实践活动已并不关乎语义的本质，重要的是在相处过程中所体现出的亲近友爱的人类情感。当这一情感原则扩而充之推及两人之外的第三人、第四人以至其他所有人，便成为贯穿人与人之间的通感的心理情感原则。"仁"也由最初的两人活动中的亲爱原则之义丰富为含义极

_____

① （汉）许慎撰，（宋）徐铉校定：《说文解字》，北京：中华书局，1963 年版，第161 页。

其广泛的人类道德范畴。在宇宙天地中，人与其他动物一样会有许多可以同样进行的活动。比如，人知道趋利避害，兽类也有趋利避害的本能；更进一步，人当数量达到一定规模形成稳定的聚居群落会推选出自己的首领，而兽类群落中也会有凌驾于其他成员之上的王。但是，"为仁"是一项专属于人类的实践活动，人类之外任何生物群体都无法进行。"为仁"的前提是必须有一个关于"仁"的道德观念先在地存在于人的心中。"为仁"实质上萌发于人类道德意识的自觉发用，作为一种道德实践活动它可以更确切地表达为"仁"主导下的"为"。对任何一个生命个体来说，"为仁"的主体从来都是个体自身①。别人可以替自己担水砍柴但却无法代替自己去"为仁"。所以，"为仁"是一个完全由自己主导而不受他人支配的行为过程。

孔门弟子有若曾经说过，做任何事情，首先牢牢抓住最根本的原则方法才能增加成功的可能。孝悌之所以成为"仁"的根本，在于其构成一切与"仁"有关的行为方式的隐设前提，使得"仁"的实践活动的开展成为可能②。一个人在生活中果真能在时时处处切实做到孝悌，便是发自肺腑地对父母兄弟满怀恭敬与爱意。这种人根本不可能做出犯上作乱的行为。反言之，一旦他犯上作乱，其行为首先意味着对国家大家长象征的君父的背叛，公然造成对父权观念的践踏。其次，犯上作乱的行为必然对社会生产生活产生巨大的破坏影响，引起社会动荡和民众恐慌。这样的消极后果，对自己父母意志而言不只会产生身体和情感上的伤害，犯上者的行为本身就构成对父母宗族的忤逆。由此一

---

① "为仁由己，而由人乎哉！"见于《论语·颜渊》。
② "君子务本，本立而道生，孝悌也者，其为仁之本与！"见于《论语·学而》。

来，其脾气秉性和言行举止与孝悌之道毫无瓜葛，从上述两重意义来讲他都不是一个孝悌之人。孔子与孟子都讲"仁者爱人"①，对父母兄弟的恭敬顺从本质上正是亲情之爱的表达。按孔子的忠恕之道，不孝悌之人连自己的父母都不爱，遑论去爱身边所有人以及全体民众。因此，孝悌之对于"仁"的行为本身具有本根的重要意义。在"本立而道生"的意义上，君子必然要"务本"。无论看问题还是办事情，要顺利完成，对根本的把捉是至为关键的枢机。如果说孝悌是"仁"的根本，那么同样可以说"仁"构成人之为人的根本，而人主体性地位的确立又成为"仁"的实践活动得以开展的前提。人的主体性地位相对于"仁"的实现同样具有根本的意义。

根据《孟子》记载，孟子与公孙丑谈及关于君主治国的理论②时曾引过《诗经》中的"永言配命，自求多福"③ 以及《尚书》中著名的"天作孽，犹可违；自作孽，不可活"④。孟子借此要表达的意思很清楚，对国家的最高管理者而言，他可以按照自己的意志自由地选择管理国家的方式，只不过需要为此承担性质截然不同的后果。国家的政局稳定之时，作为君主可以选择"明其政刑"，又或可以选择"般乐怠敖"。前者通过修明政法、赏罚分明使民众生活生活富足、秩序井然，从而促使国家变得强大，"虽大国，必畏之矣"。这种选择以汤与文王为代表，是"自求多福"的行为方式。而后者则容易引发君主沉迷宴乐、不

---

① "樊迟问仁，子曰：爱人。"见于《论语·颜渊》；"仁者爱人，有礼者敬人。"见于《孟子·离娄下》。
② 见于《孟子·公孙丑上》。
③ 见于《诗经·大雅·文王》。
④ 见于《尚书·太甲》。

思进取、佞臣当道，最终导致国政荒废，灾祸降临。这种行为选择以桀纣为代表，"是自求祸也，祸福无不自己求之者"。显然，作为两种不同性质的行为方式导致的两种性质不同的行为后果，它们并不是外界必然地强加给行为主体（国君）的，而是主体基于本身意愿的自由选择导致的必然结果。从事件根源处着眼，如果排除不可抗力的干扰，福祸常常系于主体一念之间。两种性质不同的结果在主体自身理性观照下都能够清晰地做出预判，这充分保证了主体行为选择的自由实现。但是，这种自由的实现只是相对意义上的主观假设，而不具有绝对的意义。即使是孟子本人，也不认为自由即是任性。换言之，至少从上古时代开始一种治国方式的选择理论上相当程度地系于国君一人的主观意愿，但是意愿的落实又总会受到外在于国君本身的各种社会力量的影响，甚至是决定性的影响。而绝大多数情况下，顺应集体意志（如勤政爱民、选贤任能等）的个人选择都是合于道德的。所以，作为社会性动物，人的选择自由本质上是一种相对自由。基于自身理性，人类的选择最终要在道德观照下做出，又需要在道德观照下完成。孟子尤其强调，这种道德观照常常是通过外在的道德力量作用于主体内在的道德心来实现的。

在孟子那里，道德的基本内涵主要表现为仁、义、礼、智、信等具体的道德条目。孟子时代，由于自然科学尤其是医学的不发达，人们对于人自身的器官尤其是思维器官的功能还未形成科学清晰的认识。但此时，人的理性认知功能早已经被确认，而且被赋予了人心。作为一种认知器官，心不同于"耳目之官"等一般感觉器官，它是人们认识活动发生的载体①。人们通过眼睛、耳朵、四肢等获得的感觉经验只有经过"心之官"的加工才能形成更高一级的理性认识。但在孟子看来，"心之官"的功能不止于理性认识，更重要的是其所具有的道德功能。如何证明，孟子认为这个世界上人人都有一颗"不忍人之心"。"人皆有所不忍，达之于其所忍，仁也；人皆有所不为，达之于其所为，义也。"②孟子举了一个例子：当一个人突然间看到一个孩童将要掉入井中时，这个人心中瞬间会生出担心害怕和同情的情感变化。扪心自省，现实中我们几乎每一个人遇到类似境况都会生出同样的心境。同一种情境，能够唤起肤色、地域甚至性格志趣不尽相同的千千万万不同的人生出相同的同情之心。这其中起决定作用的不是外在的情境，而是每个人都有的相同内心。这种害怕、同情之心就是"不忍人之心"，亦即孟子提出的另一个称谓"恻隐之心"。"恻隐之心……羞恶之心……恭敬之心……是非之心，人皆有之。恻隐之心，仁也；羞恶之心，义也；恭敬之心，礼也；是非之心，智也。仁义礼智，非由外铄我也，我固有之也，弗思耳矣。故曰：求则得之，舍则失之。"③仁、义、礼、智亦即恻隐、羞恶、恭敬、是非四种，这些道德内涵的标签原本就根植于人的内心，而不是通过外力从外在植入内心。从这个意义上来说，人心就是人人都有（"固有之"）的道德本心。只是有些人囿于某种内外条件的限制意识不到自己内在的道德本心，所以孟子倡导以"思"的方式求得本心的呈现。道德本心一旦

---

① "心之官则思，思则得之，不思则不得也。"见于《孟子·告子上》。
② 见于《孟子·尽心下》。
③ 见于《孟子·告子上》。

求得呈现，人的主体性亦随之得以凸显和确立。"孟子阐发的本体论，不是客体存在意义上的本体论，而是主体价值意义上的本体论。"① 其最终目的是牢牢地确立源自人内心的道德准则，以确证人存在的价值依据，挺立起人价值意义的主体性。孟子同样不是从人的动物性特征去找人与禽兽的区别，他看重的是人类独有而禽兽所没有的极少一部分特征。"人之所以异于禽于兽者几希，庶民去之，君子存之。舜明于庶物，察于人伦，由仁义行，非行仁义也。"② 这极少的一部分特征正是人的道德本心。现实情况却是，普通百姓的本心总是被遮蔽掉了，因此主体性也就无从确立。只有像君子那样，时时刻刻省察存养本心，才能牢牢挺立起作为人的主体性，使人类从一般事物特征尤其从动物性存在中超拔出来，获得自身存在的充足价值。孟子以大舜的行为举措为例指出，大舜始终坚持从内在于心的仁义原则出发去行事，而不是循着外在的仁义规则去办事。由此自身的主体性牢固地确立起来，使得大舜能够完全自由自主地运用先天内在的道德法则，而非被动地接受客观的外在约束。所以，无论是物理还是人伦，他都能明察秋毫、处理得当，从而成为古圣楷模。

儒家哲学视野下人的主体性主要通过人在生存过程中的自由选择得以凸显。但自由不是绝对的，儒家将人的自由选择限定在道德许可的范围内来实现。与之相应，人主体性的确立也主要通过内在德性的彰显与完成得以实现。

① 宋志明：《中国哲学的本体论思路》，《船山学刊》2004 年第 1 期，第 6 页。
② 见于《孟子·离娄下》。

三　道家哲学视域下人的主体性呈现

在老子哲学视域中，"道"既是宇宙间天地万物的本体，又是万事万物所依循的根本法则。作为本体，"道"自本自根，构成自身以及万物存在的充足理由；作为法则，"道"意味着自己是自己的主宰，其运行遵循自身内在的律则，不受任何外力的支配。"道"的运行轨迹本无法用语言描述，只能勉强去想象。从整体来看"道"的运行呈现循环往复的回归态势，"道"的运行轨迹无论如何展现最终都以回到自身为终极目标①。另一方面，"道"创生万物并遍在于时空中事事物物之中，无处不在。万物的运动轨迹因此要依循"道"的运行规律，永无休止地向着自身原初的道体作复归的运动②。

"道"作为宇宙间的最高本体自然确立了自身绝对的主体性地位。当形而上的"道"落实于形而下的事事物物之中，又使得万物在禀得存在之价值根基的同时自然地获得了主体性的内涵。在万千事事物物中，人又因其类的特殊性而被老子推至相对较高的层面加以审视。虽然在本质范畴上人与万物同为作为本体的"道"所观照的对象性存在，但是老子却把人从万有中超拔出来，作为与道、天、地相并列的审视对象，凸显人不同于万物的特殊品质③。因为宇宙万有之中，几乎所有的事物都不会意识

---

① "吾不知其名，字之曰道，强为之名曰大。大曰逝，逝曰远，远曰反。"见于《老子》第二十五章。

② "夫物芸芸，各复归其根。"见于《老子》第十六章。

③ "道大，天大，地大，人亦大。域中有四大，而人居其一焉。"见于《老子》第二十五章。

到自身类存在的特殊性，更不会主动自觉地去观察、认识天地自然并取法于"道"，唯有人除外。"人法地，地法天，天法道，道法自然。"① 从人到天地再到"道"，老子布置了一个前后效法的逻辑序列，并把终极对象指向了"自然"。严格来说，自然并非作为"道"所效法的对象性存在，而纯粹是用来描述道体存在的一种状态。而自然原本就含有自然而然、本来如此的意味。故所谓"道法自然"也就是"道"即自然，只为强调"道"自本自根、自主自在、本来如此的存在状态。前述"道"的运行轨迹呈现为向着自身原初作无休止的复归运动，所以"道"的"自然"内涵，正是通过"道"循环往复的复归运动体现出来。但在这里，"道法自然"并不是老子思想的终极旨归，人的应然取法才是其思想的真正落脚点，"道法自然"是老子为论证"人法自然"而设定的理论前提。"人生活在天地之中，而天地又来源于道，道在宇宙万物中是最高最根本的，但道的特点却是自然二字。人取法于地，地取法于天，天取法于道，道又取法于自然，所以道是最高的实体，而自然则是最高的实体所体现的最高价值或原则。……在这里的论证中，地、天、道都是过渡、铺排和渲染的需要，全段强调的重点其实是两端的人和自然的关系，说穿了就是人，特别是君王应该效法自然。"② 最高实体和最高原则本质上相互承载、一体无隔。但显然后者作为价值引导与人自身的存在更为直接相关。所以，人取法于"道"就本质而言实际上就是人取法于自然，换言之取法于最高实体的最高价值或原则。

---

① 见于《老子》第二十五章。
② 刘笑敢：《论老子哲学的中心价值》，《中州学刊》1995年第2期，第69页。

作为宇宙万有（首先包括人在内）的最高本体，"道"超越宇宙万有，理所当然地具有了超越性的意义；作为落实于宇宙万有的根本法则，"道"又不曾离于事事物物，成为内在于万有的价值根基。所以对人与万有而言，"道"既超越又内在。在超越性的意义上，"道"就是"道"本身；在内在性的意义上，"道"落实于万有，最终成为事事物物的"德"。"道生之，德畜之。""德"的出现意味着作为最高本体的"道"落实于事事物物的真正实现。"德者，道之舍，物得以生生，知得以职道之精。故德者得也。得也者，其谓所得以然也。"① 按《管子》的解释，"德"就是"道"的承载——"精舍"，万物通过"德"实现生长，心通过"德"把握"道"的精髓。"德"就是"得"，意谓得以实现。《管子》以"得"释"德"的解释路径在相当程度上契合了"道"与"德"的实质内涵。通过老子对于"德"的使用可以看出，人对"道"的取法并不是积极主动意义上的有为效法，相反却是自然而然地实现的。"道"以"德"的形式落实于人，人于是应然地获得了"道"即自然的价值原则。"德"并非"道"的主动赐予，而是"道"在万物自身的自然实现。"道"实现于天，天于是自然呈现出清明的本质；"道"实现于地，地于是自然呈现出宁静的本质；"道"实现于神，神于是自然呈现出灵妙的本质；"道"实现于谷，谷于是自然呈现出充盈的本质。最后落实到人，以侯王为例，一旦"道"在其自身得以实现，侯王便自然获得了治理天下的本质规律，侯王通过寄托于自身并与自身融为一体的"道"自主地去

---

① 见于《管子·心术上》。

进行治理天下的实践，使天下自然归于正道①。"天下正"的完成意味着侯王的自身价值得到了圆满实现，侯王的主体性真正得以彻底确立。对人而言，自身价值实现的起点就在人自身。人只需顺应内在于自身的"道"，自主自然地应对宇宙天地间的一切变化，万物各得其所，各自实现自身价值。所以，经由"道"而"德"一转，"道"的主体性亦随之真正转化为人自身的主体性。而"从主体性思想的视角来看，《老子》的贡献并不仅仅在于一般地讨论人的主体性问题，而更在于对人之主体性予以本体论高度的探讨与论证，从而确立起中国哲学的主体性原则"②。或者可以说，老子从一开始就不是直接诉诸对人主体性的揭示，而是通过对人与"道"关系的梳理为人的存在确立了本体论的理论依托，并进一步为人主体性的凸显设定了一个以"道"为表现型态的本体论基础，进而由"道"的主体性自然过渡为人自身的主体性。

同样是道家代表人物，与老子首先致力于对社会弊病深刻揭示的思维路径不同，庄子将思想的焦点对准了人自身所面临的生存困境。人自出生以来就无法逃脱地深深陷入矛盾的生存境况。人一方面有保持自身本性澄明的本能冲动以保证自身存在的合理性。但现实层面受制于自身内外的各种消极因素，人又不能不面临丧失"真我"的客观事实。所以，庄子赋予自身生命的一个重要哲学使命便是引导人们回归本性真我。事实上，在庄子视域

---

①　"天得一以清，地得一以宁，神得一以灵，谷得一以生，侯王得一以为天下正。"见于《老子》第三十九章。

②　李进：《〈老子〉哲学的主体性原则》，《广西社会科学》2005年第8期，第27—28页。

之下，宇宙天地间的一切存在都是自性自足的。天高地厚、日月之明，自性自成，皆非外加①。譬如天籁之声。风吹孔窍自然发出各种不同声音，之所以有如此差别只是因为每个孔窍本来天成，自然如此而已，并非外力强加形成②。庄子将思想的焦点对准了"自"字，旨在强调事物自然状态下的自性充足。"物之生也，若骤若驰，无动而不变，无时而不移。何为乎？何不为乎？夫固将自化。"③万物自生成伊始无时无刻不处在变化迁移的过程之中，事物变化的动力源泉不在事物之外，而是在事物自身内部。换言之，完全理想状态下事物只是自然而然变化的（"自化"），它并不需要外在因素的混入。在庄子看来，这种混入本质上对事物的自性不仅无益反而会成为搅扰，对事物自性的保持构成戕害。但现实却是，囿于时间、空间等等因素的限制，人作为万物中特殊的存在个体根本无法拒绝外在因素对自身变化发展过程的混入。与此同时，人因为自身天然具有的主观意识活动而使得"自化"的实现显得尤为艰难。

　　庄子认为，人的忧虑困惑是与生俱来的④，而忧愁困惑反过来又会搅扰人的本性。"夫小惑易方，大惑易性。……自三代以下者，天下莫不以物易其性矣。小人则以身殉利，士则以身殉名，大夫则以身殉家，圣人则以身殉天下。故此数子者，事业不同，名声异号，其于伤性以身为殉，一也。"⑤夏商周三代之后，普天之下的人们都脱离自身内在去盲目追求外在事物，小人牺牲

---

① "天之自高，地之自厚，日月之自明。"见于《庄子·田子方》。
② "夫吹万不同，而使其自己也。咸其自取，怒者其谁邪？"见于《庄子·齐物论》。
③ 见于《庄子·秋水》。
④ "人之生也，与忧俱生。"见于《庄子·至乐》。
⑤ 见于《庄子·骈拇》。

自身追逐利益，士人牺牲自身追逐名望，大夫牺牲自身以成就家族，圣人牺牲自身以拯救天下。尽管他们追求的目标事物不尽相同，但其相同之处在于牺牲自身追逐外物结果戕害并失却了自身本性。而人之所以会产生忧虑正是因为人在追逐外物的过程中失却了自身的本性。在庄子看来，一切外在的经验事物都是极其不确定的。以马为例，骐骥骅骝之被视为良马是因其能日行千里的特长，如果用它来捕老鼠显然不如野猫①，所以马的经验属性是极其不确定的。一切经验事物的属性价值都是通过相互对待的关系得以呈现出来，一旦对待关系发生变化，事物的价值属性也相应随之变化。从"此"处看对方，对方是"彼"；从"彼"处看自身，它又是"此"。彼此相互对待，变化无常，不具有确定性。"以道观之，物无贵贱；以物观之，自贵而相贱；以俗观之，贵贱不在己。以差观之，因其所大而大之，则万物莫不大；因其所小而小之，则万物莫不小。"② 观察角度或者立场的不同常常会导致对同一事物做出不同的价值判断，所以经验事物是不值得信任的，人若执着于外在的经验事物必然会落入事物的不确定性当中，人的自性也会受到戕害搅扰，由此引发自身内在的忧愁困惑。人忧愁的产生和人自身本性的丧失是互为因果的关系。人自身本性的丧失同时意味着人自身的主体性面临陷入严重缺失的危险境地。另一方面，一种比外在事物更危险的因素来自人自身内部，同样对"真我"的持护产生严重的威胁，它便是庄子所谓的"成心"。每一个认知主体都站在自身角度，以自我成见作为判断的标准，于是人人内心都会有一个自我认定的标准

---

① "骐骥骅骝，一日而驰千里，捕鼠不如狸狌，言殊技也。"见于《庄子·秋水》。
② 见于《庄子·秋水》。

（成心）①，由此造成的必然结果是主观认知的极其不确定性，这也是人世间各种争论形成的根源所在。而当人们喋喋不休地忙于是非争论时，"道"却被埋没了，自性亦随之失却了。

尽管会意识到自身面临的危险，但现实中的人却是无法逃脱于天地间的。人活着，就不能不接触外物，就不能不与人打交道。但是，人的现实处境并未排除实现自身拯救的可能。一方面，既然人因时常陷入经验事物的相互对待中而受到拘束并由此造成自身主体性的丧失，因此摆脱对待关系的束缚，从"有待"转化为"无待"不失为一条可能的路径。另一方面，既然人世间的争论往往起于人们习惯性"师其成心"而做出的主观成见，因此改化"成心"，破除自我执着与成见同样不失为一条可能的路径。针对这两种可能，为了去除自身困扰，拯救本性真我，庄子最终引导世人走向了出世的精神追求②。按照庄子的理解，只有生命个体真正达到"无己"的生存状态，即抛弃自我局限的束缚，摆脱外物对自身的拖累，由此超越一切现实对待，实现与同样是超越经验对待的"道"之间的契合，最终进入"独与天地精神往来"的生命境界。在这种境界当中，个体生命展开为"上与造物者游，而下与外死生、无终始者为友"③的生存状态。个体不再执着于外物，更不会陷入对待关系的泥淖，个体生命呈现为原发性的自由舒展状态。在与世俗相处的过程中，不再执着于是非、善恶、得失的二元对待。虽身处俗世，却不以俗世的是

---

①　"夫随其成心而师之，谁独且无师乎？奚必知代而自取者有之？"见于《庄子·齐物论》。

②　"独与天地精神往来而不敖倪于万物，不谴是非，以与世俗处。"见于《庄子·天下》。

③　见于《庄子·天下》。

非善恶为真。为此庄子提出了"莫若以明""照之于天"的人生态度，即以空明清静的体道之心去观照事事物物的本然状态，由此观照得出的结果必然是万事万物的本真状态——"自化"形态。在这样一种生存状态下，个体生命完全自由的。无拘无束，随性生存，人自身的主体性得以完全确立。

先秦儒道哲学都意识到人主体性的凸显对各自哲学理论尤其是本体论建构的重要意义。但在考察主体性的过程中，儒道哲学关于人主体性确立的方式发生了明显的分野。从孔子关于"为仁由己"和孟子关于仁、义、礼、智"我固有之"的主张来看，儒家所认定的人的主体性的确证本质上体现为人在"赞天地化育"过程中"与天地参"的特殊地位，以及人作为认知主体实施道德实践的自由。道家哲学对人主体性的认证过程明显表露出对以"仁""礼"为内涵的道德的排斥。老子将人推至"域中四大"的特殊地位，认可人在"道法自然"中的自由选择。庄子对人主体性的论证立足于人超越对待关系的现实努力，为人自身生存困境的超脱和对自由精神境界的实现提供无限的可能。

第二节　先秦儒道宇宙本体论视域下"人"的"发现"

在无限浩瀚的宇宙时空当中，人与其他所有有生无生的事物一样首先是宇宙整体存在的一部分。人的存在与这个星球上许许多多其他物种一样经历了从无到有、从幼稚到成熟的历史变化发展过程。而人对自身的认识同样经历了由浅入深、由现象到本质的变化过程。但人类在身体机能不断变化成熟的同时，其独有的智识也在不断地进化完善着。人类愈加清醒地认识到自己又是宇宙时空中不同于一般普通事物的特殊的一部分。于是，人类在与宇宙万有共同进化完善的同时也在不断地"发现"着自身。当人类自我"发现"的努力进入先秦儒道哲学本体论的视野时，人作为类存在的特殊性更加突出。

一　人是宇宙整体构成的组成部分

受制于现实条件下可利用资源的有限性，人类诞生之初为了维系种族的生存繁衍凭借其自身的生存本能不断与其他生物群落争夺食物、生产生活资料与生存空间。"昔者禹抑洪水而天下平，周公兼夷狄、驱猛兽而百姓宁。"[①]《诗经》中已经出现大量描述华夏先民进行耕作、采摘和狩猎活动的现实场景，以此表达早期人类向自然索取已满足自身种族繁衍生存的迫切诉求[②]。在早期人类眼里，现实世界的一切生命个体都是外在于自身的矛盾性存在，他（它）们总是以洪水猛兽的形象示人，在本质上构成了威胁自身生存的各种消极因素。但随着人类智识的进步和理性思维能力的提升，人类对宇宙天地及其天地间一切事物尤其是生物群落的认识逐渐摆脱了原始朴素思维的局限，开启了理性审视的时代。

以现代人文科学与自然科学的双重视角客观来看，孔子的知识结构实际上并未达到一个相当综合的高度。孔子并非一个纯正

---

① 见于《孟子·滕文公下》。

② 如"七月流火，八月萑苇。蚕月条桑，取彼斧斨，以伐远扬，猗彼女桑。……一之日于貉，取彼狐狸，为公子裘。"见于《诗经·国风·豳风·七月》。

的自然学者，但是他却对天地自然保持着浓厚的兴趣。他曾多次鼓励弟子们认真研读《诗经》，通过学习《诗经》，不仅可以兴、观、群、怨，还可"多识于鸟兽草木之名"①。此刻在孔子眼里，鸟兽草木早已不仅仅是人类改造的客观对象，而是与人类生存繁衍息息相关的生命共同体。孔子内心已经埋藏着他对于宇宙自然万物的殷切关怀。在其一生的生命历程中，孔子丝毫不减并随处表露对于山水自然的喜爱。他曾直接将智者仁者的品质与山水的品格作比："知者乐水，仁者乐山。知者动，仁者静。知者乐，仁者寿。"② 在孔子眼中，智者与仁者的精神境界已经彻底超越物我二分的截然对待，以山水喜好喻人性情意味着孔子心怀博大的宇宙视野和超脱的自然情怀。"回归自然，免除各种社会异化，拾回失落感。它既是一种心境，也是一种身体—心理状态。"③ 或许，当在文明社会的熏习下与自我本真渐行渐远，不妨走一走"回头路"，哪怕是对于宇宙自然的深情一瞥，让自我回归简单与纯粹。所以，当曾点表达出"浴乎沂，风乎舞雩，咏而归"④。的人生心志后，孔子几乎按捺不住内心的欣喜，喟然叹曰："吾与点也！"这是一种希冀生命能够彻底融入天地自然的人生慨叹。

在关于孔子的历史记载中，我们几乎看不到一丝孔子对于征服自然的渴望。在他眼中，人类与天地间其他一切有生之物一样都是宇宙自然的平等一分子。四季轮回交替变化，万物生生不

---

① 见于《论语·阳货》。
② 见于《论语·雍也》。
③ 李泽厚：《论语今读》，北京：三联书店，2007年版，第180页。
④ 见于《论语·先进》。

息，人类也毫不例外地渗透在宇宙运行的生命洪流之中①。孔子年少贫贱，也曾为生活所迫钓过鱼、射过鸟。但是孔子有自己的原则②，用鱼竿钓鱼而不用绳网来捕鱼，显示孔子"知止"的工夫；用弋射的方法捕猎但从来不射取正在休憩的鸟兽，透露出孔子仁爱的胸怀。现实生活中的孔子，少了几分庄严，却多了几分真实。孔子并未将自我人生与宇宙自然隔开，相反却是含情审视、一体统观，物我相容于宇宙天地之间。《中庸》对孔子所向往的宇宙情怀做了更加细致的表达："辟如天地之无不持载，无不覆帱。辟如四时之错行，如日月之代明。万物并育而不相害。道并行而不相悖。小德川流；大德敦化。此天地之所以为大也。"③ 在《中庸》的视域下，宇宙天地之所以无限广博因其能包容涵养万物。天地间的一切事物特别是有生之物都是宇宙大化流行的恩赐，儒家从一开始就不失对于宇宙自然的感恩情怀。所以它主张宇宙间的一切生命个体、群体的生存之道应该是共同发育进步，而不是互相争夺戕害。而人作为宇宙自然的一分子应该首先做出表率，践行宇宙自然的生生之义，与万物生长发育并行不悖。

在老子哲学中，"道"不仅是生化宇宙万物的本体，更是宇宙万物之存在得以可能实现的价值根基。宇宙万物经由"道"产生伊始，就自然获得了经验世界的丰富多样性。随着时空推移事物的现实规定性会层层附着，由此造成的物种差异愈加明显。但是，无论事物如何变化发展，其在本质上并未脱离本体之

---

① "四时行焉，百物生焉，天何言哉？"见于《论语·阳货》。
② "子钓而不纲，弋不射宿。"见于《论语·述而》。
③ 见于《礼记·中庸》。

"道"的"护佑"，"道"内在于万有并贯彻万有生命的始终。以"道"的视角审视宇宙及其万有，人类生就不具有现实存在的特殊性。"天地不仁，以万物为刍狗；圣人不仁，以百姓为刍狗。"① 万物、百姓、刍狗，只是同一本体之"道"在经验世界的不同实现形式而已。从本质来源上来看，他们并没有质的差别。人与其他万有一起共同构成了有形的宇宙整体。庄子对于宇宙时空的理解既有天马行空的想象，又有清晰冷静的直观。庄子习惯于把人与万有置于一种大宇宙的磅礴视野下去审视，以获得对于观察对象"齐一"的把握。他自己也在随处表达着与天地精神合而为一的人生追求②。庄子认为，现实世界中万物种类各异，形状也不尽相同，但不同事物之间却相互关联，从开始到终点处于循环之中③，而人与其他事事物物一样只不过是宇宙"始卒若环"变化过程中的一个普通节点。人与万物作为宇宙整体的组成部分，以不同的生命形式共同构成了运行不息的宇宙时空。

二　人是宇宙化生进程的直接参与者

与宇宙中其他一切事物相似，人首先是宇宙整体构成的一部分，但同时又是极其特殊的一部分。人类不仅组成了宇宙，同时更"创造"了宇宙。人类以其自身特殊的类本质积极参与到宇

---

①　见于《老子》第五章。
②　"天地与我并生，而万物与我为一。"见于《庄子·齐物论》。
③　"万物皆种也，以不同形相禅，始卒若环，莫得其伦，是谓天均。"见于《庄子·寓言》。

宙大化流行的洪流中，成为助益宇宙万物生长发育的重要因子。

（一）人能够认识宇宙运行的自然法则

宇宙的运行从来都不是杂乱无章的，而是按照一定的客观规律自然展开。在人类早期的思想世界里，"时"正是一个与天文历法相关的规律性的概念，"四时行焉"的背后有其所依循的自然律则。尤其在人类社会早期的农耕文明时代，对"时"的掌握程度直接决定了人类自身的生存力度。孔子曾经说过，领导一个拥有千辆兵车的国家，其所坚持的方法有三："敬事而信，节用而爱人，使民以时。"① 做事情的认真态度源自对客观规律的敬畏，民众的生产劳作必须依据时节变化，对民众的管理同样不能脱离对时节的遵守。孔子对"颜渊问为邦"的回答"行夏之时"② 表明孔子对于天文历法已有相当程度的了解。孟子也曾认识到顺"时"而为对于农业生产和人类生存的重要性③，强调一切活动的前提首先依赖于人类对于"时"的理性认知。儒家到了荀子，已经将农业生产规律的农"时"推广至天地运行的天"时"，使得宇宙运行的规律性显现更加浓缩。宇宙天地的运行遵循不以人的意志为转移的常道。天有常道，物有常理，而人天生就有认知能力。在早期人类思维中，心被认为是人意识活动的源出之所。孟子认为，心不同于耳、目、口、鼻等一般感觉器官，是天赋的认知器官④。人凭借"心之官"能明是非、辨真

---

① 见于《论语·学而》。
② 见于《论语·卫灵公》。
③ "不违农时，谷不可胜食也。……百亩之田，勿夺其时。"见于《孟子·梁惠王》。
④ "心之官则思，思则得之，不思则不得也。此天之所与我者。"见于《孟子·告子上》。

伪，对外在的客观规律进行理性把握。而在荀子那里，人的理性认知能力与作为认知对象的客观规律之间建立了逻辑更加清晰的内在关联。荀子强调能知是人的天性，即所谓"心生而有知"；而可以知则是事物的天性①。人不仅有知的能力，还有在知基础上对客观对象进行深入理性分析的能力，即"心有征知"。荀子虽然肯定眼、耳、鼻、舌、手等感觉器官的认知功能，但他认为感觉器官获得的认知是片面的，而心作为思维器官能够把感觉器官所感知到的片面的经验知识总结起来进行分析加工，以获得相对可靠的理性知识。为了排除人类自身认识的主观片面，以确保知识的真实可靠，荀子更进一步提出了"虚壹而静"②的认识理论，认为人只有去除已有成见的干扰，意志集中，保持内心的清明，才可以实现对道的认知把握。所以，宇宙的自然法则既是运行的客观规律，又是人类认识活动的客观对象，更是人类理性综合分析的结果。

对于经验知识，老子是极其排斥的。在纷繁的外界物质诱惑刺激下，人的感官功能可能会失效或出现认知偏差，由此产生的经验知识是不可靠的③。尤其对最高本体"道"的把握，更不可能依赖人的经验认知去实现。在老子那里，宇宙运行的规律通过"道"的承载体现出来。"道"的运行轨迹呈现循环往复的态势④，宇宙万物生机勃发同样各自不停地向着根源处作复归的运动。"夫物芸芸，各复归其根。归根曰静，静曰复命。复命曰

---

①　"凡以知，人之性也；可以知，物之理也。"见于《荀子·解蔽篇》。
②　"人何以知道？曰：心。心何以知？曰：虚壹而静。"见于《荀子·解蔽篇》。
③　"五色令人目盲，五音令人耳聋，五味令人口爽，驰骋田猎令人心发狂，难得之货令人行妨。"见于《老子》第十二章。
④　"反者道之动。"见于《老子》第四十章。

常，知常曰明。不知常，妄作凶。"① 万物皆逃不出回归于本根的宿命，其运动的终极方向永恒指向作为本根的道，无限趋近于"道"，并在这个过程中呈现出虚静的态势。人作为认知主体能够对"归根"的整个变化过程作理性把握，对于"道"的认知关乎人的存在本身。"知常"的表述意味着老子认定：1. 人天然地具有理性认知的能力；2. 宇宙万物具有可被认知的特性；3. "道"作为宇宙运行总的规律不能为经验认知所把握。为此，老子提出了一种完全超越经验认知的"涤除玄览"的认识方法。即彻底关闭耳、目、鼻、口等感官通孔，扫除先在于心的成见，保持内心的虚静到极点，通过内心静观的方法审视万有以及"道"的呈现，彻底把握宇宙万物运行的根本法则②。

　　庄子对人的经验认知同样持怀疑的态度。但庄子并不怀疑人的认知能力，他怀疑的只是作为认知结果的经验知识的确定意义。庄子认识到，经验世界中的事事物物都处于相互对待的关系中，事物的性质会随着对待关系的转化发生改变，意义亦会随之发生迁移。而且不同认知主体都有基于自己内心的价值标准，对同一认知对象常常会产生截然不同的认知结果。即使是同一认知主体，也会随时间、地点条件的变化产生前后不一的认知结果。因此，经验世界事物的性质特征以及人对于事物的经验认知都是极其不确定的，在此基础上形成的经验知识也就没有任何意义。通过经验认知的途径实现对"道"的把握根本就是徒劳的。"物固有所然，物固有所可。无物不然，无物不可。故为是举莛与

---

　　① 见于《老子》第十六章。
　　② "致虚极，守静笃。万物并作，吾以观复。"见于《老子》第十六章。

楹，厉与西施，恢恑憰怪，道通为一。"① 任何事物都有其是其所是以及之所以是其所是的理由，由此产生事物在经验层面的分判。但是从"道"的视角来看，这些分判都没有根本意义，在"道"的观照下事物的差别都可化掉而齐同为一。只有摆脱经验思维的束缚，升进至"道"的思想境界，才能真正把握宇宙的本真意义。庄子指出了体"道"的途径不靠感官，而是通由心。一方面，消除一切有形存在对体"道"活动的干扰。不仅要忘掉有形的经验世界，甚至连自己的身体、感官、经验知识、聪明智巧一同忘掉，从而与"道"保持同一②。另一方面，保持内心的虚静状态，以待"道"的"进入"。耳朵的功能只限于聆听外物，心却能感受事物表象背后的深层内涵。只有保持内心的空明（"心斋"），才能使气充盈内心，最终实现与"道"的冥合③。庄子认定人思维活动的重心不应落在没有确定意义的经验知识上面，只有超越经验对待以及经验知识，并通过"坐忘"与"心斋"的工夫去体"道"，才能获得宇宙大化流行内在的本真。

　　无论是孔孟对于"时"的特别重视，还是荀子对于宇宙之"常"的殷切关注，都隐含着早期儒家智者对弥漫于宇宙天地间一切自然法则的敬畏。更为可贵的是，他们都不约而同地认定宇宙运行的自然法则是可以被人的理性所认识的。认识的途径表现为经由感性认识上升为理性认识的路径，认识过程中两个阶段都不可或缺。以老子与庄子为代表的早期道家对经验知识持怀疑态

---

　　①　见于《庄子·齐物论》。

　　②　"堕肢体，黜聪明，离形去知，同于大通，此谓坐忘。"见于《庄子·大宗师》。

　　③　"听止于耳，心止于符。气也者，虚而待物者也。唯道集虚。虚者，心斋也。"见于《庄子·人间世》。

度，寄希望于通过对象征宇宙本体和宇宙规律的"道"的整体把握以获得真确的意义。尽管先秦儒道在对待经验知识的态度上不尽相同，但在对宇宙自然法则的认识过程中，儒道的认识途径和方法却存在着一些共性。荀子"虚壹而静"的认识理论在相当程度上吸收了老子"涤除玄览"的静观思想和庄子的"心斋""坐忘"的体"道"理论。其共同用意不仅在消除经验知识的相对性、不确定性对本真意义的干扰，更在于透露出一种力图使精神境界向最高本体升进的价值追求。同时，儒道两家都潜在认定对宇宙运行规律的理性认知构成人们利用或者顺应宇宙规律的可能前提。

（二）人能够顺应或者利用宇宙运行的自然法则

宇宙万有都是整体宇宙运行过程中的一环，事事物物之间的联结受制于弥漫于宇宙时空中的必然性的支配。人的存在决定于人对这种必然性认识和掌握的程度水平。为了破解人类的生存困境，人类不仅要认识宇宙运行的规律，更要能够顺应或者利用宇宙运行的规律和本质。而事实上，人类确实已经具备了这种超越于万物之上的特殊能力。

儒家对于宇宙运行法则的态度首先表现为顺应自然的变化规律以及对作为社会运行规律集中体现的"礼"的重视。生产生活的实践经验早已经确证，农业生产活动的有效进行必须以顺应自然时节的变化规律为前提。孔子"使民以时"的政治主张、孟子"不违农时"的经济思想都表达出对宇宙自然法则的敬畏。孔子崇尚周礼。"礼"作为夏商周三代以来历史形成的典章制度和道德规范的集合起源于人类社会发展规律的总结，确切地说是人类社会生产、生活经验和行为方式的规律性总结，代表了天地变化和社会运行的总的运行方式①。反过来，"礼"又能引导、规范、约束人的行为方式，成为维系国家安定和社会秩序的客观律则②。孔子极其关心秩序相对于存在的重要意义，秩序本身就是规律的实现形式。在他看来，对于"时"的遵守关乎生产生活的顺利进行，对于"礼"的依循关乎人类生存的合理延续。所以，在谈到关于国家的治理方略时，他主张用"礼"的内核"德"来引导民众，用"礼"来统一规范民众③。这里隐含了一个必要前提，那就是当政者本人首先必须有"德"，且首先真正能做到"克己复礼"。秩序和规律对宇宙时空中的每一个个体都是绝对有效的。

到了荀子那里，宇宙已不再仅仅是可被敬畏的时空存在，宇宙法则也不再仅仅是让人顺从的客观规律。此刻，人的理性被给予了更高的期待。"万物莫形而不见，莫见而不论，莫论而失位。坐于室而见四海，处于今而论久远，疏观万物而知其情，参稽治乱而通其度，经纬天地而材官万物，制割大理，而宇宙理矣。"④人不仅能识别宇宙万物纷繁芜杂的表象，甚至可以透过表象识得事物的本质。人还具备由近及远、由已知推及未知的理性推理能力，并通过这样一种能力去效法天地利用万物，整体把握宇宙天地运行的规律。显然，荀子眼中的人不再是匍匐在宇宙自然面前唯唯诺诺的效法者，转而变为宇宙自然的控制者和宇宙法则的支配者。"大天而思之，孰与物畜而制之？从天而颂之，

①　"夫礼，天之经也，地之义也，民之行也。"见于《左传·昭公二十五年》。
②　"礼，经国家，定社稷，序人民，利后嗣者也。"见于《左传·隐公十一年》。
③　"道之以德，齐之以礼，有耻且格。"见于《论语·为政》。
④　见于《荀子·解蔽》。

孰与制天命而用之？望时而待之，孰与应时而使之？因物而多之，孰与骋能而化之？思物而物之，孰与理物而勿失之也？愿于物之所以生，孰与有物之所以成？"① 荀子告诫世人：要高扬起自身的理性。与其仰慕自然的伟大，不如去控制自然并充分利用它的资源；与其顺从、歌颂自然，不如掌握自然的变化规律去利用它。显然，荀子认为人在自然面前不应该像天地间的其他事物一样只是被动顺从的角色，而应该主动去掌握自然规律，并以此主宰控制宇宙自然。仅凭这一点，人就可以超越宇宙万有而成为宇宙时空中超然独立的存在者。荀子给予人类本身以最高的期待，在高扬人性价值的同时，赋予人类对于宇宙自然必胜的信心。

道家哲学的思想主张几乎同时都围绕着"道"而展开，"道"既是本体本身，又是本体运行的基本规律，涵括宇宙天地间的一切自然法则。人对于"道"的基本态度自然决定了人对于宇宙运行法则的态度。在老子哲学视域下，"道"首先是人所取法的根本对象。"故道大，天大，地大，人亦大。域中有四大，而人居其一焉。人法地，地法天，天法道，道法自然。"② 老子将人与"道"、天、地确立为宇宙时空中的"四大"，人被抬升至与"道"、天、地相并列的崇高地位。人之所以能超越宇宙万物而与"道"、天、地齐同，显然不是因其作为部分与宇宙万物共同构成宇宙整体的事实，"关键在于人具有主体意识之自觉，具有'自知'之明，能够觉悟、把握和实现宇宙的本质、

---

① 见于《荀子·天论》。
② 见于《老子》第二十五章。

人的本质"①。具体来说，一方面人能够意识到自身存在是宇宙整体构成的组成部分；另一方面人能够自主支配自己的意识决定能否取法以及所应当取法的对象。在人"法道"的过程中，天和地只是过渡性的中间环节，由人而地、由地而天、由天而"道"实为顺从于人由近及远的思维习惯。实际上，天、地、"道"三位一体，同本于自然。故人"法道"本质上法的是"道"即自然。"道"秉承自然无为的特质②，对于宇宙万有（特别是有生之物）从不任意干预，只顺任其依自身本性自由生长变化。人取法于"道"，理所当然地要效法"道"自然无为的特质，因任万物自由存在变化。作为老子眼中最忠诚的体"道"者，圣人形象几乎就是"道"的化身。圣人能够自由地按照内化于己的"道法自然"的精神去应对万有，心中没有世俗的欲望，眼中事物无分贵贱，纯粹因任万物随性自由生长而不加干涉，只做从旁观照③。老子希望以己不得已之言说，开蒙天下民众追随圣人的脚步，因顺"道"自然变化的律则，做体"道"的工夫。

老子与庄子的宇宙本体论哲学最终都指向了现实当下，但与老子"道法自然"的"道"本论主张相比，庄子首先看重的是人和万物在整个宇宙时空中的主体性存在价值。以世俗的眼光看待万有，万有皆处于相互对待之中；以"道"的视角看待万有，万有皆没有本质的差别而齐同为一。所以人根本没有必要以一种

---

　　① 李进：《〈老子〉哲学的主体性原则》，《广西社会科学》2005 年第 8 期，第 28 页。
　　② "道常无为而无不为。"见于《老子》第三十七章。
　　③ "是以圣人欲不欲，不贵难得之货；学不学，复众人之所过，以辅万物之自然而不敢为。"见于《老子》第六十四章。

分判的态度去对待万有，这实质上是对万有和人自身的搅扰。与老子的哲理说教风格不同，庄子更习惯于以诗化想象的语言表达宇宙人生的哲学诉求。他曾虚构了一个大冶铸金的寓言故事，"故善吾生者，乃所以善吾死也。今大冶铸金，金踊跃曰：'我且必为镆铘！'大冶必以为不祥之金。今一犯人之形而曰：'人耳！人耳！'夫造化者必以为不祥之人。"① 庄子把宇宙想象成一个大熔炉，万物都在其中自由熔铸。而铁块意欲被铸为镆铘，这就如同人一样有了是非分别之心而被视于"不祥之金"。如今偶然熔铸为人的形状，造物者也会认定为"不祥之人"。造物者随性自然，原本没有分别心。人类效法宇宙自然之道就是要取法其自然本真，去除是非分别之知识心，还原内在的自然真朴，与宇宙大化流行自然同流。相反，如果人非要坚持以知识心对待宇宙万有，实际上是违背了宇宙的运行法则，由此造成的结果只能是消极的。庄子还虚构了一个儵、忽与混沌的寓言：儵、忽为报答混沌善待之恩，以人为模板为混沌凿了七窍，结果导致原本生活无忧的混沌死亡。"儵与忽谋报混沌之德"② 原本是出于善心，但善心实质上仍是一知识心。而以人为原型去塑造混沌，仍然出于一分别心。所以，人与人、人与万有以及万有之间的关系倒不如像那两条鱼一样，"相呴以湿，相濡以沫，不如相忘于江湖"③。混沌之死的悲惨结局正是起因于儵与忽所持有的人类是非之心的对待。知识心的是非分别倾向把绝对意义上的本真引向了相对境域，彻底割裂了最高宇宙本体的整一大全。

---

① 　见于《庄子·大宗师》。
② 　见于《庄子·应帝王》。
③ 　见于《庄子·大宗师》。

无论儒家还是道家哲学都毫无例外地认定宇宙运行有其不以人的意志为转移的客观律则，而且对于宇宙运行法则都表达出应有的敬畏。儒道哲学对待宇宙法则进一步的态度都是在尊重法则客观性的基础上给出的。虽然出于同一个宇宙天地，但儒道对于宇宙运行法则的内涵界定却有所不同。儒家视野下的宇宙运行轨迹是生生不息、刚健有为的，道家视野下的宇宙运行态势却呈现出自然无为、柔弱不争。所以儒家主张人类对于宇宙自然带有目的性的利用，对于宇宙法则带有目的性的顺应，最终通过顺应自然规律达到利用甚至宰制自然的目的，让人类以刚健有为的姿态加入宇宙大化的洪流中去助益宇宙生化的进程。道家信奉"道法自然"的精神特质，拒斥意欲有为对道体运行的侵蚀，坚持对于宇宙自然运行法则完全不含有主观目的性的顺应，让人与万有在宇宙本体的观照下随性存在。

第三节　先秦儒道道德本体论视域下"人"的"发现"

存在者必然存在，且存在者必然以某种方式存在。在浩瀚的宇宙时空中，万物的出现意味着无数已经发生的关于存在者存在的客观事实。但现实却是，绝大多数的事物（尤其是有生命的存在物）并未意识到自我存在的事实以及自我存在的方式和意义，而这其中人却除外。人不仅是宇宙时空中存在着的一类，重要的是人能够意识到自身的存在事实、存在方式以及自身存在的特殊价值。先秦儒道哲学在道德本体论建构的过程中对人的特性进行了深入的理性审视，人自身的内在价值在儒道道德本体论的视域下不断被发现。

一　人是道德本体的思想建构者

关于道德的基本内涵，《辞海》和《中国大百科全书》共同认定其为一种社会意识形态。前者将道德定义为"一定社会调整人们之间以及个人和社会之间关系的行为规范的总和"[①]。后者定义为"以善恶评价的方式调整人与人、个人与社会之间相互关系的标准、原则和规范的总和，也指那些与此相应的行为、活动"[②]。工具书词条式的词源学解释虽然很难穷尽解释对象的意义内涵，但至少能通过一些关键词抓住问题的实质。在关于道德的解释词条中，"规范"就是一个核心的关键词。规范的动词性形态有约束义，其约束的对象是人以及人与人之间的关系。所以，道德之与人密切相关是确定无疑的了。而从纯粹的哲学视角来看，道德的意域不止于规范的层面。道德关乎人的存在本身，在本质上构成了人的存在方式，它从根本上决定着人到底以何种方式存在。

氏族制的部落联盟时代，华夏早期人类普遍认同以禅让制的方式推举贤能带领自身和家族生存繁衍，这种生存方式被认为是上天特意地安排，人们的精神寄托于部落联盟成员间的契约及其背后的天意。与不同部落之间的军事征伐相伴的是信仰层面的施压。据传颛顼时代，九黎乱德，导致民神混杂，神灵失去威严，

----

① 辞海编辑委员会：《辞海》，上海：上海辞书出版社，1979 年版，第 1061 页。
② 中国大百科全书总编辑委员会：《中国大百科全书·哲学卷》，北京：中国大百科全书出版社，1985 年版，第 123 页。

于是颛顼"乃命南正重司天以属神，命火正黎司地以属民，使复旧常，无相侵渎，是谓绝地天通"①。一直到帝尧时代，"乃命重、黎绝地天通"②。表面是为恢复"民神不杂"的局面，实际上是一部分部落成员试图垄断与"天"的沟通。现实生活的开展需要秩序的确立，于是帝尧"命舜摄行天子之政……修五礼"③。帝舜任命伯夷为秩宗，"典三礼"。又任命夔"为典乐，教稚子"④。帝舜更亲自"作五弦之琴，以歌南风"⑤。从此，礼乐文化的胚芽就已经开始萌发。从夏朝开始，人类由禅让制进入世袭制度时代，人类理性意识升进至一个更高的水平。天仍然是矗立于人们心中至高无上的神性存在，无时无刻不在观照着人的现实生存。殷商时期，"帝"成为殷人所敬畏的至上神。此时占卜活动盛行，占卜主题主要涉及祭祀、征伐、渔猎、耕种等与现实生活最为密切相关的内容。这表明殷人试图通过占卜贞问上帝，以求得现实生存的价值依托。从周代开始，人们所崇拜的至上神由"帝"转变为"天"。因此周人权力的合法性被安置到"天"那里。于是人间行为顺应天意被视为祥瑞，违背天意则被视为不祥之兆⑥。周公曾训诫夏殷遗民：夏、殷之丧失政权是因为夏人、殷人的所作所为违背了天命，从而其失去了"天"的庇护，最终被"天"所遗弃⑦。与之相反，周人能取得政权正是因为得到了"天"的认可。文王因"明德慎罚"受到"天"的

---

① 见于《国语·楚语下》。
② 见于《尚书·吕刑》。
③ 见于《史记·五帝本纪》。
④ 同上。
⑤ 见于《史记·乐记》。
⑥ "违天不祥。"见于《左传·僖公三十二年》。
⑦ 见于《尚书·周书·多方》。

赞许，"天"于是将权力赋予周人①。殷周人将自身存在牢牢地
系于"帝""天"观念，"帝"与"天"在本质上构成道德本体
的神学形象化身，现实权力的基础通过信仰得以夯实。但此时，
天赋权力合法性的理由豁然清晰。权力主体是否有德决定了
"天"是否赋予其权力②。"天"不会偏私任何人，有德性"天"
便赋予其权力，没有德性"天"便剥夺其权力，德性的价值被
彻彻底底地凸显出来。表面上看，道德本体的根基仍然埋藏在
"帝""天"的神学观念里，实际上道德本体的理性来源已经转
移到了人本身，深深扎根于人内心之中。现实生活领域，为了规
范社会秩序，周公对三代以来的礼乐文化进行了系统的升级改
造，建构起一套涵盖政治、经济、文化、日常生活等诸多内容的
典章制度——周礼。"礼"逐渐从"事神致福"③的宗教性活动
接续延伸到现实生活的方方面面。

　　儒家哲学沿袭了商周以来历史形成的敬畏"帝""天"的意
识习惯，从一开始保留了敬天的思维传统。但是儒家哲学视域下
"天"的神学色彩渐淡，而"天"的德性意味渐渐变浓。当年孔
子过宋国，遭逢司马桓魋欲加害孔子，孔子一行人不得已避而逃
离。可面对危难孔子并未慌张失措，弟子责怪孔子行动迟缓。于
是有了孔子下面的话："天生德于予，桓魋其如予何?"④此刻在
孔子的人生天平上，道德使命的沉重砝码撬起了另一端肉体生命

---

　　①　"惟乃丕显考文王，克明德慎罚……闻于上帝，帝休。天乃大命文王。"见
于《尚书·周书·康诰》。
　　②　"皇天无亲，惟德是辅。"见于《尚书·周书·蔡仲之命》。
　　③　（汉）许慎撰，（宋）徐铉校定：《说文解字》，北京：中华书局，1963年
版，第7页。
　　④　见于《论语·述而》；又见于《史记·孔子世家》。

的安危。孔子的沉着冷静，一方面基于三代传承下来的天命信仰的支撑，另一方面更为重要的是发自其内心的道德自信——牢固的德性支撑。它更多地表现为一种被孔子命名为"仁"的德性力量。孔子极其喜欢周礼，曾毫不掩饰地表达对周礼的赞美与仰慕①。同时孔子也意识到，他所处的时代"礼"对于社会的规范作用已经被极大地削弱，他所面对的是一个"礼崩乐坏"的社会局面。既然"礼"作为外在的约束对于社会成员的行为方式已经大大地失去了效力，那么摆在孔子面前的选择有两条：或者彻底废弃"礼"并重建新的社会规范；或者对"礼"进行损益并为之确立新的更为牢固的价值根基。孔子历史地选择了后者，重新确立了以"仁"为核心的思想体系，并将"礼"的价值根基植根于"仁"的思想内核。"仁"获得了道德本体的意义内涵，因此只有源发于人内心之"仁"去执行的礼乐才具有充足的价值意义②。在孔子那里，"天下归仁"成为人类整体最理想的生存状态，"礼"不仅仅作为引导约束人行为方式的规范而存在，更重要的是"礼"成为实现"天下归仁"的途径和手段③。在孔子之前相当长的一段历史时期仅仅作为美德出现的"仁"，在孔子那里得到了深度的诠释与融合，成为一个几乎涵括人类所有美好德性在内的情感美德统一体。"礼"虽周遍，仍有其无法发挥作用的真空地带。"仁"却能无所不遍地从根本上观照人的一切行为活动。道德本体意义上的"仁"就是"道"本身。如果说"礼"时时处处影响着人的生存方式，那么"仁"则内在

① "周监于二代，郁郁乎文哉，吾从周。"见于《论语·八佾》。
② "人而不仁，如礼何？人而不仁，如乐何？"见于《论语·八佾》。
③ "克己复礼为仁，一日克己复礼，天下归仁焉。"见于《论语·颜渊》。

地决定了人的存在本身。

在老子哲学中，"天"的概念同样仍不时出现，但是"天"的神性光环几乎已经完全褪去，相反却是"天"的自然色彩却愈加浓厚。"故道大，天大，地大，人亦大。域中有四大，而人居其一焉。人法地，地法天，天法道，道法自然。"①"天"不再是终极意义的神学之天，而只是人—地—天—"道"取法系统中的一环。"道"作为最高本体成为终极意义的取法对象，天、地、人取法于"道"本质上是取法于"道"的自然特质。老子将人而没有将其他事物与地、天、道并列而成为域中四大，显然于宇宙时空的视野之下给了人以更高的期许。古时的得"道"之人微妙深邃，俗世的人是很难理解他们的。但是他们身上仍有勉强可以识别的品质：谨慎小心、警惕戒备、谦卑庄重、轻快洒脱、温厚淳朴、深邃豁达、含混厚重。得"道"之人从来都不会骄傲自满，更不会被外界事物役使，因此能在宇宙时空更替中保全自身。显然，老子眼中的得"道"之人是最接近于道体的人，其生命中的性情品质是最接近于道体的自然特质的。老子由高及下列举了统治管理的几个境界。最接近于"道"的境界是虽然处于统治者的位置，但百姓却丝毫察觉不到统治的存在。无论是统治者的管理方式还是百姓的生存方式都契合"道"自然无为的内在要求，所以从这个意义上来说，无论是统治者还是所有百姓在这种最高境界的生存状态中都是得"道"之人，他们的存在本身就意味着与"道"同体。

儒道哲学的道德本体论涉及的概念不尽相同。与道家以

---

① 见于《老子》第二十五章。

"道"这一单一核心概念为依托建构的道德本体论思想体系相比，儒家基于"天""仁""诚"等不同概念建构的道德本体论思想体系涉及概念相对较多，但实质上却都是同一个道德本体。虽然儒道两家的道德本体论的核心概念和思想体系各有其自身特点，但都毫无例外地围绕着人自身建构而成。儒道两家的圣人作为人类集体智慧浓缩的象征几乎同时都担当了道德本体思想建构者的角色。圣人之所以为"圣"在于其本身的存在完全符合宇宙存在的自然法则，其生命过程是对道德本体的最好诠释。人独特的思维活动蕴含着人类保持自身与道德本体同步的能力和倾向。在最理想的状态之下，天下的百姓甚至宇宙时空中的每一个生命个体都是道德本体的主体承担，所有生命个体的存在本身代表着道德本体的实存与实现。

二　人是道德实践的直接参与者

道德本体的思想架构离不开人类思维活动的创造，道德实践的完成更离不开人的参与。人不仅是宇宙天地间"偾匈而后生"的活生生的自然生命个体，更是道德本体的承载者和道德实践的参与者。与宇宙时空中其他一切生命个体相比，人类有着先天的进行道德实践的优势。人类是以主体的姿态积极主动地参与到对于道德本体的实践进程中去。无论儒家还是道家，都赋予了人在道德实践道路上以充分的自信。

道德实践本质上是人的生命实践，对生命个体而言它是一个漫长而艰苦的切磋琢磨的过程。儒家相信人对于道德本体的认知理解能力，同时也认可人对于道德本体的实践能力。从孔子本人一生的经历能够看出儒家人物对于道德实践的笃定与执着。孔子明确主张"人能弘道，非道弘人"①。这里孔子所谓"道"不是道德本体本身，而是道德本体的当下呈现。"弘，大也。"② 此处的"弘"显然是"大"的动词意义。人能够主动做到把"道"的实现推广至极致，但"道"却无法主动扩大人的生命宽度。人通过一定程度的实践工夫能够实现"弘道"，与此同时"道"虽不能"弘人"，但人却可以通过"弘道"的实践间接实现自身生命拓展（"弘人"）的目标。在处理与"道"的内在关联中人具有绝对的主动性。放眼整个宇宙的历史长河，无论是个体生命还是人类整体存在都是相对有限的、短暂的，而道德本体却是绝对永恒的。"人尽量实现其个体性、独特性、主体性，而成为历史（'道'）的主角。鲁迅说，世上本无路，路是人走出来的（大意），亦'人能弘道'的传承。这'人'既是历史的群体，也是实在的个体。"③ 一个个生命个体构成的历史群体通过以"弘道"为表征的道德实践完全可以实现与"道"同体的理想状态，化相对为绝对、化短暂为永恒。孔子曾描述了一个道德实践过程中可能发生的极端场景："志士仁人，无求生以害仁，有杀身以成仁。"④ 人生命的发生与"仁"的实践并非天然地对立，大多数情境下生命的延伸会助益"仁"的实践的开展。但是当冲突瞬间来临时，人当下的选择直接决定着生命与道德本体关系的离与合。志士仁人是孔子心目中道德实践的成功典型，如果继

---

① 见于《论语·卫灵公》。
② 见于《尔雅·释诂》。
③ 李泽厚：《论语今读》，北京：三联书店，2007 年版，第 439 页。
④ 见于《论语·卫灵公》。

续苟活会伤害到内在于自身的仁体，志士仁人会选择放弃生命以成就仁体的整全。"尽管个体作为特定的存在必然要走向死亡，但死亡并不意味着归于虚无，作为生命长链中的一环，个体的存在价值与意义将随着生命长河的绵延而长存，并得到进一步光大。"① 比干因劝谏纣王回归正道、勤政爱民而被害，伯夷、叔齐报节守志饿死首阳山，他们的存在价值与意义皆因"杀身成仁"的道德实践而得以空前彰显而历久长存，成为孔子所仰慕的仁人典范。孔子学生曾子也曾经说过："士不可以不弘毅，任重而道远。仁以为己任，不亦重乎？死而后已，不亦远乎？"② 仁者以"仁"为己任故称仁人；士志于"道"故称志士。在道德实践的整个过程中，仁人志士有着明确的价值目标——成就道德本体的完满，与此相关的一切现实要素（包括生命）都要为此展开，必要时甚至可以牺牲掉。

面对宇宙天地的众多生灵，儒家从来不乏对于人类自身的赞美③。这种高扬人性的姿态背后是人类高度的道德自信。"唯天下至诚，为能尽其性；能尽其性，则能尽人之性；能尽人之性，则能尽物之性；能尽物之性，则可以赞天地之化育；可以赞天地之化育，则可以与天地参矣。"④ 性本天赋，"诚"就是天道本身，性与天道一体无隔、相互贯通。人一旦能完全充分地体认天道之"诚"，便意味着其能够完全呈现内在的本性。能完全呈现自我之本性便能完全呈现众人之本性，能完全呈现众人之本性便

---

① 杨国荣：《善的历程——儒家价值体系研究》，上海：上海人民出版社，2006 年版，第 45 页。
② 见于《论语·泰伯》。
③ "天地之性，人为贵。"见于《孝经·圣治》。
④ 见于《礼记·中庸》。

能完全呈现万物之本性，能完全呈现万物之本性，就可以助益宇宙天地化育万物。至诚之体虽然高高在上，但尽性是一个切实可行的推广过程。以承载道德本体之自我为基点，通过积极向上的道德实践推及开去，最终实现使宇宙时空中一切存在都完全成分地呈现自身的本性。人彻底实现了与天地并列，与万物同体，与宇宙同体。人之所以能成为宇宙天地的宠儿，不仅在于人禀赋了宇宙天地赋予的道德本心，重要的是人能够发挥内在的道德本心去尽自身的道德本性。正是在这个意义上，孟子提出了"人皆可以为尧舜"① 的论断，荀子发明了"涂之人可以为禹"② 的命题。孟子当然不会认定现实中人人都已是尧舜，荀子也不会承认每一个路人都已经是禹的客观事实。两者都是基于人内在的本性提出的一种人人趋向于美好德性的可能。因为真正的现实是这个世界上绝大多数人不是圣人——尧、舜、禹，但是按照人内在的禀性（孟子所谓人的良知良能，荀子所谓人的心有征知和明分使群）以及成为圣人所应具备的现实条件（才德全尽），任何一个人通过坚持不懈的道德实践——"尽性"都有可能实现自身"才德全尽"的理想目标，所以根本不可能排斥每一个社会成员个体成圣成贤的无限可能。道德实践拓展的过程中，宇宙时空中与人相关的每一个元素包括人与人、人与物、物与物之间都会发生错综复杂的关联，但是只有人才是道德实践活动唯一的主动参与者、主体承担者。

作为最高本体的"道"幽远深邃、玄妙莫测，很难为每一个社会成员所把握，造成人按照"道"内在要求进行实践会面

---

① 见于《孟子·告子下》。
② 见于《荀子·性恶》。

临诸多困难。所以，老子在建构自身思想体系的过程中也时常推出圣人作为人类开展生命实践的道德楷模。老子心中的圣人形象大都呈现出谦卑柔弱的姿态，这完全符合"道法自然"的本体论诉求。就精神气质而言，圣人是最接近于道体的生命个体，简直就是"道"的人间化身。因此圣人也可称为得"道"之人，他们成为人类进行道德实践的典型代表。圣人持守道体的内在原则以作为宇宙间万有的生存范式。圣人的道德品质和行为方式作为道体特质的表征为百姓提供了可以参照依循的路径。圣人与百姓不是社会阶层之间的划分，而是老子为方便说教所做的角色预设。

圣人最重要的品质首先表现为自然无为。"圣人处无为之事，行不言之教；万物作而弗始，生而弗有，为而弗恃，功成而不居。"① 老子常常把圣人置于最高统治者的角色，无为就是其管理国家社会的方式。虽然圣人对社会变迁乃至宇宙生化都做出了巨大贡献，但圣人从来不会夸耀自己的功劳。圣人以无为之事处之，以不言之教教之，不干预、不侵夺任何生命形式的进程。国家从上到下真正达到了无为状态意味着管理的彻底实现。圣人以无为的姿态应对万事从来不会有过错，从来都不执着于某事某物也就没有什么可以失去的，所以圣人从来都不会极端过分，只求自然安顺。

老子所描述的圣人的另一种品质是谦退不争。天地之所以能长久运行皆因其从来不为自己，圣人亦同此理。因为从来都不会延伸内在的欲望去主动干预一切生命活动，所以圣人总是处于退

---

① 见于《老子》第二章。

守的姿态去观照。然而正是圣人主观上的谦退却在客观上成就了
自身①。人只要活着，就难免会有作为，但圣人的作为本质上是
无为之为②。无为意味着圣人不会对分外之物起私心，也就不会
去与人争夺。老子喜水，以水德喻道体也是老子比较喜欢用以谈
论"道"的方式。水是人类现实生存中最常见的与人类自身关
系最密切的事物之一，却同时被视为最接近于道体的现实事物。
水总是甘于处下，居于人们所厌弃的场所，默默地滋润万物并与
万物交融一体却从来不与万物争利③。同样，圣人也已经完全化
去相互对待的观念而实现与"道"同体、与物同体，也就没有
必要再去分辨彼我去侵夺、占有。

圣人还有一种品质是清静寡欲。文明社会之下许多的人心怀
贪欲，为追求官能刺激而放纵自我，最终使灵魂遭受搅扰，内在
的真实本性被遮蔽。圣人只求闲居饱温而彻底放弃耳目口鼻之
欲，从根本上斩断贪欲的种子。与世俗百姓不同，圣人意欲与
"道"同体。心中没有贵贱的分别，也就不会去追求财货。只求
弥补百姓的过错，因顺事物自然发育而不加以干涉④。圣人不仅
力图保持自身的恬淡清静，还要努力引导每一个社会成员达到清
静寡欲的状态。让百姓保持内心的虚静，填饱肚子，强壮体魄，

---

① "圣人后其身而身先，外其身而身存。"见于《老子》第七章。
② "圣人之道，为而不争。"见于《老子》第八十一章。
③ "上善若水，水善利万物而不争。处众人之所恶，故几于道。居善地，心善渊，与善仁，言善信，政善治，事善能，动善时。夫唯不争，故无尤。"见于《老子》第八章。
④ "圣人为腹不为目。"见于《老子》第十二章；"圣人欲不欲，不贵难得之货，学不学，复众人之所过，以辅万物之自然而不敢为。"见于《老子》第六十四章。

弱化心志，使百姓没有虚伪的知识、贪婪的欲望①。圣人并非以愚弄的态度去对待百姓，相反圣人不仅有博大的胸怀更有充沛于宇宙的大爱②。圣人在道体的观照下去发掘人与物的内在本质，使百姓乃至万物的本性得以最大程度的实现。圣人理想状态下的与"道"同体只能通过现实中与百姓同体来实现，只有作为圣人的个体实践达之于人类整体的本质完满，道德本体的实践才具备了充足的价值意义。其实，无论谦退不争还是清静寡欲最终都可归于"道"自然无为的内在品质，谦退不争在本质上就是在实践无为，清静寡欲在本质上就是因顺自然，它们只是同一道德本体的不同实践形式。

先秦儒道哲学依托自身的道德本体概念建构起不同思想风格的道德本体论体系，并由此衍生出各具特色的道德实践路径。尽管儒道两家哲学有着不同的道德实践的实现形式和理想目标，但其内在的理论架构却保持着相当程度的内在趋同。它们都认定道德本体是道德本体论的价值根基，而实际上人才是道德本体论的思想重心。确切地说，道德本体论的思想架构始终是围绕着人的存在而展开。道德本体无论被安置在宇宙深处还是在人的内心，都脱不掉人的思想光环，道德本体的价值内涵只是人内在本性的投射。所以道德本体的实现也就意味着人性的实现，道德实践的主体只能落在人身上，人永远都是道德实践最直接的参与者。

---

① "圣人之治，虚其心，实其腹，弱其志，强其骨。常使民无知无欲。"见于《老子》第三章。

② "圣人常善救人，故无弃人；常善救物，故无弃物。"见于《老子》第二十七章。

第六章　先秦儒道本体论的整体评价

透过跨越时空的想象，几千年的文明史正是千百万年来人类智慧的结晶，千百万年的人类智慧又最早开始于先觉者智慧中的那一点灵明。文明的演进是一个动态聚变的历史过程。一般来说，一种学术派别及其理论学说的源起只是人类文明史演进过程中的一个小事件，但是它常常浓缩了某个时代某个社会意识形态领域的思想精华。而且理论一旦成型便意味着它同时在人类精神世界的某一片领域构筑起关于存在的价值支撑。围绕着理论学说的成因、内涵、影响等等而衍生的理论同样是文明史构成不可或缺的一部分。确切地说，正是一个个成熟形态的理论学说成就了整个人类文明史的枝繁叶茂。

殷周时期剧烈变动的社会环境以及殷周人理性意识觉醒的思想背景之下孕育出的先秦儒道哲学，从学派产生之初就自觉承担起建构合理的人类生存秩序与精神世界的神圣使命。他们不仅要为所有社会成员的现实人生做出有效的制度设计，更要为这个制度设计提供本体论意义上的价值支撑。围绕着制度设计而建构起来的先秦儒道哲学体系离不开本体论这个重要的理论基石，儒道本体论从根本上反映出儒道哲学对社会现实的积极回应与精神担当。因此，儒道本体论具有重要的理论与现实意义。一方面，发生于儒道哲学体系内部的本体论在概念体系、思想架构、思维方式、精神主旨、实践路径等等方面既存在着巨大的差异又有着相当程度的内在趋同。本体论的差异使得儒道两家哲学从先秦时期开始就呈现出两种不同的思想风格，本体论的某些趋同又使得儒道哲学在精神气质上保持了相当程度的一致。对先秦儒道本体论思想的揭示有助于实现对儒道哲学内涵的整体把握，为从根本上彰显儒道哲学的内在特质提供重要契机。另一方面，本体论的实践特性决定了其向现实回归的必然性。在生态环境恶化、人类陷入生存困境的今天，儒道本体论为改善人类所面临的生存境遇、化解威胁人类生存的精神危机提供重要的启示。

一 儒道哲学的时代回应与精神担当

儒道哲学从诞生伊始就历史地承担了重建社会秩序与民众信念的精神使命。春秋时期的人们不仅对"帝""天"不再抱以充分的信任，对于现实的礼乐制度也失去了信心。于是社会上一部分人期望社会能够恢复到礼未崩乐未坏的初始状态。就像"三礼"（《周礼》《仪礼》和《礼记》）文献中所描述的周代社会的样态，生产、生活都在礼仪制度的范围内展开，社会活动的一切内容都合于特定的秩序。儒家正顺应了这样一种思想潮流，试图为整个社会运行作制度化的设计并为其合法性寻求理论上的依托。"夫儒者以六艺为法。六艺经传以千万数，累世不能通其学，当年不能究其礼，故曰：博而寡要，劳而少功。若夫列君臣父子之礼，序夫妇长幼之别，虽百家弗能易也。"① 儒家重视"礼"对于社会的维系作用，从每一个社会成员到家族到侯国一直到天下，一切与人类自身相关的生命活动的展开都要纳入"礼"的规范之内。"礼"作为一种规范必然要做知识的呈现。一方面，"礼"通过经传文本传授的方式作历史的延续；另一方面，"礼"又通过身体力行、口口相传的方式落实于民间。随着经验阐释的深入与"礼"相关的知识有可能发生几何级数的增加，这必然会导致"礼"随着历史推移而变得愈加烦琐。但"礼"的发生毕竟不是目的，它被赋予的终极使命是使一切人类活动合理化、秩序化，以迎合人类存在本质的内在诉求。儒家认为所有生命个体、家、国、天下乃至整个宇宙本质上都应该是秩序化的和谐存在体，但现实却并非如此。充斥宇宙的神秘力量、自然力量以及人的意志力的发生使一切存在偏离了秩序化的本质。儒家意识到自身的使命正是通过理论与现实途径使一切存在回归本质。

　　面对礼坏乐崩的社会现实，社会上还有一部分人对人类生存构想回溯得更为久远，他们对现存的社会环境失望透顶，希望社会能够回到没有礼乐文明的原始状态。就像老子所畅想的那样，"小国寡民。使有什伯之器而不用；使民重死而不远徙；虽有舟舆，无所乘之；虽有甲兵，无所陈之。使人复结绳而用之。至治之极。甘其食，美其服，安其居，乐其俗，邻国相望，鸡犬之声相闻，民至老死不相往来"②。与老子眼中尔虞我诈混乱不堪的现实相比，"小国寡民"的社会生活状态仿佛是憧憬向未来的美

---

① 见于《史记·太史公自序》。
② 见于《老子》第八十章。

好理想。但是如果把时针拨回到礼乐产生之前的历史时代，这很可能就是已经真实发生过的社会样态。老子认为"小国寡民"的生活状态是最贴近于人类存在本质的生活状态。所有民众都保持着内心本然的质朴，一切生命个体都生活于本我的意义空间，自然生存、自然死亡。礼乐文明是人类有了贪欲和争心之后肆意妄为的产物，本来是为了规范人的行为方式以实现秩序化的生存，最终却沦为拘迫本真人性的枷锁。在道家看来，礼乐这种以有为对抗有为的文明形式并不可取。其结果只能使社会更加混乱，使人性更加浑浊，因此道家倡无为。"道家无为，又曰无不为，其实易行，其辞难知。其术以虚无为本，以因循为用。无成势，无常形，故能究万物之情。不为物先，不为物后，故能为万物主。有法无法，因时为业；有度无度，因物与合。"① 道家所主的无为并非没有目的性，以否定之否定达到肯定，通过无为的方式实现无不为的结果，引导人与万物回归自然真朴，最终合于道体的内在本质。道家反对给予包括人在内的一切事物强加某种特殊规定性，拒斥可能囿于其中的危险。道家倡导"以虚无为本，以因循为用"，因顺宇宙大化流行、万事万物自然变动，主要是针对人类"机心"驱使下的肆意妄为偏离了人类的自然本质。道家希望通过自身学派的思想内涵启示并唤醒人类的内在自觉，进而实现对整个社会的纠偏。这个努力过程主要以思想建构的形式来完成。其中，本体论的设置是思想架构的理论基石。就像无为的选择并不是人类本能的萌发，而是人类在本体观照下向自然本性的复归。

---

① 　见于《史记·太史公自序》。

　　特殊的时代总是能孕育出特殊的时代精神，但确切来说一个历史时代精神的萌发固然需要无数历史事实的刺激，更重要的是人类意识能够对这些事实做出积极能动的理性回应。在春秋战国时期礼崩乐坏的混乱社会现实刺激下滋生出几股风格迥异的思想潮流。他们或致力于通过礼乐制度的修补完善来挽救社会的颓势；或致力于通过否定现有的制度形式回归制度之前的自然质朴以彻底根除社会的弊病；或致力于通过实行兼爱非攻的政治方略除残去暴；或致力于通过强制推行法律统一社会成员言行；或致力于通过名实辩论厘清混乱的事实概念，或通过阴阳五行与术数构建宇宙图式来解释自然变化的律则。总之，众多思想流派共同成就了春秋战国时期儒、道、墨、法、名、阴阳等各学派百家争鸣的社会思想局面。这其中尤以儒道两家思想风格对比明显，客观上形成了既相互对立又相互补充的思想格局。儒道派别形成伊始主观上并非互相把对方作为自己思想的对立面，它们和其他所有学派一样首先都怀有对社会现状的不满。在此基础上，儒家主张温和地对现有制度形式的残缺变形进行修补以恢复至周公制礼作乐之初的美好社会形态，而道家则完全否定现有的社会制度，主张向自然做彻底的回归。而无论持一种什么样的态度都需要通过创立思想学说普遍地进入到社会成员的意识能动领域以获得进一步的实现。因此儒道主要针对混乱的社会现实造成的人类心灵困顿努力提出自己的救治良方，并以学说推广的方式应用到社会中去，这在客观上反而成就了带有自身特色的思想体系。为使自己的思想学说在最大的范围内行之有效，儒道都必须把思想建构在绝对充足的合理性基础之上，既需要有现实的合理性，也包括理论上的合理性。而理论合理性的一块最重要的基石就是本体论。因此，在春秋社会现实刺激和时代精神孕育下脱颖而出的儒道哲学思想体系内同时都蕴含着潜在的构建本体论的需要，但是它们对待社会现实的真实看法和对社会问题的解决方式又直接导致它们对社会人生和宇宙自然的态度发生了分野，并决定了它们各自确立了不同的本体论治思方向。

二　儒道哲学思想体系的理论根基

一般来说，本体论是哲学研究领域最具根本性意义的理论形态之一，在任何一个成熟的哲学思想体系中都具有基础性的思想地位，构成支撑起一个完整思想学说的理论基石。思想学说越完备、越成熟、越贴近于社会现实，就愈加需要本体论的理论支撑。在先秦哲学中，儒道哲学作为相对成熟的两种哲学形态都隐含着本体论构建的迫切。研究儒道哲学可以从一系列基本概念和理论主张入手，但如果要彻底实现对儒道哲学思想整体性、根本性的把握，终究要逆向追溯到儒道哲学的本体概念和本体论，或者直接以本体概念和本体论主张为理论基点逻辑地展开。

先秦时期的诸子百家中，就学派的成员规模和思想影响而言儒道哲学并非最盛。几乎同时期的墨家、法家、阴阳家等学派也活跃在春秋战国波谲云诡的时代浪潮中，其社会影响力甚至并不亚于儒道两家。但是站在今天的历史节点回溯两千多年的中华文明史，蓄力千年而不衰真正影响中国人内在精神世界的也只有儒道哲学两家。从刚健有为的积极进取到自然无为的超然淡泊，从存养浩然之气的大丈夫气魄到独与天地精神相往来的自由追求，儒道哲学的基本精神之间保持了互斥与吸引的内在关联。无论是精英权贵、知识分子还是普普通通的平民百姓，所有社会成员都能在儒道哲学形成的巨大张力中求得生命存在的精神依托。先秦儒道哲学本体论研究能够尝试触及儒道哲学精神的价值根基，进而探索儒道哲学从内而外影响中国人精神追求的深层缘由，并揭示出儒道哲学如何以不同的方式和途径进入到中国人最深处的精神世界。

一般来说，哲学家的本体论主张决定着其哲学体系整体的价值取向和思想风格。先秦儒道哲学思想内部各自都隐含着独立完整的思想体系，具体到儒道哲学的代表人物其思想的结构性特征会更加明显。随着历史的迁移，先秦儒道哲学的代表人物各自都被贴上了带有自身特色的思想标签。以当下的哲学眼光审视儒道哲学的代表人物可以看到大体的思想轮廓。孔子哲学中以"仁"为核心的道德哲学、"为政以德"的政治思想和学思并重的经验主义认识论；老子哲学中以"道"为核心的宇宙论、"道法自然"的人生观和无为而治的政治思想；孟子哲学中的性善论、存心养性的道德修养论和民贵君轻的仁政思想；庄子哲学中"道通为一"的认识论、逍遥游的人生观和自本自根的道论思想；荀子哲学中的性恶论、"明于天人之分"的自然观、隆礼重法的政治思想、理性主义的认识论，如此等等，作为基本的哲学内容支撑起各自独立完整的哲学思想体系。无论孔、孟、荀还是老、庄，作为曾经存在于春秋战国社会情境中的活生生的历史人物，由于生活环境和性格旨趣的不同，即使在儒道各自思想派别内部他们的思想之间也必然存在着相当程度的差异。然而后世研究者之所以把孔、孟、荀归为儒家且把老、庄归为道家必然要依据某特定的内在抑或外在的标准。或以入世出世，或以有为无为，但其根本依据终究要追溯到本体论的异同上来。作为哲学的基本概念，本体直接象征着唯一、绝对、超越的意义。孔、孟、荀各自的哲学思想体系中都隐含着一个最高本体，它可以通过"天"来隐喻，也可以用"仁"、"心"来表征，但归根结底它是一个本体，就是儒家哲学的本体。同样，老、庄哲学内部也都各自蕴含着本体的概念，或以"道"，或以本根，但本体终究只是一个，就是道家哲学的本体。对本体概念的不同理解和阐释决定了儒道哲学的基本内容和展开方式。因此，通过对先秦儒道哲学本体论的研究，一方面可以限定儒道哲学基本问题的理论域，决定儒道哲学的研究内容与研究方法。另一方面，有助于从根本上把捉儒道哲学的异同及其缘由，同时也可以为进行其他诸子学说的研究提供有价值的思维借鉴。

三　破解人类生存难题的启示

千万年来的生产生活实践中，人类在身体生理进化的同时也在不断完善着自己的大脑。一般来说，人类的认识总会经历一个由知之甚少到知之愈多、知之甚浅到知之愈深的变化发展过程。在这个过程中人类完善着自身思维，拓展了思维的深度和广度。思维尤其是理性思维的不断发达成为象征人类自身进步的一个重要特征，使得人类逐渐以独特卓尔的姿态从自然万物中超脱出来①。作为天地万物中最有灵者，人类无休止地发挥着自身无限的想象力和创造力，使自己所生活的这个星球不断发生着翻天覆

---

① "惟天地万物父母，惟人万物之灵。"见于《尚书·周书·泰誓》。

地的变化，一直到今天甚至影响到地球之外的宇宙空间。人类开始意识到，自己正是地球万物乃至宇宙的存在中心。然而，现实往往就是如此的吊诡。人类在确立自我为万物中心的同时也加深了与万物之间的内在关联。一方面，人类理性中的工具理性逐渐萌发出来，功利驱使下人类的生产生活方式也在悄然发生改变。人类正面临着由目的论为工具的危险。人类从未像今天这样对地球资源表现出如此过分地依赖，其直接后果是对地球资源的掠夺式开采和自然生态的严重破坏，宇宙自然的和谐被彻底打破。这样的现实使得人类为地球乃至宇宙中心的命题并不牢固。另一方面，人类在物质获得空前满足的同时精神世界却出现了严重的危机。随着历史的向前推移，而今人类的精神世界也在发生着根本的改变，其中一个突出的表现就是消费主义的泛滥。商品不再纯粹为满足人类的生活需要更多的是为迎合人类的消费需要而生产，人类从消费和享受过程带来的快感中获得极大的满足，逐渐丧失了自身的主体性，最终沦为商品的奴役。显然，社会的发展本身充满着悖论，人类在创造并享有巨大物质财富的同时也面临着严重的精神危机。人类当下的境遇并不乐观，事实上已经陷入前所未有的生存困境之中。为了改善人类所面临的生存境遇，化解威胁人类生存的精神危机，人类必须付诸实践做出积极努力。生存实践的展开需要科学理论的合理引导，精神世界的改造离不开理性思维的参与。先秦儒道本体论的比较研究为破解人类生存悖论提供了一条可能的理论路径。

第一，对本体的追问代表着哲学基本问题的理论延伸。思想进入本体论的过程同时也是一个思维深入的过程。先秦儒道本体论比较研究的展开首先需要对先秦儒道哲学各自的本体理论做一番梳理，从概念到判断、到推理，按照思维推演的逻辑规律作本体论追问的努力。最终通过对儒道本体论横向与纵向的比较凸显儒道不同的本体特征。儒道本体论的比较研究能够引导人类思维进入深层的意义世界，使人的思维接受一与多、个别与一般、经验与抽象、现实与超越之间的多重跳跃转换，提升人类思维的深度、广度和逻辑水平。第二，先秦儒道本体论的内涵为改善人与自然的关系提供可选择性的合理途径及其价值依据。在最高本体的观照之下一切生命存在都是自然平等的，而且所有有生之物共同构成了一个完整和谐的宇宙整体。先秦儒道哲学的本体论中浓缩了对真、善、美统一的追求。儒家主张的"万物并育而不相害"以及道家所倡导的"天地不仁，以万物为刍狗"，都是在祈望人类对于宇宙自然生命乃至一切存在的发生保持应有的热爱和敬畏，告诫人类在追逐"真"的同时不要忽略掉对于"善"与"美"的持守，彻底抛却人类中心主义的自负和狂妄，回归人类存在的本然。第三，先秦儒道哲学共同对本体论的追问增强了人类自身存在的归属感。人类时常会面临着现实存在的有限性、不确定性和生命中蕴含着的无限性、超越性追求之间的矛盾。本体论不仅隐含着对存在超越的精神追求，同时也保持着与现实的亲近同一。"本体论的建立使人在这个超越存在中找寻到一个可栖、可靠、可安、可乐的归依之处，即为人类建立起一种可依持的生存状态，这可依持的生存状态就是人的最根本的意义世界，人再不会感到是一个无所依靠的孤独存在，本体不仅是人赖以生存的物质世界（自然本体），而且它还是人的精神支撑——精神家园，它使人类的心理、情感、灵魂可以得到无限慰藉和安顿。"① 对本体的追问为人类超越自身的有限性提供了可能性的引导，为人类建构起一个充满归属感的意义世界。先秦儒道本体论的比较研究确认了儒道本体论的两条不同的进入路径，但其本体设置都为人类存在的终极归宿留出了充足的意义空间。儒道互显的本体论对照模式有助于稳定人类精神世界的动态平衡，人类可以选择儒家亦可以选择道家的指引实现对于最高本体的亲近，最终实现人类普遍的心理认同。

先秦儒道本体论的比较作为研究先秦儒道哲学的一个基本课题具有开放的意义空间，它不仅设定了儒道哲学比较的思想框架，同时决定了儒道哲学比较的基本内容和思想体系，构成儒道哲学比较研究的理论根基。更为重要的是，先秦儒道哲学本体论的比较为破解人类面临的生存困境提供了可供对照选择的解决路径，为化解人类遭遇的精神危机提供了多元的价值参考。

---

① 肖建华:《本体论的哲学意义》,《江汉论坛》2003 年第 2 期, 第 67 页。

余　论

本体论，一个起源于西方哲学的概念词汇。自从被引入中国就如同一颗思想的种子在中国文化尤其是中国哲学的土壤中再度生根发芽。尽管中国哲学一直以来要面对来自西方哲学关于中国有无哲学以及中国哲学有无本体论的质疑和偏见，但研究事实证明，中国哲学从创生以来并不缺乏本体论的思想资源。早期哲学的一些基本概念譬如形而上者与形而下者、道器、体用以及性、德等几乎都触及或进入了与本体概念相关的意义领域。中国哲学内部有着丰富的本体论思想内涵和成熟的本体论思想体系等待着后学的探究开显。

千百年来，人类思维中一直涌动着向一切未知领域探求的冲动。尤其是关于宇宙事物的根源、动因以及现象背后的终极实在及其本性这类我们称之为“本体”的深层思维领域，更能够激发起人类智慧的不断跳跃。事实上，本体论并不限于哲学研究领域，作为研究事物本质及其根源的基本理论，本体论被普遍应用到文学、历史学、政治学甚至医学、计算机科学等领域，构成各学科不可或缺的理论基石。与其他学科相比，哲学以更加宏观、更加抽象的特征实现对本体论的运用。本体论作为研究"存在"本质的理论已经成为当今哲学领域一种流行的理论形态。事实证明，哲学史的发展演变过程中一套成熟哲学体系的建立必赖以自身架构起成熟的本体论思想作为理论根基。17 世纪，德国经院学者郭克兰纽在总结古希腊哲学关于"存在"（Being）概念的基础上首先提出并使用了本体论（Ontology）这一基本概念。但是人类关于本体以及本体论的理论研究却早经历了漫长的历史。两千多年前的古希腊哲学以及中国先秦哲学就已经开始了对宇宙本源与"存在"本质的深入探究，形成了体系相对成熟完整的本体理论。其中就整个先秦哲学来看，以儒道哲学的本体论最具代表性。先秦儒道哲学在走向成熟的过程中已经自觉开始了对"存在"及其本质的系统思考，并形成了具有儒道哲学各自思想特色的本体论哲学。基于本体论在先秦儒道哲学思想体系内的理论基础地位，通过对儒道本体论的比较研究可以明晰造成先秦儒道哲学内在差异的理论根基，并进一步确证儒道哲学以何种哲学建构分别奠定了其在先秦哲学乃至整个中国哲学史上的思想地位。

从基本定义来说，本体论是关于本体的理论学说。落实到先秦儒道哲学内部，成为先秦儒家哲学与先秦道家哲学围绕着本体这一核心而形成的系统理论学说。从理论实质来说，本体论是关于宇宙本源和一切实在终极本性探究的理论。在这个意义上，本体论也可以视为一种哲学研究的方法。先秦儒道本体论的比较研究也可以展开为以本体论的研究方法对先秦儒道哲学所进行的比较。基于自身学力所限，本书仅选取与儒道哲学精神最为切近的宇宙本体论与道德本体论两个视角对先秦儒道哲学进行了比较研究的尝试。事实上，有关于本体论的研究并不止于此。在我们所进行的宇宙本体论与道德本体论之外，学界还普遍存在着仁学本体论、理学本体论、生命本体论、价值本体论、实践本体论、文化本体论、语言本体论、艺术本体论等等关于本体论的思想理论和研究方法。因此，无论作为一种理论学说还是研究方法，本体论对一切思想都是敞开的。

参考文献

一、著作部分

（一）中文古籍

1. （汉）司马迁撰：《史记》，北京：中华书局，1963 年版。

2. （宋）范晔撰：《后汉书》，北京：中华书局，1973 年版。

3. （汉）孔安国撰，（唐）孔颖达疏：《尚书正义》，见于《十三经注疏》（上），上海：上海古籍出版社，2001 年版。

4. （汉）郑玄笺，（唐）孔颖达等正义：《毛诗正义》，见于《十三经注疏》（上），上海：上海古籍出版社，2001 年版。

5. （晋）杜预注，（唐）孔颖达等正义：《春秋左传正义》，见于《十三经注疏》（下），上海：上海古籍出版社，2001 年版。

6. （三国）何晏注，（宋）邢昺疏：《论语注疏》，见于《十三经注疏》（下），上海：上海古籍出版社，2001 年版。

7. （晋）郭璞注，（宋）邢昺疏：《尔雅注疏》，见于《十三经注疏》（下），上海：上海古籍出版社，2001 年版。

8. （汉）赵岐注，（宋）孙奭疏：《孟子注疏》，见于《十三经注疏》（下），上海：上海古籍出版社，2001 年版。

9. （汉）许慎撰，（宋）徐铉校定：《说文解字》，北京：中华书局，

1963 年版。

10. （汉）应劭撰，王利器校注：《风俗通义校注》，北京：中华书局，1981 年版。

11. （宋）朱熹撰：《四书章句集注》，北京：中华书局，2005 年版。

12. （宋）朱熹撰：《楚辞集注》，上海：上海古籍出版社，1979 年版。

13. （清）洪亮吉撰：《春秋左传诂》，北京：中华书局，2004 年版。

14. （清）刘宝楠撰，高流水点校：《论语正义》，北京：中华书局，1990 年版。

15. （清）王先谦撰，沈啸寰、王星贤点校：《荀子集解》，北京：中华书局，1988 年版。

16. 徐元诰撰，王树民、沈长云点校：《国语集解》，北京：中华书局，2002 年版。

17. 黎翔凤撰，梁运华整理：《管子校注》，北京：中华书局，2004 年版。

18. 王利器撰：《文子疏义》，北京：中华书局，2000 年版。

19. 黄怀信撰：《鹖冠子汇校集注》，北京：中华书局，2004 年版。

（二）现代著作

1. 冯友兰：《中国哲学简史》，北京：北京大学出版社，1996 年版。

2. 冯友兰：《中国哲学史新编》，北京：人民出版社，2001 年版。

3. 李泽厚：《中国古代思想史论》，北京：三联书店，2008 年版。

4. 李泽厚：《论语今读》，北京：三联书店，2007 年版。

5. 陈鼓应：《老子注译及评介》，北京：中华书局，2003 年版。

6. 匡亚明：《孔子评传》，南京：南京大学出版社，2009 年版。

7. 杨泽波：《孟子评传》，南京：南京大学出版社，2007 年版。

8. 孔繁：《荀子评传》，南京：南京大学出版社，2010 年版。

9. 陈鼓应：《老子评传》，南京：南京大学出版社，2009 年版。

10. 颜世安：《庄子评传》，南京：南京大学出版社，2010 年版。

11. 刘文典：《庄子补正》，合肥：安徽大学出版社，1999 年版。

12. 刘大均、林忠军注译：《周易传文白话解》，济南：齐鲁书社，1993 年版。

13. 冯达文：《中国哲学的本源——本体论》，广州：广东人民出版社，2001 年版。

14. 方光华：《中国古代本体论思想史稿》，北京：中国社会科学出版社，2005 年版。

15. 俞宣梦：《本体论研究》，上海：上海人民出版社，2012 年版。

16. 谢维营等：《本体论批判》，北京：人民出版社，2009 年版。

17. 庄泽伟：《重建本体论》，北京：知识产权出版社，2016 年版。

18. 成中英主编：《本体与诠释：中西比较》，上海：上海社会科学院出版社，2003 年版。

19. 成中英：《儒家哲学的本体重建》，北京：中国人民大学出版社，2017 年版。

20. 成中英：《本体诠释学》，北京：中国人民大学出版社，2017 年版。

21. 何中华：《哲学：走向本体澄明之境》，济南：山东人民出版社，2002 年版。

22. 蒙培元：《中国哲学主体思维》，北京：人民出版社，1993 年版。

23. 杨国荣：《善的历程——儒家价值体系研究》，上海：上海人民出版社，2006 年版。

24. 徐复观：《中国人性论史》，上海：华东师范大学出版社，2005 年版。

25. 辞海编辑委员会：《辞海》，上海：上海辞书出版社，1979 年版。

26. 中国大百科全书总编辑委员会：《中国大百科全书·哲学卷》，北京：中国大百科全书出版社，1985 年版。

27. ［法］克洛德·列维·斯特劳斯撰，李幼蒸译：《野性的思维》，北京：商务印书馆，1987 年版。

（三）外文译著

1. ［古希腊］亚里士多德撰，Ross 英译，吴寿彭译：《形而上学》，北京：商务印书馆，1981 年版。

2. 北京大学西方哲学教研室编译：《西方哲学原著选读》（上册），北京：商务印书馆，1981 年版。

3. 苗力田编：《古希腊哲学》，北京：中国人民大学出版社，1989 年版。

4. ［古希腊］色诺芬撰，吴永泉译：《回忆苏格拉底》，北京：商务印书馆，1986 年版。

5. ［德］黑格尔撰，贺麟、王太庆译：《哲学史讲演录》，北京：商务印书馆，1978 年版。

6. ［德］尼采著，周国平译：《尼采诗集》，北京：作家出版社，2012 年版。

二、论文部分

1. 肖建华：《本体论的哲学意义》，《江汉论坛》2003 年第 2 期。

2. 谢维营：《本体论的"本义"与"转义"》，《烟台大学学报》（哲学社会科学版）2008 年第 4 期。

3. 张岱年：《中国古代本体论的发展规律》，《社会科学战线》1985 年第 3 期。

4. 向世陵：《中国哲学的"本体"概念与"本体论"》，《哲学研究》2010 年第 9 期。

5. 宋志明：《中国哲学的本体论思路》，《船山学刊》2004 年第 1 期。

6. 苟小泉：《中国传统哲学本体论中的终极视域与终极本体》，《社会科学》2012 年第 9 期。

7. 方光华：《略论中国早期本体论概况及其特征》，《求索》1995 年第 1 期。

8. 魏义霞：《"有生于无"与中国哲学的本体特征——兼论中西哲学的本体论差异》，《北方论丛》2000 年第 1 期。

9. 李祥俊：《本体论与中国传统哲学的终极探求》，《阴山学刊》2006 年第 6 期。

10. 彭国翔：《重思"形而上学"：中国哲学的视角》，《中国社会科学》2015 年第 11 期。

11. ［美］成中英：《儒家和道家的本体论》，《人文杂志》2004 年第 6 期。

12. 杨建：《"道"——先秦儒道哲学本体论研究》，《海南师范学院学报》（社会科学版）2005 年第 3 期。

13. 惠吉兴：《论儒家天人哲学的本体论诠释》，《贵州社会科学》1996 年第 2 期。

14. 赵敦华：《谈谈道德起源问题》，《云南大学学报》（社会科学版）2006 年第 3 期。

15. 张题：《论先秦儒家的道德本体论》，《社会科学家》1992 年第 2 期。

16. 李培超：《简论儒家传统道德本体论的建构》，《船山学刊》1995 年第 2 期。

17. 涂可国《儒家道德本体论与人的道德发展》，载于《第一届世界儒学大会学术论文集》，北京：文化艺术出版社，2009 年版。

18. 涂可国：《儒家道德哲学视域下的荀子道德本体论——荀子道德哲学研究之一》，《当代儒学》第五辑。

19. 朱清华：《本体论的差异——柏拉图的哲人王与先秦儒家圣王的比较》，《湖南大学学报》（社会科学版）2010 年第 3 期。

20. 刘恒健：《关于孔子人学本体论的反思》，《文史哲》1996 年第 3 期。

21. 林存光：《孔子本体论"人学"论纲》，《孔子研究》1990 年第

4 期。

22. 崔涛：《孔子对天人关系的本体论诉求》，《孔子研究》2010 年第 5 期。

23. 贾海涛：《孔子的形而上学及其对中国哲学本体论的贡献》，《暨南学报》（哲学社会科学版）2006 年第 5 期。

24. 苗润田：《论语的形上学研究》，《齐鲁学刊》2004 年第 6 期。

25. 王开元：《〈论语〉自由精神新探》，《江苏广播电视大学学报》2012 年第 6 期。

26. 余治平：《孟子"仁心"的本体论阐释》，《青海社会科学》2006 年第 2 期。

27. 刘玉建：《〈易传〉的宇宙本体论哲学——宋明理学本体论的滥觞》，《周易研究》2010 年第 3 期。

28. 孟平、陈连森：《试谈孔子的性格》，《齐鲁学刊》1997 年第 4 期。

29. 张岱年：《论老子的本体论》，《社会科学战线》1999 年第 1 期。

30. 刘鄂培：《论老子的本体论思想》，《清华大学学报》（哲学社会科学版）1986 年第 2 期。

31. 朱晓鹏：《论老子哲学的本体论》，《广东社会科学》1997 年第 5 期。

32. 石义华：《老子哲学本体论的价值向度》，《理论探讨》2011 年第 1 期。

33. 刘笑敢：《论老子哲学的中心价值》，《中州学刊》1995 年第 2 期。

34. 郭沂：《老子的宇宙论与规律论新说》，《哲学研究》1994 年第 6 期。

35. 李进：《〈老子〉哲学的主体性原则》，《广西社会科学》2005 年第 8 期。

36. 李霞：《老庄道论的宇宙论内涵》，《安徽大学学报》（哲学社会科学版）1996 年第 4 期。

37. 徐小跃：《对老庄本体论思想的几点思考》，《南京社会科学》2000 年第 12 期。

38. 姚曼波：《试论庄子精神本体论与孔子道德本体论的内在联系》，《哲学研究》2010 年第 7 期。

39. 陈红兵：《试论庄子的主体性思想》，《管子学刊》2003 年第 2 期。

40. 余卫国：《〈庄子〉"言意之辩"的本体论视阈和诠释学维度及其意义》，《社会科学研究》2009 年第 1 期。

41. 高晨阳：《现实主义与超越精神——论先秦鲁、楚文化的差异》，《山东大学学报》(哲学社会科学版) 1995 年第 4 期。

42. 徐小跃：《论儒道两家价值取向、思维方式及其生态智慧》，《江西社会科学》2011 年第 5 期。

后 记

寄蜉蝣于天地，渺沧海之一粟。有限的生命旅程中能够与散发着无尽魅力的中国哲学结缘，一直觉得是自己人生之最大幸事。多少年来，自己一直受益于从古圣先贤的遗馈中汲取到的精神营养，在先哲深邃智慧的观照下不断延展着自己的思想世界。因此，我首先要感谢哲学这门学科，感谢千百年来成就哲学事业的古圣先贤，并为他们献上最崇高的景仰。

山高水长有时尽，唯有师恩日月长。诚挚感谢导师苗润田老师。自 2004 年初遇恩师迄今已有十四载，从学士到硕士、从硕士到博士，自己大学生涯的每一个阶段都受益于老师的谆谆教诲。苗老师学识渊博，治学严谨。十几年来数不清的机缘中，时刻感受到苗老师亦师亦父般的关怀与鼓励。苗老师不仅是自己"为学"的导师，更是自己"为人"的引路人。尤其在我毕业论文写作的过程中，苗老师从选题到思维框架的建构给予自己细致深入的指导，为论文的完成提供了莫大的帮助。苗老师严谨务实的治学态度是自己一生学习的榜样。

学贵得师，亦贵得友。感谢王新春老师多年来对自己专业学习上的督促和引导。感谢邓联合老师、刘玉建老师、李尚信老师、李延仓老师对我论文写作提出的宝贵建议。感谢阚铮老师、赵莹老师、陶丽老师对自己学业和生活上提供的关心帮助。感谢我的同窗好友与我一起度过美好的求学时光。

　　哀哀父母，生我劬劳。感谢我的四位父母对我生活和学业上的无私关怀和竭力支持。感谢妻子杨程生活中给予我的理解和宽容以及对我学业的鼓励和帮助。感谢儿子浚哲为我人生带来的无尽乐趣。在伴随他一起成长的三年里，自己切实体会到了作为一名父亲所应当承担的责任，也真正理解了"为人父，止于慈"的圣贤教诲。感谢多年来默默支持我的家人，他们是我人生道路上永恒的信念支撑与坚强后盾。

　　最后，为我的母校山东大学献上最诚挚的感激和祝福！

《儒道释博士论文丛书》已出书目

图书在版编目（CIP）数据

先秦儒道本体论研究/王先亮著. —成都：巴蜀书社，
2020.11

（儒道释博士论文丛书）

ISBN 978-7-5531-1394-4

Ⅰ.①先… Ⅱ.①王… Ⅲ.①儒家－本体论－研究
②道家－本体论－研究 Ⅳ.①B222.05②B223.05

中国版本图书馆 CIP 数据核字（2020）第 221140 号

先 秦 儒 道 本 体 论 研 究
XIANQIN RUDAO BENTILUN YANJIU

王先亮 著

责任编辑	谢正强	
出　　版	巴蜀书社	
	成都市槐树街 2 号　邮编 610031	
	总编室电话：(028) 86259397	
网　　址	www.bsbook.com	
发　　行	巴蜀书社	
	发行科电话：(028) 86259422　86259423	
经　　销	新华书店	
印　　刷	成都春晓印务有限公司	
	电话：(028) 88450462	
版　　次	2021 年 1 月第 1 版	
印　　次	2021 年 1 月第 1 次印刷	
成品尺寸	203mm×140mm	
印　　张	10.5	
字　　数	260 千字	
书　　号	ISBN 978-7-5531-1394-4	
定　　价	53.00 元	

本书如有印装质量问题，请与印刷厂调换